求索录

一位考古学者的探索之路

景爱 ◎ 著

人民出版社

策划编辑：孙兴民

责任编辑：邓文华

封面设计：刘芷涵　徐　晖

图书在版编目（CIP）数据

求索录：一位考古学者的探索之路 / 景爱著 . —北京：人民出版社，2019.9

ISBN 978 - 7 - 01 - 021120 - 6

Ⅰ . ①求… Ⅱ . ①景… Ⅲ . ①社会科学—文集 Ⅳ . ① C53

中国版本图书馆 CIP 数据核字（2019）第 167362 号

求索录：一位考古学者的探索之路

QIUSUO LU　YIWEI KAOGU XUEZHE DE TANSUO ZHI LU

景爱 ◎ 著

人 民 出 版 社 出版发行

（100706　北京市东城区隆福寺街 99 号）

保定市北方胶印有限公司印刷　　新华书店经销

2019 年 9 月第 1 版　2019 年 9 月第 1 次印刷

开本：710 毫米 ×1000 毫米 1/16　印张：20.25

字数：328 千字

ISBN 978 - 7 - 01 - 021120 - 6　定价：58.00 元

邮购地址 100706　北京市东城区隆福寺街 99 号

人民东方图书销售中心　电话（010）65250042　65289539

景爱的学术研究图片

1.听陈述老师讲课（左为作者，1979）

2.在内蒙古翁牛特旗松树山流沙考察途中（后为作者，1989）田立坤摄

3.在塔克拉玛干骑骆驼考察（中为作者，1993）

4. 与傅振伦先生（右）合影（在前门东大街傅府，1991）景楠摄

5. 与史念海先生合影（在陕西师范大学，1993）史先智摄

6. 与日本学者井口泰淳在尼雅废墟合影（左为作者，1993）小岛康誉摄

7. 考察辽代庆州佛塔（1989） 田立坤摄

8. 与蔡美彪先生合影（在中国社会科学院近代史研究所，2001）

9. 考察尼雅遗址的全体人员合影（前排右一为作者，1993）

10. 与《中国绿色时报》社长兼主编黎祖交谈:《拯救黄河呼吁书》(右为作者,1997) 王佐军摄

11. 与周绍良先生(右)合影(在王府井某酒店,1997) 邓文宽摄

12. 考察黄河断流,在郑州花园口与陪同人员合影(右二为作者,1997) 丁品摄

13. 西部大开发考察组在瓦子街战役纪念碑前合影（左六为作者，2000）

14. 在中国治沙暨沙业学会常务理事扩大会议上（左一为作者）李瑞林摄

15. 与日本友人远山正瑛合影（2001）谷小兰摄

16. 与台湾中兴大学教授王明荪（中）及其博士生黄怡纯（右）在嘉义北回归线合影（2001）

17. 出席山西大学主办的环境研讨会全体人员合影（前排居中者为作者，2005）

18. 与中国考古学会理事长徐苹芳先生合影（在徐府，2006）

19. 与俄罗斯西夏专家克恰诺夫合影（在内蒙古额济纳旗，2006） 白滨摄

20. 与盖山林先生（右）合影（在北京石景山八角南路作者家中，2006） 景楠摄

21. 考察辽代祖州石房子（2006） 李义摄

22. 在辽文化专家讲座上作报告（2008）李义摄

23.《中国社会科学报》记者唐红丽采访（左为作者，2011）陈正摄

24.《辽金西夏研究》首发式，单霁翔院长（后右）、陈星灿所长（后左）与景爱（前左）、吕一燃（前右）在故宫建乐宫内合影（2017）故宫工作人员摄

序　一

　　我与景爱先生相识，始于新世纪初年。当时我刚从北京市调到国家文物局工作，许多人都反映景爱先生研究水平高，著作丰富。我曾到石景山八角南路府上拜访，发现室内陈设简陋，藏书却很丰富，有社会科学书籍，还有自然科学书籍。景爱先生告诉我说，他本是学习社会科学。后来由于研究沙漠变迁，不得不自学自然科学，阅读自然科学相关书籍，他说这是"逼上梁山"。我想景爱先生研究水平高，一定与他的知识结构密切有关。他在《求索录》前言中说："我是一只眼睛看社会科学，另一只眼睛看自然科学。"

　　景爱先生曾经在吉林大学、北京大学、中国社会科学院攻读，掌握了许多知识。然后他不满足于此，他放开双脚做实地考察，他的学问是靠双脚走出来的。景爱先生走遍了中国北方的沙漠，两次进入塔克拉玛干。为了研究黄河断流，他从郑州花园口走到东营黄河入海口。从而掌握了第一手资料，其科学论证有了可靠的依据，掷地有声。为此景爱先生也被人们称为"沙漠考古第一人"。

　　景爱先生的著作，我大部分都读过。他兴趣广泛，从沙漠变迁、黄河断流、青海湖萎缩到长城、金代官印都研究过，这些著作在社会上都产生了广泛的影响。《中国北方沙漠化的原因与对策》是国家"八五规划"重点科技专著，出版之际新华社用多种语言发专稿加以报道评论。《中国长城史》被列入"经典中国国际出版工程"，在美国纽约出版了英文版。线装 2 函 10 册的《金代官印》极具收藏价值，被评为全国优秀美术图书。《警报：北京沙尘暴》被国家环境保护部门列为环境保护干部培训读本。《历史上的金兀术》因为畅销而再版。景爱先生每部新著问世，都会有新闻报道或专家评论。说明景爱先生的作品深受读者重视，这是很了不起的成就。事实表明，他已经成为中国当代具有重要地位的学者。

　　景爱先生科学研究的成功，与他刻苦努力、治学严谨有关，对每字每句都慎重用笔，一丝不苟。故而取得了大家的信任。2018年12月他主编的《辽金西夏研究》在故宫博物院举行首发仪式，我参加了此次活动，与会的专家学者一致称赞景爱先生办事认真、研究水平高。该书有5位学术顾问，都是中国社会科学院学部委员，20位编辑人员都是全国各地的教授、研究员。拥有这样的学术团队说明，景爱先生获得专家学者的广泛尊重。

　　天赋高低之别，不是业绩的决定性因素。古人云，业精于勤，荒于嬉。民谚说，勤能补拙、慢雀先飞。其意思是相同的，都强调了奋斗的重要性。习近平主席反复讲要奋斗，只有奋斗才能改变中国落后，由贫变富变强。科学研究工作也是如此。从《求索录》中可以看出，景爱先生的学术成就是通过奋斗获得。前言说："科学研究永无止境，探索之路很长，不会有终点。"略略数语，道出了他崇高的思想境界，反映了学者应有的心态，从中可以得到启发。

2019年3月12日

（作者时任文化和旅游部党组成员，故宫博物院院长）

序　二

可贵的科学求索精神

——写在景爱先生《求索录》出版之际

　　景爱先生是著名的历史学家、沙漠考古学家、防沙治沙专家和科普作家，他的学术研究成果，在国内和国际上产生了重要影响。

　　景爱先生研究范围广泛，涉及沙漠、水资源、森林、草原、生态环境、长城、辽金史、名胜古迹和科普，著述颇丰，共出版著作38部，发表文章300多篇。特别是他对沙漠化成因、沙漠化治理、沙尘暴等提出了一系列重要观点和建议，在社会上产生了广泛影响，成为媒体关注的焦点人物。《"人造沙漠"劫掠人类》《景爱与〈沙漠考古通论〉》《注视沙漠的考古学家——景爱》《植树造林大有学问——治沙专家景爱对北京治理沙尘暴提出具体建议》等不断出现在报刊上。

　　《尽快遏制居延海地区生态继续恶化》是景爱先生1993年9月发出的强烈呼吁。景爱先生考古发现，在新石器时代，居延海就有人居住。在汉代以前，匈奴居延部在这一带生活，居延海名称由此而来。有关居延海地区的记载和文化遗产，要比楼兰丰富得多。唐代著名诗人陈子昂、王维也在此留下了不少千古流传的诗篇。景爱先生介绍说，古代居延海面积达720平方公里，比鄱阳湖还大。汉代在此实行大规模屯垦，垦区逐步沙化，唐代居延海垦区不得不移至额济纳河南岸。到新中国成立之初，额济纳河水量仍比较充沛。1958年以后，黑河修建了许多水库，使额济纳河水量迅速减少。1985年额济纳河中下游开始断流，河流两岸的树木大量死亡。1993年前的30年间，森林减少了85万亩，其中最耐干旱的胡杨林减少了 40 万亩。景爱先生通过新华社的采访对此发出强烈呼吁：如不采取措施遏制生态继续恶化，居延海地区将成为第二个罗布泊，楼兰的悲剧将在这里重演。他的这一呼吁，引起了党和国家的高度重视并采取了一系列措施，使居延海地区生态得到了一定程度的恢复。

《行动起来 拯救黄河》是景爱先生撰写的一份影响全国的呼吁书，获得中国科学院、中国工程院 163 位院士签名，于 1998 年 1 月 1 日在《中国绿色时报》头版头条发表。关于撰写这份呼吁书的缘由，景爱先生说，黄河断流是过度引黄灌溉的结果。他在呼吁书中写道，自 1972 年以来，黄河"几乎连年断流，且一年比一年严重。……黄河，由滔天之水变成涓涓细流，继而只留下龟裂的河床。黄河已成为一条季节河。黄河断流，意味着整个黄河流域生态环境正在继续恶化。黄河断流，严重造成下游土地荒漠化、生物多样性丧失。黄河断流，正直接威胁着下游经济的发展、民众的生存。黄河断流，还将对中华文化、民族心理产生不可估量的影响"。呼吁书呼吁："海内外所有炎黄子孙，行动起来，拯救黄河！"这份倡议书在社会上产生了重大影响，新华社予以转发，至今还能在网上查阅到。

《中国北方沙漠化的原因与对策》是景爱先生 1996 年出版的著作，被列为国家"八五"规划重点科技专著。他在书中首次提出了沙漠化二重性论断："沙漠化既是自然现象，又是社会现象，是人类活动作用于自然的结果。人类活动是导致沙漠化的主要原因。"这一创见，不仅对中国防沙治沙，而且对全球防沙治沙，已经并将持续产生影响，当时就引起了国内外的广泛关注。1996 年 2 月 15 日，新华社以中文、英文、阿拉伯文做了报道，北美《侨报》以"中国学者景爱对土地沙漠化基本成因有新结论，否定'沙漠化自然决定论'，认为是人类活动的结果"为题刊载。中国工程院院士、著名水土保持学家关君蔚先生评价说，景爱先生提出的沙漠化二重性论断，很有创造性，弥补了沙漠化研究的空白，既有学术性，又有实践性。

《警告：北京沙尘暴》是景爱先生的又一专著。北京的风沙危害，早已引起全国人民的高度关注。1979 年 3 月 2 日，新华社发出由李一功、黄正根、傅士伦、李忠诚撰写的来信《风沙紧逼北京城》，传遍了祖国大地。在 20 年后的世纪之交并没有改观。2000 年至 2002 年北京连续 3 年遭受强沙尘暴袭击。2000 年 3 月 27 日，特大沙尘暴袭击北京，一些地方能见度不足 100 米，第二天汽车上滞留尘土厚度达 1 厘米多。2001 年春，我国共出现 18 次沙尘天气过程，总日数达 41 天，沙尘暴频繁光顾北京。2002 年 3 月 20 日，沙尘暴再次袭击北京，北京总降尘量高达 3 万吨，相当于全市人均 2 公斤。当时北京正在"申奥"，北京沙尘暴引起了全国甚至全球的关注。为了让人们了解沙尘暴、更好地治理沙尘暴，景爱先生于 2001 年春用一个月时间，撰写了《警报：北京沙尘暴》一书，人民出版社于 2001 年 4 月正式出版。

《不能再走"人造沙漠"的老路》是景爱先生向全社会发出的又一警告。这篇文章于 2003 年 4 月 4 日在《人民日报》"名家特递"专栏刊出，在社会上产生了重要影响。他在文中指出，我国有 12 大沙漠，其中有 8 大"人造沙漠"；内蒙古自秦汉到 1958 年"大跃进"不断开垦草原，逐渐形成了现在的"人造沙漠"；我们千万不要失掉内蒙古草原这块绿色屏障。他强烈呼吁，应当坚决地"退耕还林还草"，杜绝一切草原开垦，减少危害草原的生产活动。

《森林植被影响成云降雨的研究》是景爱先生的又一力作。他对森林植被影响陆地降雨的 5 个例证做了考察分析，并从森林植被影响降雨的普遍性、森林植被影响地表反射率、森林植被为雨滴提供生物核 3 个方面，论证了森林植被对成云降雨有重要影响。这篇论文受到全国政协副主席赵南起的高度重视，他还特别邀请景爱先生对此做专门讲解。后来这篇论文分上、下篇在《中国林业》上刊发。《人民政协报》记者周丽艳就此专门采访了景爱先生。

《植树造林是治沙之本》是景爱先生在《经济日报》"科技治沙专家谈"专栏发表的又一重要观点。景爱先生于 1973 年开始研究沙漠，走遍了祖国北方的各个沙漠，行程近 10 万里，他在不少地方看到了"人进沙退"的实例。他在文章中写道，大量的治沙实践证明，植树造林是防沙治沙的最重要手段和必由之路。那些"人进沙退"的地方，都是长期坚持植树造林的结果。这一重要结论，无疑对我国大规模开展治沙造林提供了有力的科学依据和支持。

令人振奋的是，今天我国不仅成为世界森林面积增长最快的国家，而且成为世界防沙治沙成效最好的国家。在我国北方万里风沙线上，已经筑起了一座绿色长城。1978 年至今，"三北"防护林工程累计造林保存面积 3014 万公顷，森林覆盖率由 1977 年的 5.05% 提高到现在的 13.57%，活立木蓄积量由 7.2 亿立方米增加到现在的 33 亿立方米，沙化土地治理呈现出"整体遏制，重点治理区明显好转"的态势。2017 年 9 月 6—16 日，《联合国防治荒漠化公约》第 13

次缔约方大会在中国鄂尔多斯举行，来自 196 个缔约方、20 多个国际组织的 2000 多名代表出席了大会，中国防沙治沙的经验赢得了高度赞誉。公约秘书处执行秘书莫妮卡·巴布表示，中国防沙治沙取得的成果令人瞩目，为全球实现土地退化零增长目标做出了杰出贡献。

这些重大成果的取得，不仅印证了景爱先生关于防沙治沙的许多重要观点是科学的、正确的，也凝结了他的心血，而且已经实实在在地为全社会带来了众多的生态福祉。北京姑娘们曾经不能离开的纱巾不见了，现在人们享受的干鲜果品中每 5 斤就有 1 斤产自过去风沙肆虐的沙区，绝大多数沙区群众已经走上了脱贫致富之路。

我在林业部、国家林业局工作了 36 年，景爱先生关于林业和生态建设的每一部著作、每一篇文章都给我留下了深深的记忆。当时的情景现在回想起来仍历历在目。今天，借景爱先生《求索录》出版之际为其作序，以表达我对景爱先生的深深敬意。

景爱先生今年 80 岁了，仍在进行学术研究、著书立说，这种对科学不断求索的精神十分可贵，令人钦佩。

2019 年 3 月 12 日植树节

（作者为国家林业局原总工程师）

序 三

沙漠考古，顾名思义，首先让人想到的是在沙漠地区的考古。就此而言，早在19世纪末期，西方的探险家、考古学家就开始了在中国西北、华北和东北广大沙漠地区的考古活动。1863—1864年，英属印度的默罕默德·衣哈密德奉英国政府之命，进入中国新疆，在他的报告书中，第一次提到被埋葬的和阗古城。1865年，英国人威廉发现沙漠中埋藏着许多古城。

此后，英国、俄国、法国、德国、瑞典、美国、日本等国家的考察团，便不断进入新疆、甘肃、内蒙古、青海和西藏地区进行考古调查和发掘活动。比如1890年，瑞典著名地理学家、探险家斯文·赫定第一次进入喀什考察。1894—1896年，赫定第二次深入新疆，穿越塔克拉玛干沙漠，发现了许多古代遗址和遗物。1898年，赫定第三次进入新疆，发现了楼兰故城并进行了大规模的发掘，揭露出湮没千年之久的楼兰故城的神秘面纱。此后不久，斯坦因（匈牙利人，1904年加入英籍）多次深入我国西北地区，在新疆、甘肃、内蒙古等沙漠地区发现了很多古代遗址，采集大批古代遗物。

中国考古学初创时期的20世纪一二十年代，法国考古学家桑志华、德日进在我国甘肃、宁夏、内蒙古、陕西地区发现的旧石器时代遗址，比如著名的萨拉乌苏、水洞沟等，也多是在沙漠地区发现的。1924年夏天，被我国北洋政府聘用的农商部矿政顾问、瑞典地质学家安特生，在结束了甘肃洮河流域的考古之后，深入河西走廊东端，在今甘肃民勤县的沙漠地带发现了沙井文化，并发掘了三角城遗址。

从1919年开始，美国自然博物馆的植物学家安竹思组织中亚考察团，多次深入蒙古高原进行多学科考察（1930年的最后一次考察系与中国科学家合作）。1927年，以斯文赫定为首的欧洲科学家和中国科学家合组中瑞西北科学考察团，深入今内蒙古、宁夏、甘肃、新疆、青海等广大西北部地区，前后历时8年，在沙漠地区发现了众多的古代遗址和遗物，包括著名的居延汉简和新疆小河墓地。之后，瑞典考古学家贝格曼发表了《新疆考古研究》（Archaeological Research in Sinkiang, Stockholm, 1939），马林格发表了《蒙古史前史研究》（Contribution to the Prehistory of Mongolia, Stockholm,1950）。中国考古学家黄文弼参加了中瑞西北科学考察团，先后发表了《高昌砖集》（北平，1931）、《高昌陶集》（北平，1931）、《罗布淖尔考古记》（北平，1948）等专刊，后者是中国学者撰写的第一部新疆考古报告。中瑞西北科学考察团还在内蒙古西部额济纳河流域发现了一万支木简，这是汉代张掖郡居延、肩水两都尉所属边塞的屯戍文书，为了解汉代在我国西北地区设置河西四郡和边关的历史以及居延地区的地理沿革、环境变迁，提供了大量第一手资料。

中国人独立从事的沙漠考古活动，可以追溯到前中央研究院历史语言研究所建所之初。1930年秋天，梁思永先生调查和发掘黑龙江昂昂溪遗址，在返回北平途中，他又对今河北、辽西和内蒙古东部的承德、围场、赤峰、林西、林东等半沙漠、沙漠地区进行了广泛的考古调查，采集了众多的史前文化遗物。1944-1945年，前中央研究院历史语言研究所与北京大学等单位合组西北科学考察团，在甘肃等地开展史前和历史时期的田野考古活动，其中以夏鼐先生在敦煌地区的一系列重要考古发现最为著名。

这些早期的沙漠考古工作，虽然为了解沙漠的形成、变迁以及人类与沙漠的关系提供了大量实物资料，也确有学者据以研究环境的变迁，比如斯文·赫定、黄文弼先生对罗布泊地区所谓"交替湖"的研究，就是探索罗布泊地区湖泊和河流受气象和地理条件的影响，反复迁移位置的问题。但明确通过沙漠考古考察人地关系的变迁，似乎始于上世纪六七十年代北京大学的侯仁之先生。侯仁之发表了《从人类活动的遗迹探索宁夏河东沙区的变迁》、《从考古发现论证陕北榆林城的起源和地区开发》、《乌兰布和沙漠北部的汉代垦区》和《乌兰布和沙漠的考古发现和地理环境的变迁》（与俞伟超先生合著）等一系列著作，对分布于沙漠地区的古代遗址以及人地关系进行了系统探讨，揭示了历史时期人类活动对沙漠地区自然环境的影响过程及其演变规律，也为西北地区防沙治沙以及人类合理开展生产活动提供了重要的历史借鉴和科学依据，为沙漠考古学的创立奠定了良好基础。

就我所知，明确把沙漠考古提出来作为考古学的一个分支学科看待，当从景爱先生开始。他从研究呼伦贝尔草原地理变迁开始，论证呼伦贝尔草原的沙漠化，是从公元 10 世纪契丹人移民垦荒造成的。此后，他不畏艰险，长期在沙漠地区从事艰苦的实地考察，几乎跑遍了中国北方沙漠地区。景爱先生在《中国北方沙漠化的原因与对策》（1996）一书中，第一次明确提出沙漠化二重性的科学论断，即沙漠化既是自然现象，又是社会现象，是人类活动作用于自然的结果，人类活动是历史时期沙漠化的主要原因。在《沙漠考古通论》（2000）一书中，景爱先生不仅提出沙漠考古的方法论，又系统论述了呼伦贝尔、科尔沁、乌兰布和、鄂尔多斯、沙坡头、额济纳、河西走廊、塔克拉玛干等地区人类活动和沙漠的关系，进一步论证了人类活动是历史时期我国北方沙漠化的主要原因，上述各地的沙漠化都是以人类对自然的破坏为前提。景爱先生的沙漠考古研究，具有鲜明的时代特征和人文关怀。他有关沙漠化二重性的科学论断，不仅有助于我们认识和研究干旱半干旱地区生态环境历史变迁的规律，对于今天我国北方干旱地区的防沙治沙，建立人与自然和谐共存的关系，也具有重要的现实意义。

景爱先生是我敬仰的前辈学者，他的沙漠考古及沙漠考古著作，给我留下深刻印象，也使我受益良多。值此景爱先生的《求索录》出版之际，简单梳理我国沙漠考古的历程和重要意义，表示诚挚的祝贺！也希望我们的考古同仁，能够把景爱先生倡导和开创的沙漠考古学发扬光大，结出更多硕果。

2019 年 3 月 30 日

（作者为中国社会科学院考古研究所所长）

前　言

　　诗人屈原生活于楚国危亡的前夕，他看到楚王昏庸愚昧，奸臣误国，为了拯救国破家亡的命运，发出了"路漫漫其修远兮，吾将上下而求索"的悲壮誓言，表现了坚贞不屈的爱国信念和坚韧不拔的决心。

　　科学研究也需要顽强的毅力，任何严肃的科学研究都不能一蹴而就，要克服种种艰难险阻，经历漫长的刻苦奋斗，才能获得真知灼见。正如马克思所言："在科学上面是没有平坦的大路可走的，只有那在崎岖小路的攀登上不畏劳苦的人，才有希望到达光辉的顶点。"

　　马克思的写作实践证实了他的格言。他几乎用毕生的精力完成了《资本论》的写作。马克思的女婿和助手拉法格·保尔目睹了马克思的写作，他回忆说："马克思永远是非常认真慎重地工作。他所引证的任何一件事实或任何一个数字，都是得到最有威信的权威人士的实证的。他从不满足于间接得来的材料，总要找原著寻根究底，不管这样做有多麻烦。即令是为了证实一个不重要的事实，他也要特意到大英博物馆去一趟。"马克思究竟付出了多少时间很难计量，他写作高度认真负责的态度，为我们树立了光辉的典范。

　　在中国，用毕生大部分精力完成一部著作者不乏其人。司马迁撰《史记》，郦道元撰《水经注》、杜佑撰《通典》和现代史家陈述先生撰《辽史补注》，都是如此。

　　2018 年 1 月，中华书局出版了陈述先生的长篇巨作《辽史补注》。全书共3774 页，240 万字，分装 10 册。就篇幅而言，几乎相当于 1974 年中华书局校点本《辽史》的 3 倍。

　　陈寅恪序言称:《辽史补注》是"契丹史事之总集"；顾颉刚序言说:"《补注》之于《辽史》，亦将如《裴注》之附《陈志》。"（指裴松之补注陈寿《三国志》)陈寅恪、顾颉刚二人是海内外知名的国学大师,他们对《辽史补注》有如此评价,表明《辽史补注》的学术价值非常高,具有填补史学空白的作用。

《辽史补注》动笔于陈述先生1935年入前中央研究院史语所初期,七七事变以后在内迁期间仍未中断,到1992年年初离世之前基本完成,前后将近60年,可以说是用了毕生的精力。在中国当代史学界,恐怕是独一无二,无人可以居其右。

1978—1981年,我从陈述先生攻读辽金史,先生对我寄予厚望。然而毕业以后,我被分配到国家文物局系统工作,在这里辽金史研究派不上用场。由于在此以前,我曾从张忠培先生、宿白先生学习过考古学,参加过黑龙江同仁、松花江奥里米、乌裕尔河蒲峪路、陕西周原的考古发掘,对考古比较熟悉,于是转向沙漠考古。

当时科研经费非常紧张,幸好1988年我取得美国的资助,开始了沙漠考古研究,用考古学手段研究沙漠的变迁,即所谓沙漠化或荒漠化。这项课题从1989年开始,持续了10余年,北方沙漠几乎留下了我的足迹。我曾两次进入塔克拉玛干沙漠。

沙漠研究属于自然科学,我是学社会科学的。为了适应沙漠研究的需要,我花了很大精力自学水文学、气象学、生物学、森林学、草原学、土壤学、沙漠学和生态学。只有将人类活动与自然作用相结合,才能科学地探索沙漠扩张的真正原因。这项研究的最终成果——《中国北方沙漠化的原因与对策》,被列为国家"八五"规划重点科技专著出版,新华社用多种语言向全世界播发了出版消息和评论。后来,《光明日报》《人民日报》和中央电视台、中央人民广播电台多次进行采访报道,称我是沙漠考古第一人。沙漠考古研究先后出版了8种著作,其中有一种被评为20世纪考古文物优秀图书。

沙漠的变迁与水资源的开发利用有直接的关系,后来我又转向水资源研究。我考察研究过黄河断流和青海湖萎缩,指出黄河断流既有天灾又有人祸,是过度引黄灌溉的必然结果;青海湖萎缩是周围130多条河流被水坝水库蓄拦,不能流入青海湖的结果。为了改善环境,必须科学合理利用水资源,不能竭泽而渔。为此我撰写了《行动起来 拯救黄河》呼吁书,两院院士近200人签名,刊发于《中国绿色时报》,随即为新华社转发,在社会上产生了广泛影响。

与此同时，我花费 10 余年搜集整理研究金代官印，撰为《金代官印集》出版。后来我又进一步增补，撰成《金代官印》出版，线装 2 函 10 册。该书被评为全国优秀美术图书。

21 世纪以来，国家文物局主持长城资源调查，要我做前期准备工作。我根据文献记载和实地考察所见，撰写了《中国长城史》出版，后来译成英文在美国纽约出版，说明此书在国内外颇有影响。我为全国长城资源调查培训班讲课，讲稿称《长城基本知识》，后改名为《长城》公开出版。

根据陈述先生遗愿，我又做了两项研究。一是创办《辽金西夏研究年鉴》，已出版 6 卷约 280 万字；二是进行达斡尔族历史研究，《达斡尔族论著提要》已由人民出版社出版，《达斡尔族通史》也即将问世。

此外，我还撰有《陈述学术评传》（中国台北出版）、《历史上的金兀术》、《历史上的萧太后》、《皇裔沉浮》，主编《地域性辽金史研究》等著作，其中，《历史上的金兀术》由于供不应求而再版。我在各类自然科学和社会科学上发表的各种文章，前后累计 350 余篇。

我原先从事社会科学研究，后来转向自然科学研究。就社会影响而言，自然科学论著远胜于社会科学。究其原因有二：一是自然科学论著接近现实生活，容易吸引读者关注；二是自然科学论证的沙漠化、黄河断流、青海湖萎缩是国家的大事，涉及国家长远经济规划和政府决策，自然会引起各界的重视，成为国家决策的参考依据。

我的科学研究在很大程度上具有跨学科的特点，将自然科学与社会科学结合在一起，进行交叉研究，成为我终身的追求。我是一只眼睛看社会科学，另一只眼睛看自然科学，这样可以避免单一学科的局限性和片面性。

通常自然科学家转向社会科学容易一些，而社会科学家改学自然科学比较困难。由于这种原因，稍有成就的社会科学家常常认为自己功成名就，没有必要再去学习自然科学，可能学而无得，白白浪费了时光。有这种心态的人，是对自然科学望而生畏。其实并非如此，虽然自然科学专业性比较强，但如果肯用心、肯花时间钻研的话，不仅可以入门，也可以登堂入室。

俗语说："活到老，学到老。"每个人在生活和工作中，都需要始终不断地探索，增加新知识，知识多了就会提高能力水平，可以扩大视野，有助于站高望远，增强工作自信心和战胜困难的毅力，能够勇往直前。俄国谚语说：知识就是力量。这是千真万确的道理。

科学研究永无止境，探索之路很长，不会有终点。科研人员应当有充分的心理准备，为了国家、为了中华民族、为了实现国强民富的百年梦想，要永远沿着科学探索之路走下去，有一分热就发一分光，与人类共同走向美好的明天。

景爱

2019 年 4 月 8 日

目　录

壹·著作提要

贰·论文篇目

叁·报道评论

肆·近年新作

伍·社会活动

壹

著　作　提　要

一、尼雅之谜

《尼雅之谜》，北京：中国书店 2001 年 1 月出版。责任编辑陶伟，美术编辑晓程。32 开本，178 页，13 万字。卷首有尼雅故地彩色照片 14 幅，文中还有黑白照片 42 幅。

1993 年 10 至 11 月，受国家文物局的委派，我参加了中日联合举办的尼雅科学考察。尼雅在塔克拉玛干沙漠深处，在一般地图上标作尼雅废墟。在维吾尔语中，"尼雅"为遥远之意。这里是汉代精绝国故地，唐代称尼壤，唐代以后逐渐消失了。斯坦因、桔瑞超、史树青、李遇春曾至此地考察，获得遗物若干。然而，上述研究者的活动范围小，对尼雅缺乏全面系统的记述。此次的考察人员多达 64 人，有多学科专家学者参加，活动范围大，进行了考古发掘和测绘，远超前人，事后编印了考察报告。

我在北京动身之际和考察过程中撰写了工作日记，归来以后将工作日记加以整理，编成《尼雅考察见闻》，曾送给日方队长小岛康誉过目。他在原稿上加了批注，提出要赶快出版。于是我又进行了修改补充，送到（北京）中国书店出版，其总编辑马建农将书名改为《尼雅之谜》。

书前有时任国家文物局副局长马自树之序，序称：

《尼雅之谜》一书，系作者根据实地考察所见所闻和文物考古发现所撰写的一本散文集，此书从不同角度介绍了尼雅昔日的辉煌和后来的衰败、废弃，尼雅由古代著名的绿洲之国、丝绸之路上的明珠，变成现在这样没有生命的废墟，这本身就是一个谜，值得研究和探讨。我没有进过被称为"死亡之海"的塔克拉玛干沙漠，读了《尼雅之谜》以后，思想触动很大，不由得对大自然产生了敬畏之感。沧海变桑田，我们今日的桑田将来是不是会变成昔日的尼雅呢？这是需要认真思考、认真对待的问题。

马自树局长提出的疑问，反映出当代许多有识之士对生态环境的关注和担心。本书共 38 节，最后一节题为"留给人们的思考"，是全书的结论，写道：

如果说尼雅的废弃与人类有关的话，那么可以说是尼雅人的活动破坏了这里的地理环境，引起沙漠化的结果。尼雅河是在黄土层上流动，黄土层是不漏水的。尼雅人的耕种破坏了黄土层以后，导致地下的粉沙出露。粉沙层的透水性很强，河水流到粉沙层上，就会流入地下，变得无影无踪……我们可以说尼雅人的活动，对于尼雅河的退缩产生了一定的影响。

尼雅河的退缩，迫使居民离开原住地，不断向上游移动，流沙也随之向尼雅河中上游扩张。古代精绝国故地沦为沙漠，就无法避免了。从和田市通往青海省的 315 国道不断南移，使于田县城多次向于田河上游迁移，成为最好的证明。

本书出版以后，曾在北京西单图书大厦签名售书。完全出乎事先人们的预料，购书的人排成长队。有人自始至终对此驻足观察，撰写了《从〈尼雅之谜〉的畅销看读书人的心态》，并形成长篇报道，指出读者涵盖了社会各界人士，有工人、学生、中学教师、大学教授、医生、编辑、工程师、银行职员、公司职员、公司总经理、党委书记、大学院长、政府官员、全国人大代表，还有日本大学教授。他们购书的心理各种各样，概括起来主要是追求新知识，有人是为作者的探险生涯所感动，有人购书给子女，培养其毅力和性格。（此文见《北京九三社讯》1999 年 4 月 20 日第 5 版）

《中国文物报》对 20 世纪文物考古图书举办评优活动，由读者直接投票选举。《尼雅之谜》成为获票最多的著作之一，被评为"20 世纪优秀文物考古图书"中的一种。由读者直接投票，与出版专家评议不同，它最能表达读者的真实心态和对图书内容的要求，有助于改进图书的选题和写作方法。

二、中国北方沙漠化的原因与对策

《中国北方沙漠化的原因与对策》，此书被列为国家"八五"规划重点科技专著。山东科学技术出版社 1996 年 9 月出版，责任编辑为该社社长兼总编辑王为珍和编辑王利明。精装 16 开本，181 页，26.1 万字。卷首有彩色照片 60 幅，均为作者拍摄，真实记录了中国北方土地沙漠化的现状和危害。

这项沙漠化研究，1988 年取得美国资助，后来又取得中国社会科学院和国家文物局的资助。结项以后又取得了山东泰山科技专著出版基金会的资助。由于取得了上述 4 笔资助，这项持续多年的科技研究，才得以顺利完成出版，与读者见面。

泰山科技专著评审委员会，由卢良恕、吴阶平、杨乐、何祚庥、罗沛霖、高景德、唐敖庆、蔡景峰、戴念慈 9 人组成，评审委员会主任是唐敖庆。评审委员会在《我们的希望》中指出：

进行现代化建设必须依靠科学技术。作为科学技术载体的科技专著，正肩负着这一伟大的历史使命。科技专著面向社会，广泛传播科学技术知识，培养专业人士，推动科学技术进步，对促进我国现代化建设具有重大意义。它所产生的巨大社会效益和潜在的经济效益是难以估量的。

此书由第三世界科学院院士、中国科学院兰州沙漠研究所原所长、研究员、国家环境荒漠化研究中心名誉主任朱震达作序，序称：

《中国北方沙漠化的原因与对策》一书，阐述了我国北方地区沙漠化的危害、沙漠化的历史过程、沙漠化的自然基础与人类活动关系及治理的对策。值得强调的是，作者作为一个历史考古学家应用大量的历史考古资料，并结合实地考察，深刻地阐明了沙漠化的历史过程……大量的证据、无数的实例都说明了历史时期和现代时期的沙漠化，完全是人类活动所造成的。从而提出了沙漠化既是自然现象，又是社会现象，是人类活动作用于自然的结果。这一论断对防治沙漠化的基本对策，将有重要的实践意义，这也是本书的最大特点。

本书共分为 6 章 37 节，第一章绪论对沙漠化与荒漠化概念的异同进行分析论证。指出沙漠化、荒漠化都来源于英文 desertification，最初被介绍到中国时，被译作沙漠化、后作荒漠化，译法稍有不同。沙漠化是指地表形态，出现了沙丘；荒漠化是指生物量减少或消失而言。二者的侧重点有所不同。第六章结语指出，在进入 21 世纪以后，中国经济发展重心要逐步向西北地区转移，必须关注西北地区的生态建设，防止沙漠化进一步扩大。2000 年提出的西部大开发，证实了作者的预言。

本书出版以后，新华通讯社发表了资深记者石云子撰写的通稿，题为《中国学者景爱对土地沙漠化基本成因有新结论，否定"沙漠化自然决定论"，认为是人类活动的结果》，通过中文、英文、阿拉伯文向全世界播发，美国报纸当日就全文刊出。《光明日报》记者范又对我采访以后，撰写了《关于"人造沙漠"的对话》，刊发于《光明日报》1997 年 3 月 21 日第 5 版。于光撰有《中国北方沙漠化的原因对策与评介》，刊发于《中国文物报》1997 年 5 月 4 日第 3 版。著名地理学家史念海随即撰文加以评论，题为《评景爱著〈中国北方沙漠化的原因与对策〉》，刊发于《中国史研究动态》1997 年第 8 期。

三、沙漠考古通论

《沙漠考古通论》，紫禁城出版社1999年10月出版，责任编辑白建新。大16开本，336页，35万字。此书是孙关根主编"中国考古文物通论丛书"之一种，旨在总结20世纪考古文物研究之成就。

时任国家文物局局长的张文彬先生，百忙中为此书撰作序言，称：

> 近年来，景爱先生以自己的刻苦努力、勤奋治学和社会各界的关心支持，在沙漠考古的考察和研究方面取得突出的成就，引起学术界的重视和新闻界人士的关心。

他在沙漠考古方面的论著《中国北方沙漠化的原因与对策》出版以后，受到学术界和生态环境部门的好评。

> 沙漠考古研究的一个显著特点，是直接为经济建设服务。景爱先生提出的沙漠化二重性的论断，已为国内外学术界所采纳接受。这一论断对于防治沙漠化，具有重要的科学指导意义和实践意义。沙漠考古对于考古研究如何为经济建设服务，也提供了最好的例证……

> 沙漠考古的另一个特点，是社会科学与自然科学的交叉渗透。这一点正是沙漠考古研究备受社会关注的重要原因之一。景爱先生用很大的精力去钻研自然科学知识，并运用自然科学和研究方法探索沙漠地区生态变化、环境变迁、史地沿革，且获得许多重要成果。

本书共12章78节。第一章叙述沙漠考古的缘起，与谭其骧先生的建议有关。第二章叙述沙漠考古的宗旨是研究沙漠的变迁与人类活动的关系。第三章叙述沙漠考古方法论，提出野外考察是基础，充分利用地层学、类型学知识。第四章叙述沙漠考古与自然科学的关系，要相互交叉渗透。第五章至第十二章，按不同地区论证沙漠化的过程与危害。第十二章取材于作者尼雅考古的成果，指出塔克拉玛干沙漠南缘，古代有许多河流，河水流过地区形成绿洲，各族人民在绿洲上居住生活，创造了辉煌的丝绸之路文化，出现了三十六国或七十二国等绿洲国家。后来由于水资源利用不当，引起绿洲的萎缩、消失，沙漠随之南移，导致西域文明的衰落，成为人类活动造成土地沙漠化的典型地区。

本书出版以后，深受学术界重视。史念海先生撰写的《景爱与〈沙漠考古通论〉》，在《光明日报》2000 年 9 月 7 日 C4 版发表。该文称："在《中国北方沙漠化的原因与对策》出版 4 年以后，景爱又出版了《沙漠考古通论》和《沙漠考古》二书，将沙漠考古研究推向一个新高度……景爱被称作'沙漠考古第一人'是当之无愧的。"盖山林的《文明与自然共同消亡的历史启示——读《沙漠考古通论》》一书，指出景爱所著的《沙漠考古通论》是一部论述文明与自然共同消亡的力作：

> 读罢这本《通论》，掩卷沉思，给我留下了四个方面的深刻印象。其一，本书是运用跨学科材料和跨文化视野研究考古，还原并重建了考古学和生态学、环境科学、文化生态学、森林生态经济学和文化人类学在古代文化中的原初联系；其二，全面系统地论述了沙漠考古的理论和实践，从理论与实践的结合上，对我国近四十年来沙漠考古做了一次全面科学总结；其三，在立意和布局上突破了传统考古学思维定式和框架模式，进行了大胆结构性创新，对沙漠成因提出了二重性理论；其四，列举各沙漠地区文明与自然关系方面的经验教训，从而为人类文明与自然生态协调发展提供了历史依据。沙漠考古研究的这一特点，就使考古学直接为经济建设服务成为可能。（此文刊于《中国图书评论》2000 年第 6 期）

本书图文并茂，刊出了大量的地图和照片。

四、沙漠考古

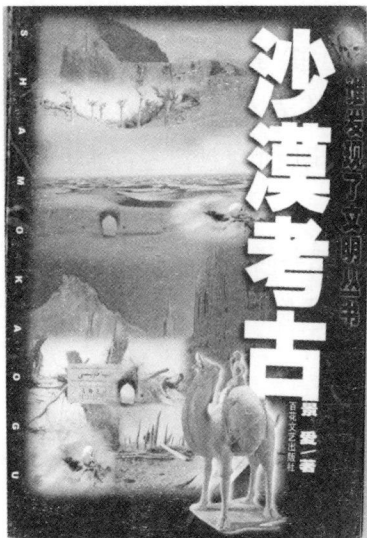

《沙漠考古》，天津：百花文艺出版社2000年4月出版，责任编辑冯雅静（今在国外）。32开本，234页，14.8万字。是在南开大学执教的张锡瑛策划的"谁发现文明"丛书中的一种。

在南开大学博物馆系任教的张锡瑛，曾在吉林省文物考古工作队（今吉林省文物考古研究所）任职，与我是同行。他听说我在北京从事沙漠考古研究，涉及文明起源问题，通过林秀贞找到了我的住址和联系方式，派赵芳、冯雅静来北京向我约稿，于是我撰写了《沙漠考古》一书。

1998年《中国文物报》改版，要增加新栏目，编辑部李卫向我约稿，我以"寻找被湮没的文明"为题，撰写了若干篇，供其连载。张锡瑛大概从报纸上看到了我的文章，知道我从事沙漠考古研究，于是有了出版社约稿之事。

书前有资深学者史树青撰序，称：

景爱先生在本书中，根据实地考察所见和多年的研究结果，对我国北方许多地方沙漠的危害和演变，作了仔细的介绍。作者指出，我国北方草原地区的沙漠化，主要是汉代以来不断开荒耕种的结果。我认为这种论断是很有根据，很有道理的。

卷首有作者题词：

土地沙漠化，既是一种自然现象，又是一种社会现象，是人类活动作用于自然的结果，这是沙漠化的二重性，是科学地制定防治沙漠化对策的基本前提和出发点。

人类如果能够改变自己的行为，调整自己的生活方式。减少对自然的破坏活动，使人类与自然处于一种和谐发展状态，就可以防止沙漠化的发生。人类完全可以避免沙漠化的危害，关键在于人类自身的行动。

　　此题词是作者长期研究沙漠化的结论，也是《沙漠考古》一书的指导思想，贯彻全书的始终。通过大量的事实，提醒人们关注环境问题，保护环境、爱护环境，就是维护人类的家园，保证人类社会的可持续发展。

　　正文共 48 节，以历史事实揭示人类破坏森林、破坏水资源，造成了生存环境的沙漠化，最后只好放弃自己的家园，被迫迁移，改变了区域性历史发展的方向，影响了历史发展的进程。尼雅文明的衰亡，居延地区的沧桑巨变，流沙半掩黑水城，黑水国的变迁，风沙逼走韩州城，大青沟的沉思，都是可怕的证明。

　　寻找昔日的家园（沙漠考察途中作）一诗，记录了我当时沉重的心情：

> 我徜徉在沙丘之间，
> 去寻找昔日的家园。
>
> 新建的民房被流沙湮没，
> 房主人知向何边？
>
> 眼前的废墟谁人居住？
> 只剩下断壁残垣！
>
> 城堞处黄沙滚滚，
> 有人说曾灯火斑斓。
>
> 起伏的沙浪吞噬了多少村落？
> 探索那消失了的炊烟。
>
> 昔日的家园在哪里？
> 我有些迷茫不知所见。

　　按：此诗是 21 世纪初年，从额济纳旗考察绿城绿庙归来时，途中即兴所作，感叹沙漠的变迁给人类造成的巨大灾难。

五、警报：北京沙尘暴

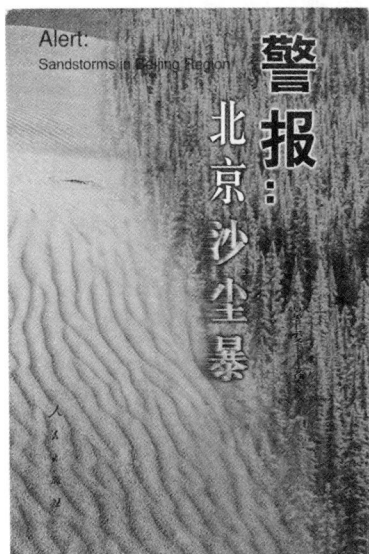

《警报：北京沙尘暴》，北京：人民出版社 2001 年 5 月出版，32 开本，148 页，11.2 万字。卷首有 26 幅彩色照片。责任编辑孙兴民。英文目录由我单位的同事郑军翻译，他曾留学英国，英语水平很高。本书原名《北京沙尘暴》，后由出版社加上"警报"二字，用以提高公众对沙尘暴的关注。

21 世纪伊始，首都北京春天的沙尘暴日趋严重。2000 年年初，朱镕基总理受江泽民总书记的委托，考察了河北省丰宁县和内蒙古多伦县的沙尘源，在社会上反响很大。我被聘为北京团市委的科学顾问。当时团市委书记为张孝廉（今改名张效廉，为黑龙江省委常委、宣传部长），他毕业于北京林业大学林学系，其专业与防沙治沙有关，故特别重视沙尘暴。我曾陪同北京团市委的干部，沿着朱镕基总理的行程，到河北丰宁县、内蒙古多伦县考察沙尘源。事后电视台、广播电台和报社记者多次对我进行采访，帮助他们制作节目，并纷纷提出请我写一本关于北京沙尘暴的书。到了 2001 年年初，我帮助北京电视台 3 频道"绿色行动"制作节目；2 月 5 日接受《环球时报》（《人民日报》的子报）记者张宏力、杜增良的采访时，他们都建议撰写有关北京沙尘暴的书，越快越好，最好能在沙尘暴来临之前出版。于是，我找到了人民出版社文化编辑室主任刘丽华女士，她表示可以采纳此选题，要早些动笔、早些出版。出版社提出，如果能在 3 月定稿，4 月下旬即可以印出样书。

于是我放下手中的其他写作，夜以继日撰写，用 20 天就完成了写作，3 月 18 日完稿，又准备图片、地图、参考书目、编制索引，于 3 月 23 日按"齐、清、定"的要求,将全部稿件交给责任编辑孙兴民。由于孙兴民准备研究生外语考试,出版时间向后推迟 10 余日,于 5 月初问世。

人民出版社举行了首发式,林业部原副部长蔡延松、国家文物局局长张文彬、《光明日报》科技部主任周文斌等光临首发式,人民出版社社长李长征在首发式上高度评价此书的重要性。北京电视台记者刘恕现场录像,当天晚间在北京新闻节目中播出。

5 月 13 日,在北京西单图书大厦签名售书,北京人民广播电台记者苏京平到现场采访录音,于当天晚上播出。《光明日报》《中国教育报》《中国文物报》也有报道。

本书共 5 章 25 节,记述了北京沙尘暴的由来、原因和防治,指出植树造林是防治沙尘暴的有效途径,合理利用水资源是重要环节,要加强建筑工地管理,减少城区沙尘。

书末附录有《中国文物报》记者李让撰写的长篇采访报道,回答了他提出的如何给读者写书、如何保护环境的有关问题。

此书出版以后的影响十分广泛,此后有许多读者询问北京沙尘暴的危害和防治。由于当时北京沙尘暴的国内外反响很大,国家环保部门将此书列为环保教材,向环保人员发放,用以普及环保人员的沙尘暴知识。

卷首有国家林业局杨继平写的序言,题为《"防沙治沙惟绿是新"》,在《中国绿色时报》2001 年 5 月 16 日第 4 版 "人与自然" 栏目刊出;还有吴加安序言,在《中国文物报》2001 年 5 月 12 日 "书林漫步" 刊出。

六、走近沙漠

《走近沙漠》，沈阳出版社 2002 年 1 月出版，32 开本，265 页，16.7 万字。图文并茂。此书是"人与地球丛书"中的一种，这套丛书的名誉主编为中国科学院院长周光召，主编为程裕淇、陈忠实。责任编辑为潘晓翊、程欣欣。

"人与地球丛书"系百名地球科学家推荐的科学著作。书前有中国科学院院士程裕淇、中国作家协会主席陈忠实、中国工程院院士关君蔚所作的序言。

关君蔚院士是北京林业大学教授、中国治沙暨沙业学会高级顾问，我是这个学会的理事，与他接触甚多。他在撰写的这篇序言中道：

> 我经常与景爱先生见面。2000 年又同他一起参加"西部大开发，建设绿色家园"科学考察活动，到了新疆南北；再得读《沙漠考古》，是他刚出版不久的新书；半年后景爱又出版了《警报：北京沙尘暴》一书，足见其刻苦勤奋，令人钦佩……未出几个月，他又撰写出《走近沙漠》，实出乎我的意料。此书的目的在于引导读者认识沙漠、了解沙漠、改造沙漠，减缓沙漠的危害。功夫不负有心人，值此西部建设已被纳入国家重点议事日程之时，我想广大读者会从中增长知识，受到启发。特为序。

陈忠实在序言中说：

> 我们荣幸地请来景爱先生撰写《走近沙漠》。他本是一位考古学家，近年来，又致力于沙漠的研究，已有多部专著问世，成为我国沙漠考古界卓有建树的专家。他以学者冷静的头脑、敏锐的思维和生动的文笔，为我们揭开了沙漠的秘密。他的加盟，为丛书增色添彩。

　　这套"人与地球丛书"印出以后，在北京人民大会堂澳门厅举行了盛大的首发式。景爱、庞天舒、曹岩三位作者都应邀与会，为读者签字发书。到会的百余位来宾，许多是地学界的知名专家学者，其中就有我仰慕已久的黄土研究专家刘东生院士，我在研究沙漠演变过程中，多次拜读他的著作。在这次首发式上，他讲述了关于黄土研究情况，使我大开眼界，倍加兴奋。

　　陈忠实是当代著名作家，我到过浐河、灞河，《白鹿原》即以此地为背景。会前我们曾见面交谈，当时他是中国作家协会主席，不过给我的印象是很朴实，没有什么大作家的架子。他亲笔在《走近沙漠》的空白页上签署了他的大名和通信联络方式。

　　《走近沙漠》卷首的引子，介绍了我童年在太子河边玩沙成趣和在电影《沙漠苦战记》所见到的沙漠，当时给我留下深刻印象。想不到我后来竟以沙漠研究为课题，这种偶然的巧合，曾使采访我的记者十分感兴趣，要我回答其间的联系。我老老实实回答说，我的沙漠研究与童趣没有太大的联系，是我深感沙漠扩张威胁了人类生存所使然。

　　此书印刷 5000 册，很快销售一空。消息传出以后，沈阳文学刊物《芒种》副主编李晓慧向我约稿，请我写一篇关于沙漠的散文。我很快写出来，刊发于《芒种》2000 年第 7 期，第 55—58 页，题为《沙漠随笔》。主题为："我们明白了，北京的风沙，北方的风沙，半是天灾，半是人祸，人类应当负有更大的责任。"

七、胡杨的呼唤——沙漠考古手记

《胡杨的呼唤——沙漠考古手记》，北京：中国青年出版社 2004 年 1 月出版。责任编辑裴海燕，封面设计周志慧。32 开本，308 页，25 万字。有随文照片、地图 96 幅。

本书书前有中国酒泉卫星发射中心主任张建启少将和国内外知名的岩画专家、内蒙古文物考古研究所研究员盖山林撰写的序。

张建启在序中称：

沙漠生态的变迁是诸多学者研究的对象。我国著名的沙漠考古学家景爱同志就是其中的一位。他曾走遍了我国大部分沙漠，对我国沙漠的形成和变迁做了大量的考古研究。2002 年 4 月，我有幸结识了这位沙漠考古学家。早在 1990 年，他就曾前来这里考察，对巴丹吉林沙漠以及弱水流域的沙漠化变迁做了详细的研究和考证……他这次前来，主要是为拍摄一部纪实的电视片……我希望更多的人能够听到"胡杨的呼唤"，那是大自然的声音。我更希望人们能够通过此书，更多地了解胡杨、保护胡杨！

盖山林在序中称：

胡杨的呼唤，实则是额济纳绿洲的呼唤，对生命的呼唤，对绿色世界的呼唤……这是一本亲历记，是他沙漠考察的实录。书中石破天惊的用语，似乎是一本文学作品，实则是用文学的语言写学术。阅读这本书，既可以欣赏婉婉动听的诗一般的语言，又可以得到真实的科学知识。

即将摆在读者案头的《胡杨的呼唤》一书，定能使阅读者学到生态知识，深刻理解人地关系，引发对天、地、人的原初联系以及生态哲学的思考。

我在本书前言中，对书名《胡杨的呼唤》有如下的说明：

　　胡杨与沙漠是仇敌，又好像是孪生兄弟。凡是有沙漠的地方，就会有胡杨。仿佛胡杨是为了沙漠而生，为了沙漠而死。我考察了沙漠，也考察了胡杨。因此，本书题作《胡杨的呼唤》。

　　实际上胡杨的呼唤，是胡杨对人类的呼唤，胡杨对世界的呼唤。我能听懂她的呼唤，她在呼唤：人类爱护环境、保护环境，不要让沙漠肆虐，去危害人类。她那面对狂风的呼啸，就是告诉人类不要破坏环境，不要自作自受，不要因小失大，不要搬起石头砸自己的脚。

本书出版以后，我收到了两封读者来信。一封是 2005 年 12 月 14 日常州汪一方先生来函，彼称：

　　拜读您著的《胡杨的呼唤》，就如"从山阴道上行，山川自相映发，使人应接不暇"。沏一杯淡茶，书卷在手，时有豁然开朗的心情。常见皇皇巨著，正襟危坐，高山仰止，总觉得有些悝悝然。读您的著作，则顿觉心清神爽，不亦快哉！品味之余，遥想您举重若轻的丰采，虽不能至，心向往之，不禁妄生冒昧之念，托付鸿雁，奉上尊著，恭请题词，以感谢您所赐那一片可贵的清心天地。

另一封是江苏泰州市田家炳实验中学高二学生朱峰的来信，他称：

　　"读过以后，让我明白自己的活动与自然的联系是那么紧密，希望我们珍爱文物，珍爱自然，保护环境，而且封面上枯死的胡杨，加上题目《胡杨的呼唤》，使我为之一震，一大片一大片的死胡杨，仿佛是一累累的白骨，使荒凉的沙漠更加荒凉。"

看来这位中学生受到了死胡杨的启示，明白了人类与自然的紧密联系。读过他的来信，使我陷入久久的沉思之中。于是随即撰写了《少年笔写出的环保意识》，刊发于《中青出版通讯》2005 年 6 月 15 日第 3 版。

八、中国的荒漠化及其防治

《中国的荒漠化及其防治》，合著。北京：高等教育出版社 2005 年 7 月出版。责任编辑李冰祥、林琳。大 16 开本，939 页，150 万字。

本书是国家自然科学基金重大项目，国家"十五"规划重点图书。科学顾问为刘东生、陈述彭、孙洪烈、关君蔚、张新时，他们有的是中国科学院院士，有的是中国工程院院士。由中国林业科学研究院首席科学家、国际防治荒漠化协调小组高级顾问慈龙骏等编著。

我是分工撰写本书的第六章"荒漠化地区社会经济情况的历史分析"，共三节。第一节，历代干旱、半干旱区社会状况及人口变化；第二节，干旱、半干旱城镇的发展；第三节，地区经济发展与产业结构的变化。排在该书第166—208 页，按版面计算为 60000 字。

荒漠化的产生，是人类社会活动与自然界相互作用的结果，具有二重性。因此，在分析研究荒漠化的产生、加剧时，必须知道各个不同历史时期的人口状况，社会经济发展水平和产业结构特点。因此特邀本人撰写了"荒漠化地区社会经济情况的历史分析"一章。所谓荒漠化地区系指中国的干旱区和半干旱区，即中国北方和西北方。本人多次在这里考察研究，对这里历史上的社会经济发展状况是比较熟悉的，故由我承担撰写这一章。

九、居延沧桑：寻找消失的绿洲

《居延沧桑：寻找消失的绿洲》，北京：中华书局 2005 年 8 月出版。责任编辑刘彦捷。32 开本，189 页，15.5 万字。除文字以外，随文还有地图和照片 150 余幅，图文并茂，全书彩色印刷。

书前有序二：一为张梅颖序，一为乔金加布序。

张梅颖是全国政协副主席、民盟中央常务副主席。2005 年夏，张梅颖副主席率团考察青海湖及周边环境问题，我是她的学术顾问。其间我向她介绍中国沙漠的分布、危害与防治问题。青海湖的萎缩与古居延海的消失，都是人类活动破坏了生态环境、不科学利用水源的结果。她听得很仔细认真。在与青海省委、省政府交换意见时，我的发言被列为重点，引起了青海省的高度重视。张梅颖副主席在序言中写道：

现在全国上下都在讲构建和谐社会，重视程度已经足够，关键在于切切实实地做起来。人与自然的和谐是其中一个非常重要的方面，该怎么做？《居延沧桑》应该有一定的借鉴价值，此时出版，很有现实意义。我真诚期望景爱先生的沙漠研究课题结出更多硕果，更盼望居延海周边有恢复绿洲之日。

乔金加布是蒙古族、中共额济纳旗委书记。古代的居延绿洲在今额济纳旗境内。其序言称：

景爱先生从遥远的北京写信来，嘱我为本书写序。我看到该书的目录和简介后，觉得很亲切，只来额济纳短暂考察两次的他，怎么会写出这么情真意切的语句呢？我不禁为景先生的敬业精神和渊博知识而感动！

景先生的《居延沧桑》以亲历考察的实录形式，用科学、质朴的语言写出了居延绿洲、额济纳河流域的变迁史，总结出沙漠化的原因是人类活动作用于自然结果这一科学论断。作为额济纳旗的领导，为本书作序我感到很荣幸。我代表全旗2.5万各族人民为《居延沧桑》的出版喝彩！为景先生对我们生命的绿洲给予的深切关注说声"谢谢！"……景先生的《居延沧桑》揭开了古居延的神秘面纱，为居延地区的文化旅游提供了不可多得的重要参考。

我自己则在题记中写道：于1990年夏、2002年春两次到这里进行实地考察研究，结果发现居延绿洲的消失既有自然原因，又有社会原因，人类对环境的破坏这一因素所占比重更多一些，人类应当承担更大的责任。

事实是最有说服力的。本书以实地考察中拍摄的照片为主，铺以若干文字说明，来展示居延的变迁。请读者细细品味这些图片，从中寻找沧桑之变的原因。如果能从中悟出人类与环境相互依存的道理，那么，就应当以实际行动保护地球——人类唯一的家园。

2005年9月，在额济纳召开黑水城人文与环境国际学术研讨会，我主持了这次会议。会上，向与会全体专家学者赠送了这本书，受到大家的高度称赞和好评。同年12月，在北京召开的中国治沙暨沙业学会第三届代表大会上，也赠发了此书表示祝贺。

《居延沧桑》印刷4000册，数量不算少，然而不久就脱销了，说明此书在读者中颇有影响。

十、木兰围场研究

《木兰围场研究》，撰于 1997 年年初。

自 1992 年以来，我曾先后三次赴围场县考察，事后又到中国第一历史档案馆查阅了清代相关档案资料，以期相互印证。《木兰围场研究》一书就是在此基础上撰写的，旨在研究木兰围场如何从原始森林变成沙漠化地区以及治理对策。新华通讯社记者朱幼棣曾对此项研究进行采访，撰写了《昔日皇家猎苑，今日黄沙弥漫——围场县沙漠化的反思》的报道，刊于《新华每日电讯》1995 年 2 月 9 日第 5 版科技教育文化卫生栏目。该文称："著名考古学家景爱最近对这一地区考察后认为，这主要由人类对森林植被的破坏造成的。"

著名学者史树青先生为此书赐序，序称：

> 我友陈述（玉书）教授生前，盛称景爱同志学问之渊博和对我国北方民族历史研究之成绩，尤其对辽金研究甚深，著述甚多，赞为当代难得之人才。近年，景爱同志任中国文物研究所研究员，除了对历史文物研究以外，兼及历史地理考古，著《木兰围场研究》一书，嘱为弁言。

> 我认为此书除了详论河北省承德地区围场满族自治县"木兰围场"的历史及演变以外，特别对当地的地理、沿革及生态的变化和我们如何对森林植被亦就是自然环境的保护问题，提出了中肯的意见，所以景爱同志的这部书不只是考据历史问题，而是具有重要现实意义的著作。

十一、内蒙古草原万里行

　　《内蒙古草原万里行》，是草原考察行记。2002 年 7 月 16 日至 8 月 2 日，应"绿色北京"之邀，对内蒙古中部乌兰察布市、锡林郭勒市、兴安市的有关旗县的草场退化进行实地考察，重点是东乌珠穆沁旗。该旗北临蒙古国，以宝格达山（海拔 1461 米）为国界。宝格达山是许多河流的发源地，在山南河湖密布，牧草繁茂，属于典型的草甸草原，蒙古马的原产地便在这里。自 21 世纪伊始，在西部大开发的影响下，当地政府招商引资，修建了银矿、铁锌矿和造纸厂，工业废水污染了草场，导致牲畜死亡、牧民生病。消息传出以后，引起社会普遍关注，国家环保局局长解振华指示关闭这些厂矿，当地政府拒不执行。北京的民间环保社团"绿色北京"邀请相关的专家学者、环保志愿者、新闻记者和法律人士共同前往调查核实情况。我以科学顾问身份参与其中，对途中和现场所见有详细记录，事后编成书，暂定名为《内蒙古草原万里行》。全书共计 50 节，版面字数计 14 万字。行文浅显流畅，配有大量图片，属于科普类著作，但尚未出版。

　　本书提及山川地理、生态环境、草场退化、风俗文化等许多方面，用以唤起人们对内蒙古草原的重视，呼吁大家爱护草原，保护草原，用草原构筑首都北方的绿色屏障。

　　我在考察后撰写的两篇论文，已经公开发表。对此次考察活动，《光明日报》记者吴力田、《人民日报》记者刘毅分别撰文加以报道，前者称《心系草原》，后者称《草原，如何留住这片绿》。还举办了"曾经草原"展览和"工业发展与东乌旗天然草原保护研讨会"，在社会上产生了广泛的影响。

　　此书完成以后，我又去进行新的科学研究工作了。实际上撰写此书，是为了记录这次很有意义的科学考察活动，防止忘却历史。因此，并未急于出版，在书柜中陈放了 15 年。最近在整理资料中，无意中发现了这部书稿，读起来脑中时时浮现昔日草原考察的鲜活情景，后附此书有关地图 2 种：

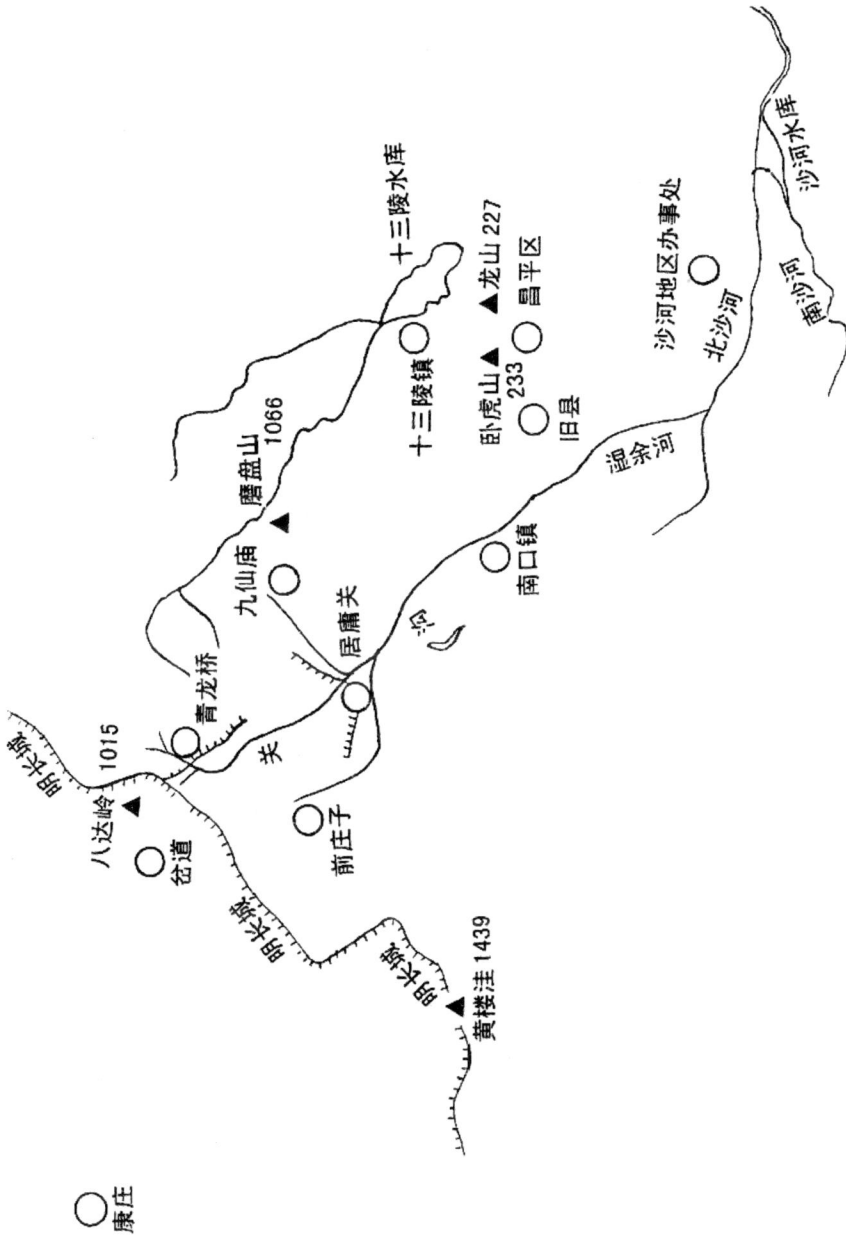

1. 北京关沟（湿余河）水系图（景爱绘）

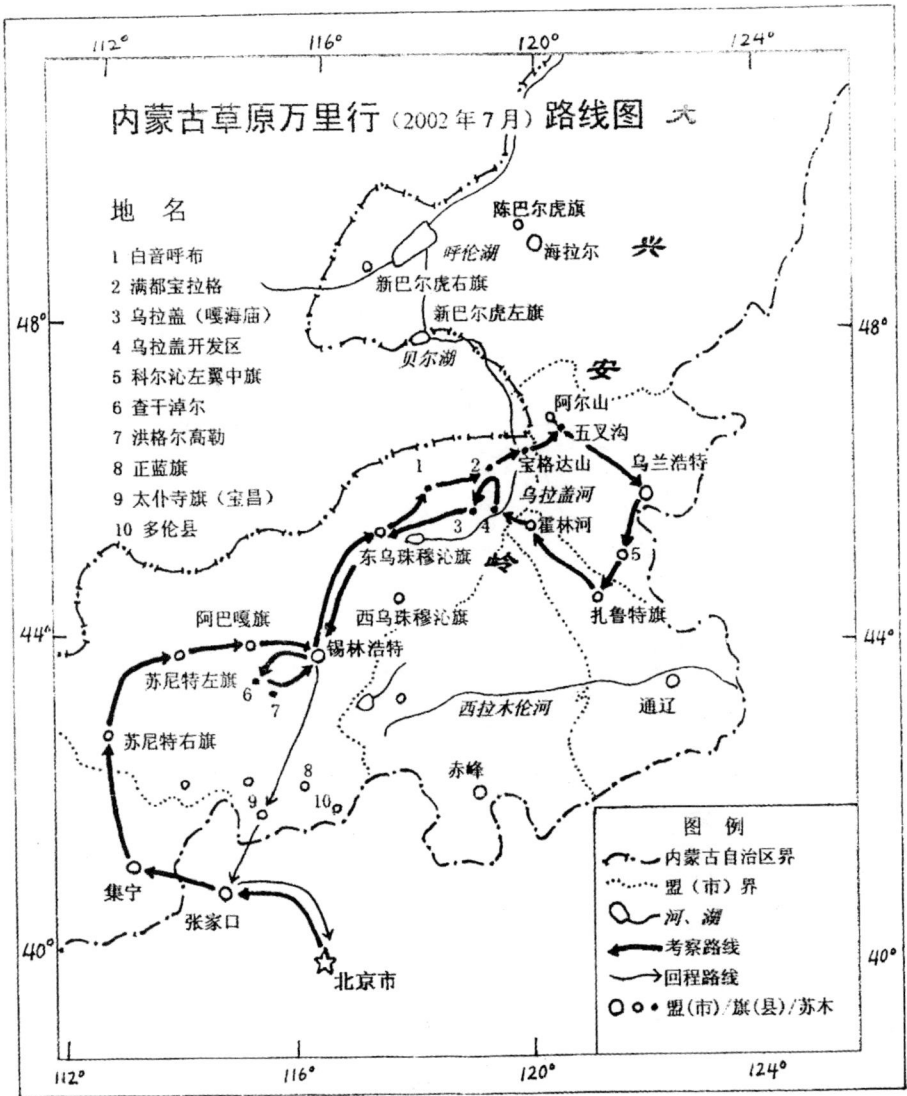

内蒙古草原万里行（2002 年 7 月）路线图

地 名

1 白音呼布
2 满都宝拉格
3 乌拉盖（嘎海庙）
4 乌拉盖开发区
5 科尔沁左翼中旗
6 查干淖尔
7 洪格尔高勒
8 正蓝旗
9 太仆寺旗（宝昌）
10 多伦县

图 例

内蒙古自治区界
盟（市）界
河、湖
考察路线
回程路线
盟（市）/旗（县）/苏木

2. 内蒙古草原考察线路图（陈继群绘）

十二、金上京

《金上京》，北京：生活·读书·新知三联书店 1991 年 12 月出版。32 开本，正文 254 页，17 万字。责任编辑苑兴华，封面设计海洋。20 世纪 90 年代以前的有关遗迹遗物照片，随文排印，有说明文字。地图 10 幅、编有地图目录，检索方便。

《金上京》一书由北京大学侯仁之教授题签书名，由金启孮用女真文题签"景爱著'金上京'金启孮署"等字样，书前有蔡美彪、张博泉二序。蔡美彪序称：

景爱同志的《金上京》，依据多次实地考察的结果，结合历史文献，对金上京城的建置沿革、规模、建筑结构、行政建置以及社会生活、经济、交通等，做了周密的全面的考察，是一项很有价值的成果。作者对这部书稿付出颇大的功力，广泛利用了现存文献、考古文物资料和前人研究成果，从而订正了有关旧著中某些误解；对一些有争议的问题和前人未及注意的问题，也提出了自己独立的见解，言之有据。

张博泉序指出：

金之崛起，变夷从夏，变金源为内地，是由边境民族和国家转化为统一的中华和中国的宏伟篇章。金朝的都城自此而南，作为金都城的上京是了解其重大发展和变化的一个重要方面，因此金上京不仅是女真崛起的圣地，也是女真族统治中心向南游移的源头，是研究金代史的开端，金代女真族的文明史就是在这里形成和发展起来的。

《金上京》一书，资料翔实，精选细审，运用颇为得法。本书的精到处，是对问题研究所具有的独到见解的部分。作为一本好的书主要表现在这里，哪怕是一二点的发现也是可贵的。如果没有这部分，即使资料再详，体例再新，充其量也只是能使其别具一格，而无内容突发性的进取和开创。本书力图在这方面有所显示。作者以现实所占有的可靠资料和认识，纠正了俄人、日本人过去所做出的一些讹误和误解；对日本人的看法也提出一些可供参考的异议；对一些长期存在的疑难、错觉和新发现的问题进行了研究。我读《金上京》，从中吸取了好多新的营养，这就是本书的功力和所能起到的实际利益。

20世纪70年代，我曾供职于黑龙江省博物馆考古部、黑龙江省考古工作队（今黑龙江省文物考古研究所），出于工作需要，我曾多次考察阿城县（今改称区）金上京城遗址和县博物馆。1978年离开黑龙江省以后，谭其骧要我参加《中华人民共和国国家地图集》古沙漠图、古城镇图的编绘，有幸在侯仁之领导下工作。1988年5月初、1989年8月初，我两次由北京赴金上京考察，在阿城县文管所阎景全的陪同下，在上京城内发现了新的寺院遗址、冶铁遗址，在城郊发现了临猗亭、云锦亭遗址，写入本书中。近年，黑龙江有关人士告诉我说，临猗亭、云锦亭遗址已经找不到了，很有可能为耕作或施工所破坏。幸好本书对此二亭有详细记述，并配以相关的照片和地图，使旧迹得以重现人间（见本书第100—104页）。

十三、历史上的金兀术

2014 年再版封面

《历史上的金兀术》，北京：中国社会科学出版社，2008 年 2 月出版，32 开本，正文 229 页，14.8 万字。

本书卷首有吉林大学教授王可宾撰的序，称：

《历史上的金兀术》一书，是第一部有关金兀术的传记，完整地全面记述了金兀术一生成长的历程和他在中国历史舞台上的活动。既记述了他的骁勇善战，他的治军治国；也记述了他纵兵杀掠和战败北归。广搜史实详加梳理，所言皆有根有据，实话实说，成败起伏皆无所隐，堪称实录新编。

如何历史正确地认识金兀术，如何清除某些旧有戏文或鼓词乃至著作中的某些错误观念，读了景爱先生这部《历史上的金兀术》，或许会给你一把拨开这层迷雾的钥匙，有助于增强各民族的团结，构建社会主义的和谐社会。

全书正文 16 章，第一章对钱彩、金丰撰写、增订《说岳全传》之背景进行分析。钱彩是明代仁和县（今杭州）人，不见于地方志，事迹不详。金丰是清代贵州余庆人。《说岳全传》在乾隆年间被列为禁书，同治年间金丰加以修改刻印。金丰认为，小说"不宜尽出于虚，而亦不必尽由于实"。钱彩原书过于"实"，金丰不甚满意故而增加了虚构的成分，称秦桧是铁背虬龙转世，其妻王氏是女士蝠投胎，十分荒诞，无助于树立岳飞形象，把读者引向虚幻。为了丑化金兀术，作者篡改历史。金初女真宗室贵族皆称郎主，属于尊称。小说将金太祖改称为总领狼主，将金兀术改称四狼主，将他们比作虎狼之"狼"，一字之差说明作者极力丑化金朝君臣。又称气死金兀术、乐死牛皋。此种手法甚多，说明作者思想境界低下，缺乏才气。

金兀术最初只是一名战将，他是在与宋战争中成长起来的。本书仔细记述了金兀术的成长过程。金军一下中原，宋徽宗被迫退位；金军二下中原，北宋灭亡，徽、钦二帝被俘；金军三下中原，宋高宗逃至江南。金兀术在战争中认识到宋朝的腐朽，增强了其胜利信心。金兀术突破长江，将宋高宗驱赶到大海之上，以海船为家，此时，成为金兀术事业的高峰。此后血战陕西受挫，在顺昌府为刘琦所败，在颖昌府为岳飞所败。到了晚年，金兀术认识到彻底灭亡南宋是很困难的，因此他对签订"绍兴和议"采取了积极态度，史称"兀术临终，以坚守和好之说"，对金兀术给予高度评价。

金兀术在民间有很高的地位和影响。金中都玉虚观有金兀术祠堂，称太师梁忠烈王祠。道士高守冲为金兀术立碑。在辽宁、吉林、黑龙江，关于金兀术的传说很多，还有金兀术之妹白花公主的传说，属于爱屋及乌。民间传说是自发产生的，反映出民众热爱金兀术、尊敬金兀术。

第十六章记述了金兀术的后人。在甘肃平凉泾川县完颜村北九顶梅花山下有芮王坟，芮王坟即金兀术坟。在河南也有金兀术坟。其实金兀术坟在北京房山区金代皇陵之旁皋儿沟，这些传说中的金兀术坟是不真实的，不过从中不难看出金兀术在民众中有广泛影响。

本书附录《甘肃省泾川县完颜氏宗谱图考》，对明代绘于麻布上的世袭图人物像进行考证。泾川县完颜氏自称是完颜承晖的后人，实际上应是金兀术长子完颜亨的后人。

《历史上的金兀术》出版以后，供不应求。因此，2014年中国社会科学出版社将此书再版，以满足社会的需要。《中国文物报》对再版《历史上的金兀术》发表了苗天娥的评论文章。本节所附的书影，是再版时新设计的封面。

十四、历史上的萧太后

《历史上的萧太后》，北京：中国社会科学出版社 2010 年 1 月出版，32 开本，正文 356 页，21 万字。有地图 2 幅，一为高粱河之战形势图，二为澶渊之战形势图。又有萧太后画像 2 幅。

该书卷首有人民教育出版社副总编辑、编审王宏志撰写的序言，彼称："从景爱先生的这本书里，我们可以看到一个没有任何偏见的、真实的萧太后，可以说《历史上的萧太后》还原了她的本来面目。"（此序后刊于《文汇读书周报》，2010 年 7 月 2 日）

本书正文共 12 章，附录萧太后大事记。第一章为历史小说《杨家将》中的萧太后，对《杨家将》小说的两种不同版本进行了仔细考证，指出《杨家府演义》与《北宋志传》主题相同，结构、内容和表现有许多不同。北宋初年民间传说和戏剧的积累，为小说的产生奠定了基础。明代后期《杨家将》小说的出现，与明朝"土木之变"以后，宦官当政、政治腐败、蒙古南下侵扰有关，人们盼望能有杨家将三代忠君报国的出现，以抗击蒙古人入侵。秦淮墨客在《杨家府演义》序言中提出："使其将相合，中外合应，岂不足树威华夏！"凄婉却真实流露出人们盼望英雄出世、挽救国家危亡的理想和愿望。

《杨家将》小说第 25 回竭力丑化萧太后，把她描写成胆小怕事、愚蠢无知、自缢而死，完全是出自虚构，属于水中月、镜中花、画中饼。虽然无济于事，然而美丽的谎言却使读者松了一口气，获得了精神上的满足，使读者的思想从压抑中得到解脱。《杨家将》小说在民间产生很大影响，北京古北口的杨令公庙，关沟中的穆桂英点将台、五郎庙、六郎影、六郎寨，都是附会杨家将而出现，其实杨令公根本就未来到过北京。

萧太后治国有方，指挥辽军在澶渊战胜宋军，迫使北宋签订和约，北宋要提供"助军旅之费，每年以绢二十万匹、银一十万两"，派人送到雄州交割。这是一笔不小的军事赔款，加重了人民的负担，被当时称作"城下之盟"，现代学者，如河北大学教授漆侠，仍持此看法。此后，萧太后修建了辽中京，使之成为辽朝中后期的首都，并在此接见宋朝使者，成为友好之都。在萧太后主政时期，辽朝势力达到顶峰。

北宋使者路振使辽途中，在燕京听到一个传说，称萧太后与韩德让关系暧昧不清，有意丑化萧太后的人格，用以发泄对辽朝的仇恨。路振在辽中京受到萧太后很高的礼遇，他却称一个十余岁的童子状类韩德让，是萧太后为韩德让所生。实际上此童子是韩德让的侄孙子（有人曾撰文考证）。这种恶意的诽谤反映出路振不正常的心态。现在有些学者，亦步亦趋模仿路振的手法，变本加厉炒作此事。萧太后到韩德让（大丞相）帐中议事本是很正常的，议事属于机密，随从人员不得入内。有的学者公然说，这是萧太后"改嫁韩德让"，由于有了这件"喜事"，才令随从大臣在帐外作双陆游戏以"尽其欢"。皇太后与大丞相结婚，是举国大事，必定全国同庆、张灯结彩，岂能用双陆游戏令大臣尽欢？这种小题大做、颠倒黑白，分明是不正常的心态，与路振的手法同出一辙。

第十二章关于萧太后的传说，搜集了北京、河北、山西、内蒙古和辽宁各地的传说数十种，均来自地方文献，这些传说中的萧太后都是正面形象，反映出人民群众对萧太后的喜爱和敬爱，与戏剧中萧太后的反面形象不同。人心的向背不是偶然的，反映出萧太后在民间有很大的影响，是一些文人无法抹杀的。

周峰撰有书评，题为《真实的萧太后》，刊于《中国社会科学报》2010年4月29日"社科院专刊"。

十五、皇裔沉浮——北京的完颜氏

《皇裔沉浮——北京的完颜氏》，北京：学苑出版社 2002 年 6 月出版，责任编辑潘占伟。32 开本，共 145 页，10.9 万字。

书前有乾隆皇帝第五子、荣纯亲王永琪后裔金启琮作的序。序称：

> 景爱根据调查，知完颜氏旁支尚存，东归故土，复仕于清。人才辈出，重新光大其族，可谓将金、清之际完颜中断之记载，重加联系，实有兴亡继绝之义……余家与北京完颜氏旧有世谊，故详述经过而为之序焉。

著者得知北京有金代完颜氏遗族存在，实出于偶然。20 世纪 90 年代，有一次参加在中山公园举行的民族联谊活动，北京市民委叶主任得知我从事辽金史研究，告诉我说北京市有金代皇族完颜氏，你不妨调查研究。此后，在某次中国辽金史研讨会上，满族著名学者布尼阿林又向我提出了同样的建议，并提供了完颜佐贤的通信地址，要我直接与完颜佐贤联系。当时完颜佐贤住在广安门外莲花池附近，我曾与他多次通信，并亲自登门拜访。完颜左贤称：我完颜氏本是金朝皇裔，为清朝皇帝所认定，有明文记载。然而有些人说我们是冒充，令人气愤。先生既以辽金史研究为业，理应加以研究，将历史真相昭示于天下，以正视听，列祖列宗在天之灵也会感激不尽的。

于是，我受人之托，开始搜集资料。完颜氏家谱已毁于"文化大革命"，保留下的唯一线索是一张统系表，即各世代的人名。根据统系表，我在文献中加以核实，有的见于清大臣传，有的见于《清史稿》，有的见于清代人的笔记。经过数年整理，我撰写了《皇裔沉浮——北京的完颜氏》这本书。其出版历尽艰难，当此书面世之时，完颜佐贤已经仙逝，甚是内疚。

本书内容分为三个方面：一是介绍北京完颜氏的由来；二是介绍清代、民国以及现代完颜氏的代表性人物；三是介绍完颜氏的一些故迹。附录了北京完颜氏统系表，甘肃省泾川县完颜高正、上海市完颜绍元的来函。

本书出版以后，在社会上产生了广泛的影响。北京市有许多人来电话，自称他们也属于完颜氏。甘肃省兰州市满族联谊会来函，介绍了泾川县完颜村遗裔的情况。受本书的影响，他们还拍摄了反映泾川县完颜氏的电视片，据说已在甘肃省电视台播出。

本书图文并茂，书中有插图若干。其中比较珍贵的有麒庆画像，崇实官服画像，衡桂《华岩泷图》山水画，完颜佐贤致景爱亲笔函，清朝末帝溥仪六妹溥韫娱所做的梅鹊争春图，衡桂子完颜武贤与其妻溥韫娱及其子王昭的合影照片，都属于初次公开面世。

十六、金代官印集

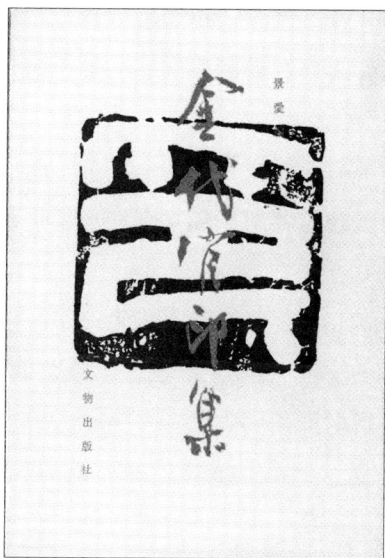

《金代官印集》，北京：文物出版社 1991 年 8 月出版，责任编辑为孙关根。16 开本，267 页，共 188 个印张。全书用繁体字排印。共收入金代各种官印 554 方。

书前有中国社会科学院荣誉学部委员、考古研究所资深研究员佟柱臣先生所作的序言，序言称：

> 著录古代官印，在清朝以瞿中溶的《集古官印考证》，在民国以金毓黻先生的《东北古印钩沉》诸家著述为代表，收录官印虽多，但金代官印较少。唯最近景爱同志所著《金代官印集》，则是专集录金代官印的著作。景爱同志曾受学于著名辽金史学者陈述教授，取得硕士学位，著作甚丰，为积学锐进之士。他广汇博征，得有印样与无印样而存有文者共六百余件。虽然各地博物馆和文物考古研究单位有一部分藏品未发表，各省县志中尚有一部分未辑出，但就目前所得来说，总算是绝大部分了。这在学术

界中是非常可喜的收获。

本书的体例分为印谱、印录和附录三部分。以印谱为主体，共收入各种官印印样 554 件，成为现代所见金代官印集成。由于各种客观条件的限制，尚有小部分未能集录。

印谱析为 15 卷，按其所属部、院、库、司、路、府、州、县、元帅府、诸军官、人民起义军、地方割据政权之别而分卷，每方官印都给予编号和所在页码，以便于检索查阅。印样大部分属于原大，只有少部分例外。印样用朱红色印刷，清晰可见。

印录为印谱的记录说明文字，置于印样下方，横排，繁体。记录各印的尺寸大小、出土或发现时间、官印完整残缺情况、印背凿刻的文字、当时收藏单位以及遗失情况。印录实际上就是每方官印的档案记录。

附录为《金代官印综述》，论述了金代官印的学术价值，金代官印的使用与制造，金代官印的形制特点（包括质料、纽式、书体、章法、字款、编号、印面尺寸）以及前人收录金代官印之情况。指出以前的收藏者多为私人，收藏者死后，其子孙售给他人者，或因其他事故丢失者，均有之。故以前的收藏，"常聚而复散，失其下落"。现在改由国家之博物馆、文管所收藏，使得金代官印不再有遗失之患。

《金代官印综述》原称《金代官印研究》，内容重点是利用金代官印研究金代典章制度，约十余万言。出版社特别看重的是印谱，为了便于出版，需要缩小篇幅，节省文字。因此，《金代官印研究》的大部分被删去，原拟别为一编另行出版。此后时过境迁，改事其他研究项目，已无力重操旧业，旧稿亦在屡次迁居时丧失殆尽。于是这部分研究成果付之东流，思之甚为伤感，已无回天之术。

十七、金代官印

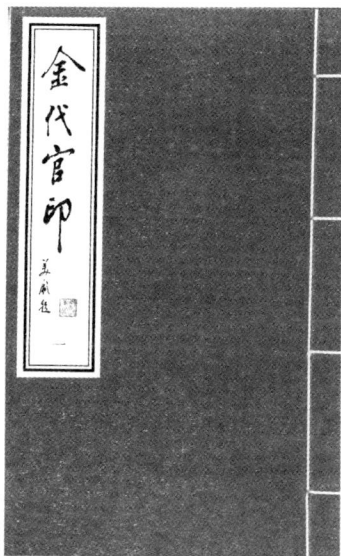

《金代官印》，北京：中国书店 2007 年 8 月出版。责任编辑赵安民。线装本，2 函 10 册。江苏省金坛市古籍印刷厂印刷装订。

中国社会科学院近代史研究所研究员、中国社会科学院学部委员蔡美彪先生为此书题签书名。东北师范大学杨树森教授为该书作序。其序称：

> 景爱先生是我国著名辽金史专家陈述先生的研究生，在名师指导下开始学习辽金史。在读硕士学位时，他学习刻苦，勤奋努力，学风朴实。研究生毕业以后一直在国家文物局从事研究工作。几十年来，他勤奋阅读，勤于搜集，勤于研讨，发表了有关论著，很见功力，至为赞佩。另外，他还进行沙漠考古工作，并取得重要成就，被誉为沙漠考古第一人。这体现了他在学术研究上的博学多识。

《金代官印》是景爱先生对金史研究做出的重要贡献。《辽史》《金史》撰修仓促，不仅纪事简略，且疏漏甚多，清代学者赵翼在《廿二史札记》

中曾有所指出。故研究辽、金史必须参照当时的金石资料加以补证……官印属于金石中的一种，金代官印不仅数量很多，而且印背、印侧多刻有文字，所记之事涉及职官、地理、部族多方面，可视为一种特殊的文献。

本书前言申述了编著《金代官印》之原因。略谓：以前编印的《金代官印集》1991年由文物出版社出版以后，由于印量不多，今日难以寻觅，学界同仁深以为憾。遂嘱孙文政、王永成搜集新出土新发现的官印300余方，新旧合计900余方，仍按《金代官印集》旧例，改题《金代官印》，以便与前书相区别。

本书实收金代官印915方，比《金代官印集》增加了361方，当时所能见到的金代官印几乎全部收入，囿于闻见，难免仍有遗漏者，待将来予以拾遗补入。

本书共17卷，前16卷为印谱、印录，第17卷为《金代官印说》，自成一册。在《金代官印集》所附综述的基础上，又增加许多内容，有如一本专著，其目录如下：

金代官印说目录

此书内容翔实、准确，为读者阅读带来了方便；印制装帧精美大方，有衬页、书根文字。每册都有暗花青绢封面，每函都以暗花青绢为函套。只印刷500部，每部都有编号。既具有学术价值、美术价值，又具有良好的收藏价值。深受读者和出版界人士的赞许，故 2008 年被评为全国优秀美术图书。

此书系景爱、孙文政、王永成合编。孙、王是黑龙江齐齐哈尔人。

十八、陈述学术评传

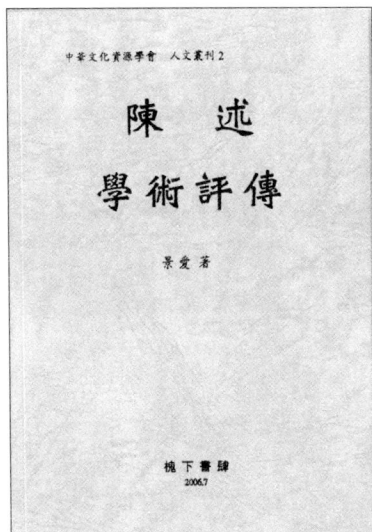

《陈述学术评传》，是我独自一人撰写的，书中曾题联说"一代宗师照史册，毕生心血写辽金"。

此前，中国台湾中兴大学历史系主任王明荪教授创办《辽夏金元史教研通讯》，邀请我为之撰稿。因此，自 2002 年至 2005 年，我陆续写出五篇二十一节。刊出以后，反映良好，有些朋友建议应结集出版。由于其内容是对陈述先生学术成就进行评价，故而命名为《陈述学术评传》。承王明荪教授鼎力协助，得以在台湾槐下书肆、花木兰文化出版社 2006 年 7 月出版。大 32 本，156 页。被列为中华文化资源学会人文丛刊第 2 种。

书前有陈述先生于其宅前拍摄的照片，陈述先生书信手迹，纪念陈述先生逝世三周年国际研讨会部分学者合影，陶晋生先生致陈正（陈述先生之小女）函，陶晋生先生的英文纪念文，王明荪为本书撰写了序言。

该书正文目录如下：

实际上该书对陈述先生学术著作的介绍仍有遗漏，例如陈述先生还撰有《达斡尔史论证稿》《达斡尔族史稿》，都是尚未出版的稿本，当时未能见到原稿，无法进行评介。还有陈述先生手书的题词、题字，当时也未能见到，无法介绍。

十九、中国长城史

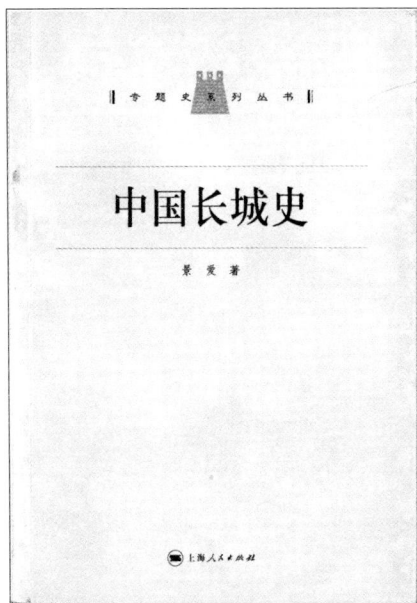

《中国长城史》，上海：上海人民出版社 2006 年 10 月出版。责任编辑王卫东。32 开本，384 页，31 万字。

此书是"专题史系列丛书"中的一种，书前的出版说明称：

在浩如烟海的史学著作中，专题史著作是专门性强而主题面广的一类学术专著。这类著作从政治、经济、军事、文化、艺术、宗教、科学技术等领域的某一专题为研究对象，在广征博引文献典籍和考古发现及前人研究成果的基础上，钩沉稽玄、探幽发微、考镜源流、传承文明，力求翔实而又清晰地展现这些领域滥觞、形成、发展的历史轨迹；在加深对通史和断代史等相关领域的阐述方面，起着其他论著都无可替代的独特作用。

《中国长城史》属于专题史中军事方面的专著。为了编好这套丛书，上海人民出版社社长兼总编辑李维国特意来北京，组织作者开座谈会，座谈会上大家的发言，在《中华读书报》(《光明日报》之子报)上以整版篇幅刊出，在史学界产生了广泛影响。

《中国长城史》是中国第一部长城史。以前出版的长城书籍多属于科普著作，书中不乏讹误，产生许多负面影响。本书以翔实的典籍记载和亲自考察所见，科学准确地论证了长城出现、发展和衰落的历史过程，纠正了以前的许多错误，比较精确地计算出历代长城的总长度，与后来国家文物局主持的长城资源调查数据基本一致。关于长城最初出现的时代，前人多把春秋时代的列城（排成一线的城堡）说成是最初的长城，本书指出这是不对的，长城是指连续不断的城墙，长城即以此得名。长城出现于战国时代，以齐长城最早。作者指出某些人认识上的误区，欲把长城说成贯串中国历史的始终，把日本侵略者在山东修建的围墙说成民国时代的长城。反映出一些人尽量把长城出现的时间前推后延，违反了实事求是的治学态度。此书在国内外产生了很大的反响，被列入"经典中国国际出版工程"，2014 年在美国纽约出版了英文本。

本书前言指出，由于长城是军防工程，不同时代的构造各异，而且经过自然和人为破坏，失去了原貌。从专题史的角度进行系统的阐述，实非易事。经反复探索后，本书以长城在各个历史时期的修建为主线，试以"群体始建""整体改建""局部增筑""整体维护"为不同阶段。

为了便于读者阅读，本书有随文地图 26 幅，图表若干。

卷首有中国社会科学院学部委员、考古研究所所长徐苹芳作的序言，序言称：

2006 年 7 月，景爱先生寄来他即将在上海人民出版社出版的《中国长城史》清样，这本书从长城的起源开始，包括战国齐、楚、赵、魏、中山、燕、秦长城，辽金边壕，一直到明代长城和清代柳条边，是目前所见较系统和全面的有关中国长城的专著。在中国长城被联合国教科文组织公布为世界文化遗产之后，人们对长城遗址的保护极为关心，这本书的出版非常及时，可以分别满足专业研究者和业余爱好者的不同需要。就上海人民出版社来说，也是一本很成功的出版选题。

二十、长　城

《长城》，北京：学苑出版社 2008 年 9 月出版。责任编辑潘占伟。小 16 开本，308 页，20 个印张。有各种图（地图）片（照片）152 幅。

《长城》一书是在《长城基本知识》的基础上，加以补充修改形成的。《中国长城史》是记述长城发展演变的历史，属于纵向介绍；《长城》是记述长城的构造和附属设施，属于横向介绍。要认识长城、了解长城，必须将二者结合在一起，缺一不可。只满足于一知半解，就常常会在长城保护中出现错误。必须将对长城的认识上升到理论的高度，准确地把握古代修建长城的真实意图和做法。要做到这一点很不容易，必须加强对长城的深入研究。本书指出，所谓"南方长城"（湘西边墙）、"云南长城"（界墙）、"清代长城"的说法，都是不科学、不能成立的。

书前有国家文物局局长张文彬作的序言，序言称：

景爱先生对长城的考察研究，不同于前辈学者之处就在于他充分利用了自己的优势，始终坚持了理论与实践的结合、历史文献考证与实地调查相印证的方法，从而取得了前所未有的新成果、新收获。景爱先生这部长城专著，是继他的《中国长城史》之后的又一部力作。其实这两部著作是上篇与下篇的关系，二者是姊妹篇。这两部著作的共同点，都是以实地调查为依据，与历史文献和前辈的研究成果相互参证，对比研究，订正错误，提出新说，既对前人研究成果作了充分肯定，又对其中不实之处作了实事求是的科学订正，使其成为比较全面、系统、完整论述长城历史的学术专著，充分显示了景爱先生学术研究的道路和品格，也是本书最大的特点。

需要指出的是，本书还对长城本体与长城辅助设施提出了不同见解，对有关长城的名词、术语进行了规范化的尝试，对长城建筑传统和工艺操作技术，以及长城关隘和工程管理制度，也做出了有益的探讨，为长城的深入研究打下了有益的基础，这也是本书的第二个特点。

作者在前言中，对撰写本书的目的有明确说明：

> 要保护长城，首先必须认识长城，了解长城。曾屡次发生一些地方因为维修长城而对长城造成了破坏，其原因是他们不了解长城，好心办坏事。因此，需要向广大公众传播有关长城的基础知识，要让大家明白一个道理：要爱护长城、保护长城，必须科学地认识长城，了解长城。

21世纪初，国家文物局启动了长城资源调查，我应邀出席长城资源调查的专家论证会，发表了我的一些看法，引起了组织者的重视。2007年3月，又应邀为在北京居庸关举办的全国长城资源调查培训班讲课，我以"长城基本知识"为题，讲述了长城的概念、长城的历史沿革、不同时期长城的特点、长城的修建方式四个方面内容。同年5月，我又应邀到榆林市，为陕西省长城调查培训班讲课，所讲的仍是上述内容。

二十一、美国英文版《中国长城史》

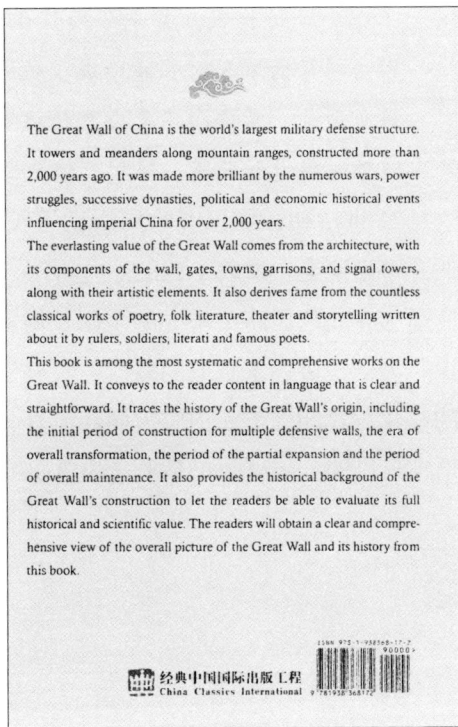

A History of the
Great Wall of China

By Ai Jing
Translated by Gangliu Wang
and Aimee Yiran Wang

The Great Wall of China is the world's largest military defense structure. It towers and meanders along mountain ranges, constructed more than 2,000 years ago. It was made more brilliant by the numerous wars, power struggles, successive dynasties, political and economic historical events influencing imperial China for over 2,000 years.

The everlasting value of the Great Wall comes from the architecture, with its components of the wall, gates, towns, garrisons, and signal towers, along with their artistic elements. It also derives fame from the countless classical works of poetry, folk literature, theater and storytelling written about it by rulers, soldiers, literati and famous poets.

This book is among the most systematic and comprehensive works on the Great Wall. It conveys to the reader content in language that is clear and straightforward. It traces the history of the Great Wall's origin, including the initial period of construction for multiple defensive walls, the era of overall transformation, the period of the partial expansion and the period of overall maintenance. It also provides the historical background of the Great Wall's construction to let the readers be able to evaluate its full historical and scientific value. The readers will obtain a clear and comprehensive view of the overall picture of the Great Wall and its history from this book.

经典中国国际出版工程
China Classics International

　　《中国长城史》出版以后，引起了国外读者的关注。故而上海人民出版社要求作者改写此书，精简篇幅，以便于翻译成英文。于是删掉了许多文字和图片，结构也有调整，与原书有很大不同，以便于外国读者阅读。这是第一部在美国出版的中国长城学术著作，在国外产生了广泛的影响。

　　为保存英文版《中国长城史》原貌，将其书影（封面、封底）附之于后。

二十二、达斡尔族论著提要

达斡尔族是我国少数民族中的小民族，全国只有 13 万余人。达斡尔族人是契丹的后人，国内外学者多持此种看法，尤以陈述先生论著最力。陈述先生曾撰有《达斡尔史论证》（草稿）、《达斡尔族史稿》，均未出版。陈述先生遗愿：能有人在此基础上撰写《达斡尔族通史》，以实现他的夙愿。

于是自 2011 年陈先生百年诞辰以来，我不断搜集有关达斡尔资料，读了数百篇（部）。发现其中良莠不齐，于是选择其中的 115 篇（部）加以评论，指出其思想观点之正误、研究方法之得失及其产生原因，提出阅读时应注意的问题。

稿成以后送给一些相关专家学者审阅，承蒙黑龙江省社会科学院院长、黑龙江历史文化研究工程编委会主任曲伟，中国社会科学院近代史研究所原所长步平，中央民族大学中国少数民族研究中心主任张海洋教授撰文作序，加以评论和推介。曲伟序指出：

> 景爱先生严谨的治学态度和求实的研究方法，写一部专著或研究一个问题，必须先要进行最广泛的资料搜集，包括原始资料和他人的研究成果，然后进行整理，编出资料长篇，再后才能着手研究，可以说，广泛地占有和整理资料是研究之作的最重要基础……景爱先生的这部著作在这新的时代给我们做出了重视资料、严谨治学的榜样。

步平序感叹说：

> 也许有人怀疑，在学术风气比较浮躁的当前，难道还有人做那样辛苦的工作吗？你如果看到景爱先生的这部书，你就会相信：优良的学术传统

还是有人在继承。

张海洋序指出：

> 景爱先生在社会转型和国家治理创新的关键时刻，带头做出为人口较少民族修史的示范动作，是引领时代风气的壮举。这对落实"四个全面"纲领和"一带一路"战略都是无量功德，因而可钦可敬可喜可贺。

本书对所评论的对象，持实事求是的态度，既肯定成绩，又指出缺点和不足，对事不对人，保持了良好的学术风气。

对于被评论的论著，大体上是按清代、民国和现代的次序排列，便于读者了解达斡尔族历史的研究过程和认识上的演变，同一类论著尽量编排在一起，例如家族谱、文学艺术就是各成一组。同一性质的论著，如《达斡尔研究》《达斡尔资料集》也都编成一组。重要论著附有书影（封面）以示其真。

本书绪论介绍达斡尔文献形成的特点（少且分散）和过程（清代、民国、当代），特别强调17世纪以来的俄文资料和满文资料的重要学术价值。由于本书名具有"提要"二字，故对"提要"一语的由来，《四库全书总目提要》的性质特点做出了解释说明，现在通行的论文择要，是从提要演度而来。

限于篇幅，有些达斡尔论著未能收入评论，容以后俟机另行评论。

《达斡尔族论著提要》于2015年12月由（北京）人民出版社出版，责任编辑孙兴民、冯瑶。小16开本，325页，30.6万字。封面印有达斡尔族族徽和黑龙江历史文化研究工程项目（01ZD1301）字样，系黑龙江历史文化研究工程重点之一种《达斡尔族通史》之子项目。

二十三、达斡尔族通史

封面设计之一　　　　　　　　　　封面设计之二

《达斡尔族通史》由景爱主编。执笔人除景爱以外，还有谷文双（黑龙江省民族研究所所长、研究员）、王云介（呼伦贝尔学院教授）、王学勤（呼伦贝尔学院教授）、王瑞华（齐齐哈尔大学副教授）、王永曦（黑龙江省讷河市文化馆馆长、副研究员）、綦中明（牡丹江师范学院副教授）。

全书共分为七编，分别记述达斡尔族的由来，在黑龙江北时期的达斡尔族，清代的达斡尔族，民国时期的达斡尔族，新中国成立以后的达斡尔族，达斡尔族的社会生活，达斡尔族的文化，计39章。全面系统地记述了达斡尔族的全部历史发展过程和物质生活、文化生活。

本书前言称：

《达斡尔族通史》是在前人的基础上撰写的。对前人的研究成果，我们采取实事求是的态度。凡是经得住历史考验的正确结果，我们都给予采纳接受；凡属于不准确的、甚至是错误的结论，我们都加以拒绝。学术研究要与时俱进，不能墨守成规，必须开拓进取。对于分歧比较大的学术问题，我们择善而从之，或弃而新之，或改弦更张。对前人论证不完备的地方，适当予以补充完善。通史与论文体例不同，有些问题无法展开充分的论证，俟另撰专文述之。

前言又称：

这部《达斡尔族通史》的撰写，只是达斡尔族历史研究中的一滴水，达斡尔族历史研究范围很大，犹如大海。我们欢迎能有更新的达斡尔族历史著作问世。学术研究只有起点，没有终点，后浪推前浪，宛如百川归大海，知识的海洋永远不会填满。

本书卷首有中国第一历史档案馆研究员吴元丰用满汉文写的题词："实事求是撰写真实历史，殚精竭虑成一家之言。"有文化部党组成员、故宫博物院院长单霁翔、中国社会科学院名誉学部委员、边疆史地中心主任吕一燃、中国边疆史地研究所研究员林荣贵三人所作的序言，对本书的学术成就给予了高度评价。

二十四、达斡尔族历史研究

《达斡尔族历史研究》，2012 年 8 月内部出版，32 开本，105 页，9 万字，由内蒙古宁城印刷厂印制。主编景爱，两位副主编沃泽明（包头市委统战部副部长）、卓仁（内蒙古古莫力达瓦旗高级工程师）都是达斡尔族人。

本书属于《辽金西夏研究年鉴》附刊之一种，共收入各种资料 11 种。其中有我的《就〈达斡尔族通史〉编撰谈如何读书》，提出读书应注意的问题：读书不能先入为主，读书要坚持历史唯物论，只有多读书才能发现问题。

本书详细列出了参考书目、参考论文摘要，《达斡尔族社会历史调查》目录、《达斡尔资料集》（1—10 集）目录，近 80 年来的满文档案出版书录。

由于有人将历史上的契丹与达斡尔相等同，视为同一民族，故刊出了我的《达斡尔与契丹辨》一文，指出达斡尔族虽然来自契丹族，却不能将二者视为同一民族，因为他们是在不同的历史时期形成的不同民族。

《达斡尔族历史研究》一书以资料为主，其目的是为参加《达斡尔族通史》写作的人提供参考书目和读书方法，这是启动《达斡尔族通史》写作必需的一个重要步骤，不读书、不会读书，岂能写好书？

二十五、陈述先生纪念集

1995 年是恩师陈述先生逝世三周年，拟举办纪念会，为此提前出版《陈述先生纪念集》。

卷首刊出了陈述先生好友徐特立、周谷城致陈述先生信函手稿，张政烺先生、金启孮先生题词，陈述先生生活照片。其中有他为研究生景爱、高路加讲课的合影。

《陈述先生纪念集》所收多为海内外专家学者回忆与陈述先生交往的文章，一共 40 篇。其中有美国亚利桑那大学教授、中国台湾"中央研究院"院士陶晋生撰写的《陈述传略》，称赞陈述先生是"中国最著名的辽金史权威"，其著作成为本学科的必读书。韩国成钧馆大学名誉教授金在满称，他虽然与陈先生见面不多，"但是，其散发的学者风范……果然是大陆学者巨人"！韩国明知大学教授金渭显称："陈先生之学德，永怀我的心头。"台湾大学教授王民信称，他拜访陈先生的动机，一是出于慕名，二是有治学的困惑请教。陈先生"为我详作指点，显得那么和蔼"。台湾中兴大学教授王明荪称："先生不惟在大陆上是辽金史的前辈先进和这方面的领导与表率，在台湾地区也是如此，仍为后学景仰的史学大师；对先生的过世，无不以为是史学界的重大损失。"

资深辽金史专家罗继祖先生撰文称，陈述"巍然为宇内辽金史专家之首，并驰名域外，门弟子著籍者数十人。刘乃和教授称玉书先生为陈门（按：指陈垣）中'由、贡'之称，不是过誉。先生对于研究辽金史横亘一生，锲而不舍，故成绩卓然"。佟柱臣先生（中国社会科学院荣誉学部委员）对《契丹史论证稿》《契丹社会经济史稿》二书给予高度评价，指出辽代对汉族文化的吸收，促进草原契丹人的封建化。他谦逊地说，自己对东北地区历史和考古文化研究，深受陈先生影响，"是承受的一点恩泽吧"。

张博泉先生的文章称："玉书是当代辽金契丹女真史研究的前辈和盟主，我辈跟其后而治学。他在辽金史的研究、领导学会、团结国内外学者，以及推动辽金史研究开拓过程中，功当居首，素为予所敬。"

陈先生长期在高等学府当教授，桃李满天下。他早期的学生徐苹芳（中国社会科学院学部委员、考古研究所所长），孙钺、刘英航、徐殿文（此三人均为中央民族大学教授）、布尼阿林（满族学者），都满怀深情回忆了陈先生为他们讲课的情形。杨树森之文回忆了他从陈先生进修的过程，称所著的《辽史简编》大纲经陈先生修改、是在其指导下取得的成果。

朱子方之文记述了陈先生创建中国辽金及契丹女真史研究会的经过。先是 1981 年 1 月 30 日由陈述、张政烺、蔡美彪、李文信、罗继祖、王成礼、朱子方七人共同提出倡议书，为中国社会科学院审批同意。决定于 1982 年 6 月 2 日在沈阳召开成立大会，推举陈先生为会长，决定编印出版《辽金史论集》，在陈先生主持下共出版了五辑约 142 万字。

高路加撰文记述了他报考陈述先生研究生的经过。陈述先生让他研究契丹文字，鼓励他去选修傅懋勣的语言调查、王辅世的音韵学、李荣的切韵与方言，说明陈述先生没有门户之见，心胸开阔。

我撰文记述了陈述先生逝世以后学术界的反响，全国人大常委会副委员长周谷城、费孝通，中国社会科学院党委书记郁文、院长胡绳，著名作家冰心，台湾著名学者陶晋生先生等都献了花圈。在史树青先生的帮助下，陈先生的骨灰被安葬在北京西郊大觉寺（辽代清水院），并在"最上法门殿"设立陈述先生纪念室。1995 年在大觉寺召开了纪念陈述先生逝世三周年国际辽金史学术研讨会。

陈述先生逝世在国内外学术界产生很大反响，大家公认他是辽金史研究的一代宗师，他的逝世是学术界的重大损失。正如张博泉先生诗云：辽金史作共师尊，附骥青云沈水滨。南北朝论从学后，太平时尚葛天民。

二十六、辽金西夏历史文献 2008

《辽金西夏历史文献 2008》，景爱与孙伯君主编，经内新图字（2009）第 27 号批准。主办为中国民族古文字研究会，协办为内蒙古辽中京博物馆。责任编辑周峰、苗天娥。32 开本，159 页，110 千字。2009 年 4 月出版，宁城新华印刷厂印制。

编印此书的原委，在编后记中有如下说明：

陈述先生生前曾提出，辽、金、西夏处于同一历史时期，都是以少数民族为主体的政权，与两宋相对峙，形成了中国历史上第二次南北朝。因此，研究辽、金、西夏的学者，应当一起切磋交流。本着陈述先生遗言，1995 年在京西大觉寺召开了辽金西夏史国际学术研讨会，会后编辑出版了《辽金西夏史研究》一书。

根据友人建议，此后一直想编辑辽金西夏史研究通讯之类的刊物，因种种原因未能实现。近年又有人提出此建议，思考了许久，觉得可以一试。此事得到中国社会科学院民族学与人类学研究所孙伯君博士的赞同与支持，表示愿意合作。于是约稿，寻找出版经费，适逢宁城县委、县政府举办"中国·宁城第三届辽中京文化节"，作为文化节的一项内容，此书得以付梓。

本书有卷首语、《辽史补注》序、论文、论文提要、书评、学者名录、论著目录、学术会议、中国民族古文字会议、民族古文献研究简讯等 10 个栏目。《辽史补注》是陈述先生以毕生精力编著的长篇巨著，有陈寅恪、顾颉刚撰写的序言，还有陈述先生自序，是重要历史文献，一并发表。论文栏目刊出了

《山东临朐县的完颜氏》（景爱）、《黑山威福军司补证》（聂鸿音）、《西夏文献中的"城主"》（孙伯君）。论文提要栏目刊出了《蒙古国辽代遗址的研究现状》（白石典之）、《契丹文字转写方案》（康丹）、《关于新近发现的 12 件契丹文墓志》（吴英喆）、《金章宗西山八大水院考》（苗天娥）、《对岳飞的评价应从多民族角度出发》（王宏志）、《基于考察现存文物实物进行的西夏法典研究》（佐藤贵保）等。书评栏目有《〈陈述评传〉读后》（赵永春）、《〈金代官印〉评介》（周峰）、《〈金代女真语〉读后》（景爱）、《"同音文海宝韵"整理与研究读后》（聂鸿音）。学者名录栏目介绍了蔡美彪、杨树森。民族古文字文献研究简讯栏目介绍了富宁壮族"坡芽歌书"在海外的影响。

由于书中第一次发表国学大师陈寅恪、顾颉刚和陈述的《辽史补注》序言，还有黑水城出土的西夏文文献，故此书名命为《历史文献》。它在学术界产生了一定的影响，在此基础上，后来编辑出版了《辽金西夏研究年鉴》系列丛书。

二十七、辽金西夏研究年鉴 2009

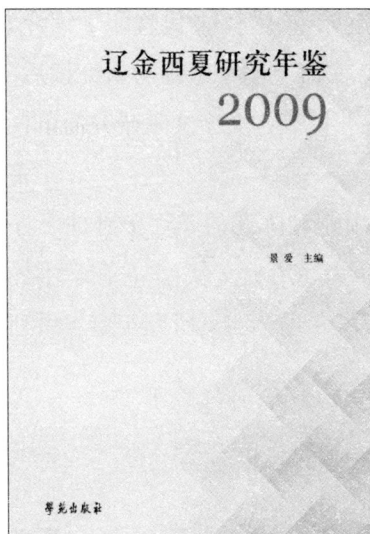

《辽金西夏研究年鉴 2009》，北京：学苑出版社 2010 年 9 月出版。责任编辑潘占伟、杨雷。大 16 开本、正文 373 页，24 个印张。卷首语和后记，详细介绍了编辑出版《辽金西夏研究年鉴》的缘起和经过。

我在协助陈述先生主编《辽金史论集》过程中，他反复向我讲了辽金西夏大体上处于同一历史时期，都是少数民族政权，彼此联系非常密切。因此，从事这方面研究的学者，应当多在一起切磋学问，以前人们轻视辽金西夏，除正统观念影响以外，与辽金西夏研究不充分有关。辽金西夏的重要性尚未被认识，存在许多偏见。

进入 21 世纪以来，辽金碑志被发现并大量出土，黑水城西夏文书也不断被披露。为了进一步推进辽金西夏研究，我想起了陈述先生的遗愿，又征询了许多同行学者的意见，大家表示不妨创办一种书刊，专门介绍当代辽金西夏研究动态，披露新近的文献文物和最新研究成果。于是，我与孙伯君共同创办了《辽金西夏历史文献 2008》（内部出版），并召开小型的学术座谈会，会上许多专家学者肯定了这种做法，有人提出最好将"历史文献"改称"年鉴"更好一些。《辽金西夏研究年鉴》就是在这种情况下创办的。

《辽金西夏研究年鉴 2009》设有本年度研究综述、新书序跋、新书评论、专稿、新书名录、学者介绍、学者年谱、学者自述、研究机构介绍、相关博物馆介绍、相关刊物介绍、考古新发现、出版动态、论著目录索引等 18 个栏目。执笔人多是辽金西夏学术界知名专家学者和科学研究带头人，如杨树森、瞿林东、王宏志、白滨、赵永春、都兴智、胡传志以及台湾中兴大学王明荪、韩国明知大学金渭显等。

其中比较重要的文章有白滨撰《罗振玉父子对西夏学的贡献》、史金波撰《西夏学奠基者——王静如教授》、陈述撰《辽史补注序》和《辽会要前言》、罗继祖自撰《年谱》、赵永春撰《〈辽会要〉评介》、苗天娥《简评〈历史上的金兀术〉》、聂鸿言撰《〈契丹语与契丹文〉读后》、王鸿志撰《对岳飞的评价从多民族国家角度出发》、杨树森撰《辽金史论集（十一）序》、瞿林东撰《〈辽金元史学研究〉序》等。

书末附有《辽金西夏年表》，以前的历史年表都把宋列在辽、金、西夏之前，是不妥当的，这是正统观念的表现，因为辽朝早于宋朝。因此本年表称《辽金西夏年表》，以供研究辽西夏金的人员检索方便。年度研究综述和年度论著目录索引，是本年鉴必备的栏目，也是利用率最高的栏目，受到读者格外关注。因此这两个栏目，是各卷（年鉴）必备的栏目。其余各栏目，根据稿件的多少、有无来确定，有一定的变数。

二十八、辽金西夏研究 2010

《辽金西夏研究 2010》的责任编辑为王小云、杨芳、王芳、高天航，助理编辑为张志新。大 16 开本，432 页，27.5 个印张，53.8 万字。

《辽金西夏研究年鉴 2009》的编辑单位原有 5 家，包括中国社会科学院西夏文化研究中心、宁夏大学西夏研究院、宁夏社会科学院国际西夏学研究所、首都博物馆、内蒙古辽中京博物馆。该卷出版以后，在国内外学术界产生了一定的影响。2010 年年初，我因病住进了崇文门内的北京医院，长达两个月。史金波主持的国家社科基金特别委托项目《西夏文献文物研究》刚获通过，便委托其博士生周峰到北京医院探视，告诉我说史金波愿意独家资助《年鉴》的出版。我出院以后立即到史金波家里商议此事。他说可以独家资助，以前出资的编辑单位可以不用了。至于用什么名义独家资助，他提出了两种方案：一是西夏文化研究中心独家资助，二是西夏文献文物研究项目主办，最后他力主采用后者。因此，2010 年卷（第二卷）封面书眉，即印有"国家社科基金特别委托项目《西夏文献文物研究》主办"的字样。

根据史金波的意见，《辽金西夏研究年鉴 2010》改由《北京日报》出版集团同心出版社出版。该出版社提出，为了便于图书发行，应删掉"年鉴"二字，改称《辽金西夏研究 2010》。最初我有些不太赞成，同心出版社王小云反复商议数次。最后考虑到不能拖延出版时间，只好采纳了出版社的意见。

本书卷首语称：学术顾问、中国社会科学院荣誉学部委员、中国社会科学院考古研究所前所长徐苹芳先生不幸病逝，故特辟《哀悼徐苹芳先生》专栏，以示纪念。辽金西夏文献资料不多，考古材料特别重要，故邀请徐苹芳先生为学术顾问。徐苹芳先生逝世后，又特邀中国社会科学院荣誉学部委员、中国社会科学院考古研究所资深研究员佟柱臣先生为学术顾问。佟先生对辽金考古卓有贡献，早年考察过金界壕边堡和辽代瓷窑，著有《中国陶瓷研究》。特别感谢佟先生的重视和支持。

本卷刊有魏国忠的《渤海史研究》、张国庆的《辽代石刻研究》、景爱的

《辽金史研究的理论方法与实践》、刘达科的《佛禅与金朝文学序言》、周惠泉的《拓展金文学研究疆域的思考——从〈佛禅与金朝文学〉读起》等重要学术论文。"学者介绍"刊有景爱的《陈述先生的学术活动》、李勤璞的《罗福成著述目录》、柴怡赟的《蔡美彪先生简历及著述简目》等。"哀悼徐苹芳先生"专栏刊有景爱的《怀念徐苹芳先生》《徐苹芳先生平简介》《徐苹芳先生年表》。"文物考古发现"刊出了郭长海的《金上京发现开国礼器——人面犁头》。"专题论著目录"刊出了郭长海的《〈女真语言文字研究〉论著目录》。"学术会议与活动"刊出了第十届辽金史学术研究会上，杨树森先生对宋德金提出"大宋史"的严厉批评。

　　本卷《辽金西夏史研究》内容充实，涉及面广，很有深度。限于篇幅，无法更多地介绍了。

二十九、辽金西夏研究 2011

辽金西夏研究 2011 由《北京日报》出版集团同心出版社 2013 年 1 月出版。责任编辑王小云、杨芳、王芳、高天航、张志新。大 16 开本，377 页，45 万字。

本卷的卷首语称，增设"纪念陈述先生百年诞辰""纪念佟柱臣先生"两个栏目，特邀中国社会科学院学部委员陈高华为学术顾问。

纪念陈述先生百年诞辰的文章有九篇，中国社会科学院民族学与人类学研究所党委书记张昌东在纪念陈述先生百年诞辰学术研讨会上的致辞指出，陈述先生在民族研究所工作长达 30 年，对民族所的建设和发展做出了重要贡献。他毕生致力于辽金史、契丹女真史的研究，留下了大量独创性、开拓性的研究成果，是这项研究领域中里程碑式的人物。该所原所长、学部委员杜荣坤在《深切缅怀我国著名辽金史专家陈述教授》一文中指出，陈述先生之论著，史料翔实，观点新颖，有很大影响力，深受学术界、尤其是民族史学界的重视与好评。《契丹社会经济史稿》表明，20 世纪 50 年代至 60 年代民族史学者一般是限于通史、简史和起源史之研究阶段，而陈述先生却能先走一步，从经济史之新视角来研究辽金史，走在学术界前面，在当时实属难能可贵，因而受到学术界的关注。

原副所长、学部委员史金波的《孜孜不倦的学者》一文指出，陈述先生对时间的充分利用，对工作的认真态度，对学问的执着追求，在民族所有口皆碑。陈先生治学勤勉，把时间看成生命，把教学当成自己生命最重要的部分，对我有着潜移默化的影响，他以其显著的学术成就成为辽金史研究的一代宗师，是一位里程碑式的人物。

景爱的《陈述先生的学术成就学术思想》一文指出，美国《宋辽金元学报》称陈先生是"中国最著名的辽金史学权威"；陈述先生提出了第二次南北朝，科学论证了辽金历史地位，20 世纪 40 年代用进化论观点研究契丹史，研究契丹后裔达斡尔，以毕生精力编撰《辽史补注》，为后人留下了丰厚的文化遗产；陈述先生坚持民族团结，反对敌视少数民族的历史偏见，仗义执笔，维护国家民族利益，是充满爱国主义思想的专家学者。

郭康松的《陈述先生整理辽文献的主要成就》一文，对陈先生汇集《全辽文》、点校《辽史》、撰写《辽史补注》等，给予了高度评价。该文指出，"辽文献整理研究并非一般的资料搜集编排，其本身就具有极大的学术价值"。

纪念佟柱臣先生的文章有七篇，即景爱的《深切怀念佟柱臣先生》、王巍的《青年学者的楷模》、单霁翔的《一位杰出的考古学家》、林沄的《永远的思念》、郭大顺的《东北考古先驱》、靳枫毅的《恩师教诲永生难忘》。还配发了景爱的《评〈中国辽瓷研究〉》，此书是佟先生的晚年著作。

除年度研究综述以外，还刊出了景爱的《新世纪达斡尔族起源研究述评》。论文摘要刊出了聂鸿音的《"女真"译音考》、王昊的《论金词与元词的异质性》。"专稿栏目"刊出了景爱的《明确方向和看点将辽金史研究推向新高度》、赵永春的《关于辽金的正统性问题》。《文物考古发现栏目》刊出了于璞撰写的，介绍北京大兴区辽金塔林遗址、辽金墓发掘情况的文章。

三十、辽金西夏研究 2012

《辽金西夏研究 2012》由《北京日报》出版集团同心出版社于 2014 年 1 月出版，责任编辑张志新、王芳、高天航。大 16 开本，360 页，43 万字。

本卷栏目大体与 2009 年、2010 年相同。《新世纪研究综述》刊出了景爱的《论地域性辽金史研究》、孙昊的《新时期日本的辽金史研究（2000—2012 年）》。前文论述了地域性辽金史研究的兴起、成绩、地位、作用和前进的方向；后文详细介绍了 2000 年以来日本国的辽金史研究，重点是介绍研究观点并附论著目录。

前人的研究成就常常是后人研究的起点。因此本卷特刊王彦力撰文评论张博泉的《辽金史研究》，聂鸿音撰文介绍黄振华的《西夏研究》，史金波撰文介绍俄罗斯学者克恰诺夫的《西夏研究》。

专稿栏目刊出了高凯军的《论中华民族》一文，高氏长期以来一直从事中华民族的研究，出版了《论中华民族》一书。此文是该书内容的核心部分。

金毓黻是著名历史学家和文献学家，在辽金史研究方面有很大的贡献，故特约杨雨舒撰《金毓黻辽金史研究学术年谱》，以彰显其成就。其资料主要来自金氏的《静晤室日记》。

新书评介栏目刊出了吴凤霞撰写的对王德明《金代商业经济研究》评介，李宇峰撰写的《关山辽墓》评介——关山辽墓是辽代后族萧氏的家族墓地，出土了 4 方汉文墓志、1 方契丹文墓志，为辽史研究提供了丰富的资料。

王恩山的《北宋使臣监察启示录》一文，介绍了北宋朝廷对使辽官员严格的监督管理，对违纪官员从严处理。其管理方法是可取的，值得深入研究，对今天的防腐廉政提供了启示。

景爱的《全编宋人使辽诗与记校注考》序言中，对李义、胡荣廷的作品给予了高度评价，指出其内容丰富，很值得一读。

学者名录栏目刊出了张儒婷撰写的《冯继钦小传》和张国庆撰写的《缅怀著名辽史专家向南先生》二文。冯继钦（1935—1996）专攻民族史、民族学和民族理论，对奚族、西辽有深入研究，主编有《契丹族文化史》。向南（1937—2012），本名杨森，专门致力于辽代碑刻研究，编著有《辽代石刻文编》及《续编》，颇为学术界重视。

博士论文摘要栏目，介绍了徐洁的《金代祭礼研究》、贾淑荣的《金代武将群体研究》、许伟伟的《〈天盛改旧新定律令·内宫待命等头项门〉研究》。

文物考古新发现栏目，刊出了赵评春的《金上京城考古新收获》，介绍了金上京城中轴线北侧考古发掘，确认这里是皇城宫殿附属建筑基址。

此外还有译文一篇，为伊·波波娃撰、聂鸿音译的《克恰诺夫不朽》，介绍了克恰诺夫的学术活动。

三十一、辽金西夏研究年鉴 2013

《辽金西夏研究年鉴 2013》由中国社会科学出版社于 2015 年 12 月出版，责任编辑孙铁楠。16 开本，385 页，42.1 万字。学术顾问为蔡美彪、陈高华、杜荣坤、郝时远和王巍。主编景爱，执行主编赵永春（吉林大学文学院教授、博士生导师）。

本卷收入专稿栏目 3 篇：景爱的《辽金史研究中的"正统观"》指出，今日的正统观试图推翻辽金的"正统地位"，"大宋史"是典型的"正统观"。在正统观的指导下，妄想否定辽朝北、南面体制，否定"澶渊之盟"是城下之盟，丑化诋毁萧太后。赵永春的《金人自称"正统"的理论诉求及其影响》，论述了金初政权合法性之诉求、金熙宗重塑"正统"形象、海陵王"自古帝王混一天下，然后可以为正统"之追求、金世宗"有德"者为"正统"的思想、金章宗重议"德运"。金人自称"正统"诉求对后世产生了十分重要的影响，元人、清人都反对按照种族区分"正统"与"非正统"；明太祖朱元璋承认元朝的正统地位，进而承认辽宋金"各予正统地位"；孙中山最初提出"驱除鞑虏，恢复中华"口号，后来很快转到"五族共和"；梁启超指出"中国史家之谬，未有过于论正统者也"。今人宣传历史上过时的"正统观"，显然不合时宜，不利于中华民族大团结。何天明的《坚持多民族的大统一，摒弃偏颇的"正统观"》，提出应当站在多民族共同缔造了中华统一的、多民族的、多元一体格局不断形成的高度来看待这些问题，研究的最终目的是寻求中国多民族国家逐步形成和发展的规律。

书评栏目刊出了景爱对高凯军的《论中华民族：从地域特点和长城的兴废看中华民族的起源、形成与发展》（第二版）的评论，指出该书角度新颖、视野开阔、材料丰富扎实,对中华民族相关问题提出了耳目一新的见解。左洪涛对胡传志的《宋金文学的交融与演进》评论说∶该书具有融通研究的新思路,跨界研究的新构架,运用图标统计、对比研究,在研究内容上不断创新。孙伯君对聂鸿音的《西夏文献论稿》(论文集)评论说∶该书展示了他广阔的学术视野、渊博的文史才学、高超的古汉语水平、扎实的文献功底,对西夏文、历史问题的敏锐感知以及他对文献解读规范不断探索的精神。

本卷转载了刘达科的《论金代渤海文学》和薛兆瑞《论金代文化的渊源》二文。前文指出渤海民族文学最辉煌时期是在金朝,金代渤海文学是汉民族和北方民族多种文化交汇的结晶。后文指出金代文化来源于渤海文化、契丹文化和两宋文化,具有开放性、包容性。

学者名录栏目介绍了张亮采(1916—1983)和杨树森(1925—2014)的生平事迹和学术活动。二人均为东北师范大学教授,张氏撰有《补辽史交聘表》和《辽宋金元史》。杨树森撰有《辽史简篇》和《辽宋夏金史》(高等学校教材),《辽宋夏金史》获得了教育部国家级一等奖。

学术会议栏目介绍了首届辽金史高级论坛、首届地域性辽金史研讨会和蒙古国碑铭研究国际会议。又辟专栏介绍了《白山·黑水·海东青——纪念金中都建都 860 周年特展》和吉林省城四家子辽金城址考古发掘情况,"城四家子古城"一文附有实测图和许多现场照片,属于第一手资料,具有很高的学术价值。

三十二、辽金西夏研究 2014—2015

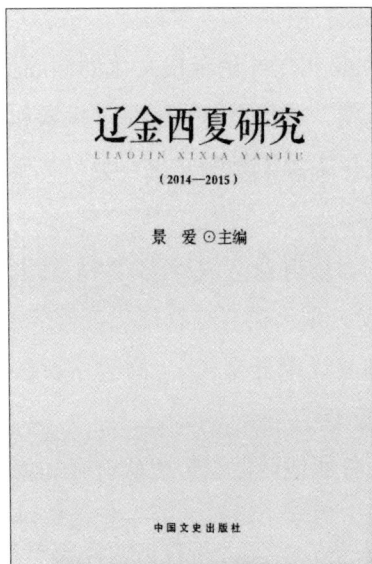

《辽金西夏研究 2014—2015》由中国文史出版社出版。责任编辑刘华夏。16 开本，正文 548 页，50.2 万字。

《辽金西夏研究年鉴 2013》的出版，受到了某些人的干扰。该卷于年初交稿，按双方达成的协议，应当于年中面世。然而一直拖到年末才姗姗而来。受此影响只好将 2014—2015 年合编为一卷，即第六卷（2014—2015）。

本卷栏目略有增加。本《年鉴》副主编由学术界知名学者担任，他们负责相关栏目稿件的撰写。为了增加读者与作者之间的联系互动，本卷增设了作者名录，介绍了赵永春、王德忠、杨富学、胡传志四人。他们均是卓有成就的学科带头人、博士生导师。彰显了编辑部人才济济，这是《年鉴》不断发展扩大的基础和动力所在。

学术批评是推动学术发展的动力，本卷增设了评论栏目，发表了数篇批评文章，旨在提醒学者坚持实事求是的原则，端正治学态度，培养良好学风，努力减少研究工作中的纰漏，不断提高研究水平。须知，学术错误会造成资源的损失浪费，浪费编者和读者的时间和精力；恶意的吹捧十分有害，会影响学术氛围，对作者、读者都有害无益。

本卷增设论文栏目，刊出了几篇重要文章。刘喜民的《论辽朝外戚》，外戚在辽朝政治生活中有重要的地位和影响，此文全面系统的论述是很必要的。辽代潢水石桥，有人误认为在林西县饶州之旁。韩仁信以充足的证据纠正其误，指出该桥在巴林右旗潢水上。魏国忠指出，入主中原或君临全国的少数民族政权，都与汉族同样有资格代表中国，这是他在首届辽金史论坛上的发言稿。刘肃勇提出《宋史》将张邦昌列为叛臣属于冤案。李秀莲的《女真人的"族群"认同》一文提出，历史上女真族很短暂，甚至很牵强，实际上女真族是部落群或部族群。新设的争鸣栏目刊出了杨富学的《（酒泉）文殊山佛洞西夏说献疑》，提出了他不同的意见。上述均为一家之言，不代表本书编辑部观点。

本卷新设地理考栏目，刊出了《辽怀州显理城考》《金史·地理志》补考十二则，可以为校勘《辽史》《金史》地理志参考。

由法国访问学者史宝琳、中国学者刘晓溪撰写的《吉林大安伊家窝堡遗址发掘》，揭示了辽金时代土法制盐的"淋卤坑"，具有重要科学价值。梁会丽所主持的城四家子辽金城址发掘又有新的发现，撰文加以介绍。

本卷刊出了孟广耀（1938—2005）年谱，他在辽金史研究和北方民族研究方面都卓有贡献。故嘱其子孟昭慧撰此年谱。

北京仰山栖隐寺与金章宗关系密切，故刊发了马垒的《大金皇寺仰山栖隐寺文物价值和研究》一文。

三十三、地域性辽金史研究

《地域性辽金史研究》由中国社会科学出版社于2014年9月出版。小16开本，344页，34.5万字。

2013年7月7日至9日，在吉林省白城市举办了首届中国地域性辽金史学术研讨会，参加会议的专家学者50余人。会后编辑了《地域性辽金史研究》。

本书首篇为景爱的《论地域性辽金史研究》，记述了地域性辽金史研究的兴起、成绩、地位、作用与前景，指出地域性辽金史研究，有助于推动地域性经济文化发展。辽宁、吉林、黑龙江、内蒙古、天津、北京、河北、山西等地区都是辽金旧地，辽金的五京和皇陵都在这里，保留下来的城址、佛寺、佛塔、贵族墓很多，研究这些辽金故迹，有助于增强当地的文化底蕴，推动旅游业和相关产业的发展。现在各地方政府对此已有清楚的认识，理当加强辽金古迹的保护研究。地域性辽金史研究发展不太平衡，应当通过参观访问、学术研究等方式进行交流沟通，达到共同提高的目的。

本书发表白城地区一组论文，对城四家古城、辽代春捺钵、契丹民族信仰习俗进行了探讨。刘喜民撰二文，对辽代乌州和木叶山进行了考证。胡荣廷、李义对陈襄使辽终点和相关驿站路径进行了考证。肖爱民之文指出，辽朝的政治中心不是京城、捺钵和行宫，而是迁徙移动的朝廷，此说很有道理。

李宇峰之文对《内蒙辽代石刻文研究》（增订本）不实之处予以补正。孔令海对大安出土的辽代烧酒器具，有详细考述。梁姝丹、刘俊玉之文，分别对辽代双陆棋、镇墓兽进行了研究。

关于金代论文，有李秀莲关于金建国前"国相"问题的研究，王新英对金代丧葬礼俗的研究，徐洁关于女真拜日礼俗的研究，贾淑荣关于金代武将群体的研究，綦岩关于金代始祖函普的研究，祝贺关于金代女真萨满教信仰社会功能的研究。

安晓霞关于辽金散乐初探，陈晓敏北京地区辽金佛教遗迹考，刘鲕之锦州博物馆收藏辽金银锭考，涉及辽金两代，覆盖面积大。

赵永春的《金史研究资料简介》，介绍了119种从金代到现代的资料性著作，对于初涉金史研究的人来说，为检索资料提供了方便。

本书的出版，由吉林省白城市提供补贴，志此以致感谢。

三十四、《辽金史论集》（一）

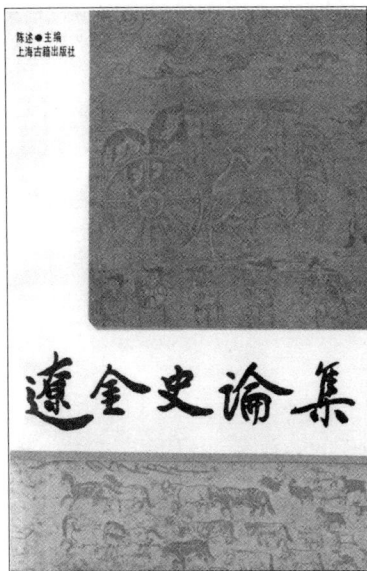

《辽金史论集》（一），合编，笔者协助陈述先生主编此书。上海古籍出版社 1987 年 6 月出版，责任编辑李维国。32 开本，465 页，34.5 万字。

本书的卷首内容提要称："辽金两代，对于我国北方疆域的确立和稳固，对于中华各个民族的融洽以及封建社会政治制度的发展都有重要贡献。长期以来，由于种种原因，对辽金史的研究没能得到应有的重视。这部《辽金史论集》是新中国成立以来第一部辽金史研究的成果结集，由著名教授陈述主编。"由于政治观念的影响，学术界轻视、贬低辽金史地位，压制辽金史研究成果的发表。1982 年 6 月 2 日在沈阳召开的辽金史学会成立会上，与会学者呼吁应编辑出版系列丛书，刊发辽金史论文，陈述教授审时度势，决定主编《辽金史论集》，此为第一辑。

本辑的论文，部分来自学术研讨会提交的论文，部分由陈述先生所约，其中有名家杨志玖、罗继祖、阎万章、程溯洛、费国庆、杨树森、朱子方、傅振伦、阎文儒、余大均等人的论文。

首篇为陈述先生的《辽金两朝在祖国历史上的地位》（代前言），他首次提出："宋辽金时期是祖国历史上再一次的南北朝，也是历史上一条分界线。"这种论断为国内外学术界普遍吸纳接受，具有深远的意义和影响。他深刻地分析了辽金两朝开发建设了东北、北方，稳定了祖国的疆域；继承了前代的政治经济制度，完成了承前启后的任务；辽朝官分南北，因俗而治，金朝往往因辽之旧，起到了安定团结作用；辽金的科学技术达到了很高水平，河北宣化辽墓的星象图、北京卢沟桥、山西华严寺、天津蓟县独乐寺、辽宁义县奉国寺，都是珍贵的历史文化遗产。金代王若虚关于文、史、哲的论述，对于唐宋人同类著作来说，都可算作上品。辽代的大乐十声，就是今天的大乐十字谱，不研究辽金，怎么能懂得音乐古今传承沿革？这些深刻的论述，指明了辽金史的地位和研究方向。

杨志玖的《辽金的挞马与元代的探马赤》指出，蒙古的探马赤语源，白鸟库吉、伯希和认为来源于辽挞马，然而除对音以外，还需考察名词的时代含义，才能得其实，而不能只靠对音。罗继祖的《耶律阿保机的"腹心部"》指出，腹心部即亲兵群，后为女真人承袭，蒙古的怯薛、探马赤与之相似。阎万章《辽史公主表补证》系补史之作。傅振伦的《辽代雕印的佛经佛像》指出了辽代刻印佛经佛画源自北朝，考证了辽代版刻的特点和流传。陈述先生的《辽代教育史论证》，全面系统地论述了辽代教育制度。张博泉等人的《完颜阿骨打略论》，指出阿骨打是女真反辽的英雄和杰出军事家，是女真族杰出的领袖和改革家。

书后附录有辽史研究论文专著索引，系朱子方主编。

《辽金史论集》书名系陈述先生手书，为以后各辑沿用。李维国提供了多种封面设计供选择，反映出其编辑工作十分仔细认真，深得陈述先生赞扬。

三十五、《辽金史论集》(二)

《辽金史论集》(二),合编,笔者协助陈述先生主编此书。1987年7月出版,大32开本,373页,25万字。

由于第一辑迟迟未能出版,陈先生要我另找合适的出版社。得知吉林大学某校友在书目文献出版社(今国家图书馆出版社)任社长、总编辑,遂改由书目文献出版社出版。

此书共收入各种论文22篇。其中有陈述先生的《辽代(契丹)刑法史论证》,详细论证了契丹初期的刑法管理,契丹修律的过程,草原契丹法的遗存,契丹律与唐宋律,诉讼程序与审理,论连坐、赎刑、八议八纵,决杖之刑及它的影响。指出辽代是一朝两法,由于农耕与游牧社会的不同,主要是社会发展的不一致,晚期虽有短暂的统一,最后重返于两元。

承德地区文化局调查组的《辽泽州、陷河及陷河银冶考》,考证辽泽州为今平泉县会州城,陷河即今平泉县瀑河,陷河银冶在今瀑河支流丫头沟(旧称雅图沟),从而解决了前人的异说。此文执笔人为成长福、石砚枢。张畅耕的《朔县杭芳园栖灵寺碑考》、郑恩怀的《应县木塔发现〈契丹藏〉》、李仲元的《辽双州城考》揭示了新发现的辽代文物;朱子方的《辽代佛学著译考》详细介绍了辽代辽人佛学著述、慈贤译经、存疑著作,为研究辽代佛教研究提供了重要参考;王可宾的《女真人从血缘组织到地缘组织的演变》探讨了女真人从血缘组织到地缘组织演变的三个不同时期,社会组织某些层次的变化及特点。王宏志的《金世宗与"隆兴和议"》指出:

> 中国历史上是一个由多民族结合而成的国家。除汉族外,还有数十个少数民族。在历史上他们之中有不少建立过王朝或政权,应当说都是中国历史的一部分……其中金和宋,则是这一时期我国历史上最令人瞩目的两个封建王朝。它们一北一南地并列存在,可以说是中国历史上的又一次南北朝。

研究这时期历史,应当把这两个王朝放在同等地位,只有这样才能揭示

"隆兴和议"的历史真谛。舒焚的《古典通俗文学中的辽朝》指出,《新编五代史平话》比较客观地反映了辽朝历史,《昊天塔》和《水浒后传》片面、背离历史实际,《小道人一着绕天下》是正确反映了辽朝的作品。文学作品必须反映历史的基本实际。王德厚的《金代交钞浅议》指出,纸币交钞作为国家正式发行的货币进入流通领域,是金王朝的首创,在我国货币发展史上占有重要地位。本文详加论述,具有很高的参考价值。余大钧的《〈元史太祖纪〉所记蒙、金战事笺证稿》,引用中外研究成果,详加注释,以便于阅读。

书目文献出版社对本书相当重视,虽然交稿比《辽金史论集》第一辑晚了许多,却于 1987 年 7 月面世,几乎与第一辑同时出版。当我把第二辑样书送到陈先生手中时,他喜出望外,称赞我是"大功臣"。要求我再帮他约稿、组稿、审稿、编稿以外,同时负责《论集》的出版事宜。因此,《辽金史论集》第三辑、第四辑均由我联系,交书目文献出版社出版。

三十六、《辽金史论集》(三)

《辽金史论集》(三),合编,笔者协助陈述先生主编此书。北京:书目文献出版社 1987 年 7 月出版。大 32 开本,380 页,25 万字。

此书的交稿时间稍晚于第二辑,由于我的催促,竟与第二辑同时出版,这是出版社高度重视的结果。陈述先生十分满意,称好事连连,表示第四辑仍交书目文献出版社出版。

本辑编入各种稿件 20 篇。其中重要文章有苏赫的《崇善碑考述》,崇善碑 1980 年发现于内蒙古巴林右旗幸福之路公社乌苏图山前,汉文,楷书,共 154 行,2792 字。文中有六院司、八作司、窑坊寨、教坊寨、粮谷务、柳作务、南灰寨、上麦务、下麦务、上后妃寨、下后妃寨、果园寨,是研究辽代社会经济史少有的珍贵资料。承德地区文化局、宽城县文保所根据实地调查,完成了《松亭关考》一文(执笔人成常福),考定宽城县上石梯子村土城子即松亭关故址,该城东西长 112 米、南北残长 23.2 米。纠正了前人记载之误。阎万章的《关于渤海〈贞惠公主墓志〉考释中的一些问题》,根据和龙县《贞孝公主墓志》,对以前贞惠公主墓志考证中存在的若干问题加以说明、补充和商讨。李逸友的《辽代城郭修建制度初探》,根据考古发现对辽上京城、中京城、州县城、奉陵邑、头下州城、边防城进行了系统性研究。朱子方等的《辽代科举制度述略》、杨树森的《辽代史学述略》对辽代科举、史学进行了深入研究。美国学者陈学霖的《金国号之起源及其释义》一文认为,"大金"所代表的,是女真完颜部兴起阿禄阻水产金之地立国的传统,既有地缘的体认,亦有本族固有的文化特征。这国号所象征的女真族传统,在太宗吴乞买灭平辽宋、据有华北后达到高峰。张博泉等的《〈中州集〉与〈金史〉》一文指出,元好问《中州集》不仅是诗词辑录,也是一部开创性的史学著作。它是元代所修《金史》的主要来源之一。《金史》人物传记有 111 人来自《中州集》,不过有所割舍而已。王宏志的《略论金进入中原后政策的转变》一文指出:野蛮政策不能征服民心,金朝进入中原以后,不断调整统治政策,恢复农业生产，实行汉官之制，采用科举制度等。刘庆的《金代赎身制度初探》一文指出，奴婢赎身有自赎、官赎、令免几种形式，有前后期性质的不同，赎身范围和条件受封建化的影响有所变化。其分析以事实为据，有说服力。陈相伟的《完颜希尹神道碑校勘记》甚重要，作者是完颜希尹墓葬发掘者，他介绍了神道碑的发现过程，以碑刻实物校勘了《吉林通志》《满洲金石志》和徐炳昶《校金完颜希尹神道碑书后》文字缺陷数十处，公布了校勘后的碑文，学术价值比较高，应当广为利用。

本书为便于检索查阅，将辽代文章列在金代文章之前。辽代 8 篇，金代 9 篇，辽代略少于金代。本书未注明出版社责任编辑姓名，故本文无法介绍。

三十七、《辽金史论集》（四）

《辽金史论集》（四）于 1989 年 4 月出版，大 32 开本，379 页，29.3 万字。

此书为合编，我以副主编的身份协助陈述先生主编本书。依陈述先生指示，仍由我联系，由国家图书馆（原称北京图书馆）所属的书目文献出版社印制。

本辑共收入各种文章 28 篇，仍按先辽后金的次序排列。重要文章有：

陈述先生的《辽史避讳表》，这是他辽史专题研究的一种。文章指出辽代帝王有契丹名、汉名，避讳限于汉名，契丹名不讳。辽共 9 帝，讳不过 9 字及其同音，一一加以介绍，并列举见于《辽史》的 60 人因避讳而形成的姓名加以说明。

舒焚的《辽帝的柴册仪》就辽朝皇帝（不包括西辽）九帝柴册仪的文字记载，一一录出加以说明。对柴册仪的仪式，也进行了说明。

冯继钦的《西辽官制简述》详述了西辽官制建立的原则、中央政府官制、地方官制，指出西辽也实行北、南官制，与辽朝相同。

郑恩怀的《辽燕京佛寺考》根据应县木塔刻经、写经题记，考证燕京有圣寿寺、弘业寺、大昊天寺、悯忠寺、仰山寺、弘法寺、天王寺、永泰寺、宝集寺 9 寺，皆为燕京名刹。

郑绍宗的《宣化辽墓壁画研究》就张世卿墓壁画指出其妇女服装基本为汉制，契丹衣着较少。关于出行图、散乐图、备耕图，均指出其特点，并介绍了壁画技法是沿用唐末五代的制作方法。

唐统天的《辽代鞫狱机构研究》认为前人对鞫狱研究不够充分，故撰此文对辽代从中央到地方（含部族、京府州县、斡鲁朵和头下、五京警巡院）的鞫狱，都进行了仔细论述。

李涵的《金初汉地枢密院试析》对金枢密院的设置沿革、枢密院的职能机构、枢密院与燕人地主的关系进行了分析探讨。

蒋松岩的《金代御史台初探》对金代御史台的产生、发展变化、特点与作用，进行了比较全面的梳理。

赵冬晖的《金代科举制度研究》记述了金代科举发展经历了四个阶段，设立的科目中包括女真进士科，颇具民族特色。金代科举制严格凭文取人，忽略了品行，带有片面性。文后附有金代科举年表。

赵永春的《宋金交聘制度述论》论述了宋金交聘的确立和发展、各种不同任务的使节。据其统计有正旦使、生辰使、告哀使、吊祭使、遗留使、告即位使、贺即位使、报谢使、贺尊号使、计议使、告知使、通问使、报问史、问安使、迎向梓宫奉还两宫使、申议使、详问使、告庆使。加强双方和好是通使的主要目的，了解对方国情也是附带的任务。

景爱的《"征服王朝论"的产生与传播》一文，是大陆最早批评"征服王朝论"的文章，对此进行了全面分析，指出了"征服王朝论"缩小、抹杀汉族与游牧民族间的密切联系，歪曲中国历史上的民族关系，是以分裂中华民族为目的的。

三十八、《辽金史论集》（五）

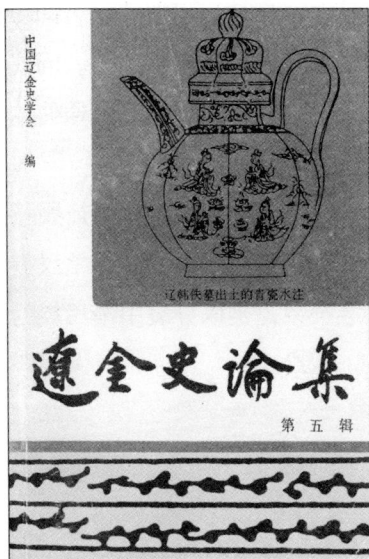

《辽金史论集》（五）由苏天钧联系在（北京）文津出版社出版，1991年11月面世。大32开本，335页，28.1万字。

本书为合编，我以副主编的身份协助陈述先生主编此书。全书收入各种文章28篇。仍按辽在前、金在后的顺序排列。重要文章有：

国学大师陈寅恪遗著《〈辽史补注〉序》，作于1943年11月19日。对陈述先生所撰《辽史补注》给予高度评价，称《辽史补注》"所论宁详毋略之旨，甚与鄙见附和，若使全书告成，殊可称契丹史事之总集，近日我国史学不可多得之作……《补注》之于《辽史》，亦将如《裴注》之附《陈志》，并重于学术之林"。陈寅恪之序言首见于此。

陈述先生自撰的《辽史补注》序例、后记，亦刊于此。序例称《补注》之例有四：一曰正误，二曰补缺，三曰补歧异，四曰存类事。后记申述撰《补注》之始末，略称：初读《辽史》时，尝置《辽史拾遗》《拾遗补》于侧，随手翻阅。偶有新知，附注书眉。某日姚从吾来访，见此问道：吾兄欲撰新《辽史》否？陈述先生急言不敢不敢。当时陈先生刚刚大学毕业，已入前中央研究院史语所，"志在辽金二史，则已略具方向"。请陈寅恪赐序，即在此后不久内迁之时。新中国成立以后，徐特立来访，翻看此书，给予高度肯定。在中华书局标点《辽史》期间，与总编赵守俨达成排印办法、体式，纳入中华书局出版计划。此后又不断增补新资料，遂完成《辽史补注》长篇巨著。

佟柱臣先生的《辽墓壁画反映的契丹人生活》一文，用大量的辽墓壁画印证契丹人的社会生活。契丹人的四时捺钵、毡庐宴饮、车马出行、冠带服饰、散乐行仗、四神门神等，在壁画中都有表现，结论是："辽墓壁画，十分丰富，反映了契丹人的全面生活，与文献相参证，颇有学术价值。"前贤提出的二重论证法，在辽史研究中得到了充分体现。此文附有图版 8 幅，文中引证的壁画，均一一列出。

阎万章的《〈辽陈万墓志铭〉考证》所述墓志，藏于辽宁省博物馆，曾被李文信断为伪造品。阎万章考证后，认为并非伪造，指出墓主陈府君即陈万，对其生平事迹有详细考证，附《陈万墓志铭》全文，阎氏之功不可没也。

王民信的《辽太祖诸弟叛逆探源》，不赞成此事属于新旧势力之争的说法，认为太祖诸弟之叛与阿保机重用述律后族有关，述律后兄妹平定剌葛之叛，是回鹘人的一次大胜利。此说很有参考价值。

朱子方的《辽朝与高丽的佛学交流》详细介绍了高丽大觉国师（文宗王徽第四子，名煦，字义天）之《文集》《外集》中有关佛学的内容。其生活时代与辽道宗同时，辽道宗曾赠义天《大藏》及诸经疏钞 6900 余卷，其中有前代的也有辽代的。义天曾编《圆宗文类》（圆宗即华严宗），收入辽道宗撰《华严经随品赞》。义天曾致力于《高丽续藏》的编纂，辽僧希麟《续一切经音义》等均收入其中，有些经高丽传入日本。义天（高丽大觉国师）对于推进《契丹藏》在高丽的流传，做出了重要贡献。此文对于研究辽代佛教，具有重要参考价值。

陈学霖（美籍华人）的《金代"射粮军"考释》对射粮兵的性质、来源、组织进行了深入研究，认为"射粮军"由汉族丁壮组成，始见太宗时代，到熙宗时代成为定制，专司杂役，其身份似乎兼具军役与劳役两者。

景爱的《北京完颜氏遗族考》记述了北京完颜氏遗族的由来，系金世宗旁支之后，金亡以后由南京（开封）东还金源。后来归附努尔哈赤，自称长白完颜氏，顺治初年，随龙入关，定居北京，为朝廷所认同。乾隆时，"合族八旗五十九支，现任官九十六品"。"麟庆、崇实、崇厚"皆为完颜氏，完颜武贤之妻为宣统帝之妹。

韩荫晟的《党项氏族志》（上）论述了甘、川、青三毗连地区党项族的著姓，资料来自史籍。程溯洛的《甘州回鹘可汗谱系考》论述了五代辽宋期间的九代世系。

傅振伦、王树民撰文，介绍了辽金时期河北北部的古地道，分布在蠡县、磁州、霸城、永清等县境。

陈述先生为其主编的《辽会要》撰写的前言、后记首次发表于此。《辽会要》此后由上海古籍出版社于 2009 年出版。

在我协助陈述先生主编的 1—5 辑《辽金史论集》中，以第一辑的内容最为充实，因为这辑文稿多由陈述先生所约。陈述先生于 1992 年作古，由他主编的《辽金史论集》到此结束。我放下了副主编的重担，专心致志于美国资助的沙漠考古研究。此后一段时间内，我已无精力顾及辽金史研究了。

三十九、纪念陈述先生逝世三周年文集（辽金西夏史研究）

　　1995 年是业师陈述先生逝世三周年。陈述先生初葬于北京西郊大觉寺，是辽代清水院故址，遗有咸雍四年（1068）《阳台山清水院创造藏经记》。因此，由中国社会科学院民族研究所、国家古籍整理出版规划领导小组办公室、中央民族大学、北京师范大学等 12 家在京单位共同发起召开纪念学术研讨会，会址选在大觉寺。此次会议是由景爱筹措经费和组织的，韩国学者金在满、金渭显，台湾学者王民信，大陆学者舒焚、崔文印、高路加、于宝林、白滨、王宏志等许多学者出席了会议。会后编辑出版了纪念文集，由景爱、于宝林等人集体编辑，天津古籍出版社 1997 年 8 月出版。32 开本，327 页，25 万字。

　　陈述先生很早就提出，辽金西夏大体处于同一历史时期，都是少数民族政权，彼此关系密切。因此，辽金西夏学者应当在一起切磋交流。在 1982 年筹备辽金契丹女真史研究会时就提到此事，由于当时条件不够成熟而未能实现。遵照陈述先生遗愿，此次学术研讨会特意邀请西夏学者参加，会后又组织了西夏史方面稿件，故题曰《辽金西夏史研究》。本书共收入西夏史文章 4 篇，即《西夏后裔考论》《宋神宗五路代夏述论》《略论汉文化对西夏的影响》《中国西夏学的发展》。

　　陈述先生对碑志高度重视，为实现其夙愿，特意组织以下稿件：辽代“大王记结亲事”碑、天津蓟县现存辽碑志、统和十年北京门头沟经幢题记，还有陈先生的《辽代的民间文学和散文骈体赋》一文。王宏志、舒焚、郭康松撰文，分别是关于《契丹史论证稿》《契丹社会经济史稿》《辽代史话》的评论，还有《陈述先生遗稿举要》一文。

　　此书印量不多，学术界许多人士未能读到此书。书中收录的辽代碑志非常重要，在此书中首次发表。故向南（杨森）在编辑《辽代石刻文续编》一书时，特意委托李宇峰索取此书，以便转抄，却注明来自拓本，是不准确的，实际上拓本是在我这里收藏。

　　此书的出版是中央民族大学教授吴肃民先生联系的，中国社会科学院民族研究所聂鸿音在编辑和校稿中做了大量工作，详见本书后记。封四题"责任编辑"吴民，吴民即吴肃民，时任中央民族学院（今中央民族大学）古籍办公室主任。陈先生在中央民族学院深有影响，吴肃民对陈先生十分敬重，故热心于此书的出版。

四十、苏联远东史（从远古到十七世纪）

《苏联远东史（从远古到十七世纪）》由苏联科学院院士 A. 克鲁沙诺夫主编，所谓远东地区系指黑龙江（苏联称阿穆尔河）右岸及其下游、滨海地区、萨哈林岛（库页岛）、千岛群岛、勘察加半岛等地。本书利用考古发现的资料，记述了从远古到公元十七世纪的历史情况，对研究中国历史有重要参考价值。

本书的翻译由《北方文物》杂志社王德厚主持，参加翻译的人很多，我也是其中之一员，故署名"成于众"，最后校译者为王德厚、侯玉成（侯氏在黑龙江省社会科学院工作）。由哈尔滨出版社 1993 年 10 月出版，32 开本，464 页，34 万字。出版社的责任编辑为戴淮明，后调入黑龙江民族研究所工作。

全书分上下两编，共九章。我翻译的是上编第五章第一节"公元前第一千纪至公元第一至二千纪的萨哈林岛和千岛群岛"、第二节"鄂霍次克海沿岸古科里亚克人的文化"，排在该书第 175 页至 189 页，按版面计算约 10200 字。虽然篇幅不算大，然而记的全是考古发现，翻译难度比较大。我从初中就开始学俄语，读大学、研究生仍是学俄语，俄语基础比较好，翻译还算顺利。此外，我还翻译过俄文考古文章《纳杰日金墓葬中出土的腰带》，刊于《黑河学刊》1985 年第 4 期。

《苏联远东史（从远古到十七世纪）》一书对于研究黑龙江下游地区古代少数民族和渤海、女真史提供了丰富资料，有重要参考价值。此后，王德厚先生又独自翻译了许多苏联远东地区的考古著作，都值得阅读，在北方考古学界颇有影响。

该书被列入远东文库，系黑龙江史地丛书第二辑。

四十一、中国边疆民族地区文物集萃

《中国边疆民族地区文物集萃》由上海辞书出版社 1999 年 12 月出版，大 16 开本，32.5 个印张，502 页。全部彩印，定价 315 元。该书主编马自树，时任国家文物局副局长，我以特约编辑名义，协助马局长编辑此书。

本书属于图录，以文物照片为主，稍有文字说明，按照黑龙江、吉林、辽宁、内蒙古、宁夏、甘肃、新疆、西藏、云南、贵州、广西、海南、台湾排序。每一地区有文物概述列于前，其后为各种文物图片，没有出现的文物图片则用文字说明介绍。每件文物按其时代顺序排列。全书共收入各种精美文物 1000 余件，各民族地区最有价值的典型文物都被收入，有些是第一次发表的文物。故书名题曰《中国边疆民族地区文物集萃》。

其中中国台湾民族文物的编辑难度最大，搜集文物很不容易，撰写台湾文物概述就更难了。幸好我曾先后两次到台湾参加学术活动，参观了原住民的生活，搜集了原住民的有关书籍，补充了文物图片的不足，撰写了《台湾民族文物概述》。郑成功不是台湾少数民族，由于他在收复台湾、建设台湾方向有重大贡献，故郑成功画像、郑成功治理台湾的赤崁楼、延平郡王祠（清朝追赠郑成功为延平郡王）、郑成功纪念公园的图片也一并收入。

马自树在序言中说：

我们编辑这本《中国边疆民族地区文物集萃》展示边疆地区各民族在不同历史时期创造的历史文化风貌，目的在于反映各民族在"多元一体"的中华文明的发展格局中，均有自己独特的建树，反映各民族在经济文化上相互依存、相互吸收、共同发展的历史进程，从而增强民族自信心和民族自豪感，加强民族团结，维护祖国统一，弘扬爱国主义精神，促进社会主义精神文明建设的进一步发展。

此序就是编辑出版《中国边疆民族地区文物集萃》一书的宗旨和目的。

文物是客观的、真实的，民族文物更是如此，它对于研究我国少数民族提供了重要的依据。精美的民族文物有助于纠正民族偏见和民族歧视，增强全体中华民族的大团结，共同实现中华民族的百年梦想、千年梦想。

四十二、西部大开发，建设绿色家园考察报告

中共中央、国务院做出西部大开发计划以后，中国治沙暨沙业学会（设于国家林业局）立即做出反应，从1999年下半年开始筹划"西部大开发，建设绿色家园考察宣传活动"，得到了全国人大、全国政协、新华通讯社、人民日报社、中央人民广播电台、中央电视台的支持和协助。由赵南起（全国政协副主席）为组委会主任，曲格平（全国人大环境与资源保护委员会主任）、江泽慧（中国林业科学研究院党委书记）、蔡延松（原林业部副部长）、杨继平（国家林业局纪检组组长）、董智勇（中国治沙暨沙业学会理事长）等为副主任。

考察宣传活动分为东北华北组、西北组、西南组和长城绿色工程考察团，共50余人组成，各组组长均为中国工程院院士。景爱为西北组成员，西北组组长先后为王涛（女）院士、关君蔚院士。西北组的考察范围是陕西、宁夏、青海、甘肃和新疆五省区。2000年6月12日举行考察宣传活动出发仪式，直到2001年1月7日在成都召开学术研讨会，最后完成了此次考察宣传活动。

在野外考察活动结束之后，立即组织人编写考察报告。由朱俊凤（中国治沙暨沙业学会副理事长兼秘书长）为主编，执笔者共13人，我为执笔人之一。在林业部招待所集中撰写，大约一周左右即完成了写作任务，然后交林业出版社出版。

这本《考察报告》为大16开本，278页，23.8万字。于2000年12月出版面世。西北是沙漠化最严重的地区，是本次考察的重点，参加撰写的人员有四人，除景爱以外，还有杨根生（中国科学院兰州沙漠研究所研究员）、王贤（北京林业大学教授）、王涛（中国林业科学研究院研究员）。我承担写作的内容为西北地区沙漠化的现状与治理和宁夏考察活动工作总结中的一部分内容。

四十三、辽金西夏研究通讯

《辽金西夏研究通讯》（以下简称《通讯》）是《辽金西夏研究年鉴》（以下简称《年鉴》）之附刊。《年鉴》所收皆为长篇大论，印刷周期长。有些读者提出，能否编印《通讯》，可以与读者早些见面，有些重要文章可以先刊《通讯》，后入《年鉴》，让大家先读为快。

这个建议很有道理，不妨一试。于是索性先编一期。本期共收入各类文章 20 篇，多为篇幅短小之文。重要文章有以下数篇（以出现先后为序），稍加介绍。

宋德辉的《关于半拉城的报道严重失实》一文指出，《中国社会科学报》2014 年 4 月 3 日署名文章报道，在大安召开的辽金史研讨会上，有人提出大安半拉城与辽代长春州城有关。实际上辽长春州城为城四家子古城，已成为定论。民国二年《大赉县志》记载，半拉城早已坍塌，是一座小城，这类小城在大安县很多，规模都很小（冯恩学语），达不到州城的级别。既然如此，为什么称半拉城与辽长春州城有关呢？据了解内情的人讲，这是大安县对主持会议的人"过度热情"的结果，是主持人对东道主的一种回报。

景爱的《辽金史研究中的"大宋史"》一文指出，"大宋史"之说来源于金毓黻。金氏在《宋辽金史》中提出："愚以为依民族之理解，应专修《宋史》，列辽金于外国传……故治本期之史，应以宋为主，辽金为从。"所谓"大宋史"即来源于此，就是将辽金纳入宋史之中，成为宋史的附庸。实际情况正相反，宋朝每年要向辽金贡银贡绢，宋朝是辽金的附庸。

王大民的《一本滥书带来的思考》指出，《辽夏金研究年鉴 2013》错误甚多，如"篇编"不分，将栏目的"编"误作"篇"。考古发现栏目是介绍本年度的新发现，而实际上介绍的竟是 2000—2002 年的出土文物，还有 20 世纪 40 年代的出土文物（如萧德温墓志）。将 2014 年在大安开会的合影照片，篡改为 2013 年 11 月的照片，为什么在会议照片时间上弄虚作假？这分明是欺骗读者，达到不可告人的目的。本书两个主编，一为资深研究员，一为资深编辑，他们可能没有认真审阅书稿，没有起到主编作用，成为挂名主编，岂非是学术腐败？是学风不正的典型案例，该书出现许多错误不是偶然的。

　　本书发表多篇书评，分别评论《中国通史—金史》《西夏金刚经的研究》、《达斡尔族文化研究》《历史上的金兀术》（再版）、《黑龙江古代民族史纲》（再版）。指出《中国通史—金史》将金代栗沫江说成是东北流的松花江是错误的，实际上栗沫江是西北流的第二松花江，这是常识性问题。该书采用了辽代 11 幅绘画照片，画的是契丹人骑射、狩猎、引马，与金代女真人毫无关系，显然是用绘画装潢门面，扩大篇幅，以壮声势，而不是用于证史补史，图片的使用目的不明确，是滥用。说明学风很不端正，学者应引以为戒。限于篇幅，其他文章不一一介绍了，其中有些文章已编入《辽金西夏研究 2014—2015》，2017 年 12 月出版。

论 文 篇 目

一、沙漠研究

1. 略说中国北方的沙漠化问题,《百科知识》1988 年第 7 期。

2. 平地松林的变迁与西拉木伦河上游的沙漠化,《中国历史地理论丛》1988 年第 4 期。

3. 科尔沁沙地的形成及影响,《历史地理》(七), 1990 年。

4.《科尔沁沙漠化的考古学研究》序言,《中国历史地理论丛》1991 年第 1 期。

5. 关于开发沙砖生产的一点建议,《沙产业专辑》1991 年 11 月。

6. 沙漠化的治理与预防,《民主与科学》1992 年第 2 期。

7. 木兰围场的破坏与沙漠化,《中国历史地理论丛》1992 年第 3 期。

8. 沙漠考古,《光明日报》1993 年 2 月 14 日。

9. 昔日森林茂密,今日黄沙弥漫——清代皇家猎苑的变迁,《森林与人类》1993 年第 6 期。

10. 额济纳河下游环境变迁的考察,《中国历史地理论丛》1994 年第 1 期。

11. 沙坡头地区的环境变迁,《中国历史地理论丛》1994 年第 3 期。

12. 沙产业理论的充实与发展,《纪念钱学森沙产业理论十周年文集》1995 年 7 月。

13. 沙产业大有可为,硅沙砖前途无量——关于内蒙古哲里木盟开发硅沙砖的调查,《纪念钱学森沙产业理论十周年文集》1995 年 7 月。

14. "人造沙漠"劫掠人类,《北京青年报》1997 年 8 月 10 日第 3 版。

15. 沙漠无情人有情,《中华活页文选》1998 年第 2 期。

16. 木兰围场:由皇家猎苑到荒凉沙丘,《济南时报》1998 年 2 月 3 日第 15 版"世纪风"。

17. 沙漠与人类,《北京九三社讯》1999 年 9 月 10 日第 6 版。

18. 沙漠离北京有多远,《地理知识》2000 年第 5 期。

19. 北京也有沙源,《北京观察》2000 年第 5 期。

20. 沙漠随笔,《芒种》2000 年第 7 期。

21. 风沙的来源与对策,《森林与人类》2000 年第 6 期。

22. 北京沙尘的由来,《中国教育报》2001 年 3 月 20 日第 5 版。

23. 大漠深处的古城池——居延垦区的哀思,《科技潮》2001 年第 2—3 期。

24. 从绿色皇苑到黄色沙场——木兰围场的历史变迁,《科技潮》2001 年第 4 期。

25. 北京风沙何时了,《科技潮》2001 年第 5 版。

26.《沙漠考古通论》与《沙漠考古》书后,《中国文物报》2001 年 5 月 30 日。

27. 丰宁风沙不安宁,《科技潮》2001 年第 6 期。

28. 走近浑善达克沙地,《科技潮》2001 年第 7 期。

29. 松树山的变迁,《科技潮》2001 年第 9 期。

30. 中国沙漠知多少,《中华遗产》2001 年 1 月（总第 3 期）。

31. 沙漠环境与"沙漠心理",《森林与人类》2001 年第 3 期。

32. 北京沙尘暴沙源在哪里,《光明日报》2001 年 9 月 10 日第 1 版,《科技周刊》第 173 期。

33. 北京沙尘暴与 2008 年奥运会,《森林与人类》2002 年第 1 期。

34. 尘起额济纳威胁北京城,《群言》2002 年第 11 期。

35. 不能再走"人造沙漠"的老路,《人民日报》2003 年 4 月 4 日第 11 版,"名家特递"。

36. 关于地质时期沙漠化的讨论,《中国治沙暨沙产业研究》2003 年 9 月。

37. 走在沙漠考古之路,《中国文物报》2003 年 10 月 14 日"文博百家言"。

38. 内蒙古草原沙漠化的反思,《曾经的草原》(论文集)2003 年。

39. 中国沙漠知多少,《中国减灾》2007 年第 5 期。

40. 从绿洲到沙漠——居延绿洲消失的自然因素与人类活动,《黑水城人文与环境研究》(黑水城人文与环境国际学术讨论会文集)2007 年 6 月。

41. 居延沧桑的反思,《百科知识》2007 年第 11 期。

42. 历史时期宁夏沙漠化与人类活动(节录),《中国首届沙产业高峰论坛文集》2008 年 8 月。

43. 北京的风沙活动,《中国社会科学报》2010 年 4 月 22 日第 11 版。

二、森林植被研究

1. 大青沟的沉思,《森林与人类》1992 年第 2 期。

2. 林业博物馆是培养爱护林木意识的重要阵地,《森林与人类》1992 年第 4 期。

3. 开辟一个新的研究领域,《森林与人类》1992 年第 6 期。

4. 怀念大榆树,《森林与人类》1993 年第 6 期。

5. 人类对森林的回忆(森林史话之一),《森林与人类》1995 年第 1 期。

6. 额济纳绿洲面临消失的危险,《森林与人类》1995 年第 3 期。

7. 人类对森林的崇拜(森林史话之二),《森林与人类》1995 年第 6 期。

8. 森林与寺院(森林史话之三),《森林与人类》1996 年第 1 期。

9. 森林民族与森林文化(森林史话之四),《森林与人类》1996 年第 2 期。

10. 森林与蒙古人(森林史话之五),《森林与人类》1996 年第 3 期。

11. 古人如何保护野生动物(森林史话之六),《森林与人类》1996 年第 4 期。

12. 森林史话结束语(森林史话之七),《森林与人类》1996 年第 6 期。

13. 森林是人类的生命线,《中国林业报》1997 年 12 月 13 日。

14. 皇帝喜爱金莲花,《中国绿色时报》1998 年 11 月 10 日第 3 版。

15. 西北考察归来说退耕,《森林与人类》2000 年第 9 期。

16. 森林能够影响成云降雨,《森林与人类》2000 年第 11 期。

17. 森林与降雨,《群言》2001 年第 2 期。

18. 来自古代北京的自然信息——从大葆台和老山汉墓看北京生态环境的变迁,《科技潮》2001 年第 1 期。

19. 森林植被影响陆地成云降雨的实例及原因,《中国西部地区生态环境建设研究》2001 年 11 月。

20. "三北"防护林的兴衰和影响,《森林与人类》2002 年第 1 期。

21. 植树造林是治沙之本,《经济日报》2001 年 5 月 27 日第 12 版。

22. 塞罕坝森林的地位和影响,《中国绿色时报》2002 年 7 月 12 日第 3 版。

23. 消除北京城市绿化的误区,《中国绿色时报》2002 年 4 月 9 日。

24. 绿色长城永不倒,植树造林当加强,《中国绿色时报》2002 年 6 月 17 日第 1 版 "绿色时评"。

25. 绿化不只为了美丽,《中国绿色时报》2003 年 1 月 6 日第 3 版 "绿色时评"。

26. 森林植被影响降雨的原因,《人民日报》2003 年 4 月 4 日第 9 版 "经济专页"。

27. 慎待绿洲,《中国绿色时报》2003 年 6 月 19 日 "绿色时评"。

28. 森林影响成云降雨研究（上）,《中国林业》2003 年 7 月 B。

29. 森林影响成云降雨研究（下）,《中国林业》2003 年 9 月 A。

30. 森林植被影响陆地成云降雨的原因,《中国绿色时报》2003 年 "绿色时评"。

31. 京郊大种草坪的危害,《中国绿色时报》2003 年 "绿色时评"。

32. 内蒙古乌珠穆沁草原的今昔,《草原与草坪》2004 年第 3 期。

33. 森林影响成云降雨研究,《科技文摘》2004 年第 4 期。

34. 探索自然现象背后的人类活动,《郑州大学学报》2005 年第 1 期。

35. 环境史引论,《中国历史上的环境与社会国际学术讨论会文集》2006 年。

36. 草地资源牛羊粪,《百科知识》2008 年第 3 期。

37. 本溪名花天女木兰,《中国绿色时报》2009 年 12 月 8 日 "花卉"。

三、水资源研究

1. 历史上绰尔河的水患,《黑龙江水利》1985 年第 1 期。

2. 乌裕尔河的变迁与扎龙自然保护区的出现,《黑龙江水专学报》1991 年第 1 期。

3. 古居延海的变迁,《中国文物报》1994 年 9 月 4 日。

4. 潢河考,《史念海先生八十寿辰学术文集》1996 年 2 月。

5. 黄河遭污染居民性命玄,《中国经济时报》1997 年 7 月 10 日第 7 版。

6. 从郑州到东营——关于黄河断流考察纪实,《北京青年报》1997 年 7 月 23 日第 9 版"前沿新知"。

7. 黄河在呻吟 大地在哭泣——黄河断流考察见闻,《森林与人类》1997 年第 5 期。

8. 说说黄河,《金秋科苑》1998 年第 2 期。

9. 梁山水泊今何在,《森林与人类》1998 年第 2 期。

10. 行动起来 拯救黄河,《中国绿色时报》1998 年 1 月 1 日第 1 版。

11. 以实际行动拯救黄河,《中国绿色时报》1998 年 1 月 1 日第 2 版。

12. 济南：失落的感觉,《中国绿色时报》1998 年。

13. 让黄河的波涛重新涌起,《中华英才》1998 年第 1 期。

14. 水·森林·地表土与大西北开发,《百科知识》2000 年第 5 期。

15. 黄河已成内陆河,《辞海新知》（五）,2000 年 6 月。

16. 知古鉴今说西北,《森林与人类》2000 年第 5 期。

17. 尊重科学,尊重自然——西北大开发中的环境问题,《群言》2003 年第 9 期。

18. 壶口瀑布与鲤鱼跳龙门,《群言》2003 年第 9 期。

19. 居延海因何而干涸,《中国环境报》2005 年 7 月 18 日"自然界"。

20. 北京关沟的变迁（合撰）,《中国环境报》2005 年 8 月 22 日。

21. 北京水资源的历史与现状,《中国社会科学报》2013 年 4 月 5 日"科学与人文"。

22.考古学中的环境问题,《无限悠悠远古情》(佟柱臣先生纪念文集),2014年12月。

四、考古文物研究

1. 松花江下游奥里米古城及其周围的金代墓群（署名黑龙江省考古工作队），《文物》1977 年第 4 期。

2. 绥滨永生的金代平民墓（署名黑龙江省考古工作队），《文物》1977 年第 4 期。

3. 黑龙江流域是中华民族世世代代居住和战斗的地方（黑河地区文物普查纪实，合写），《黑河日报》1979 年 1 月 15 日第 3 版。

4. 沙俄侵占瑗珲的罪证——瑗珲富明阿墓清理追记，《黑河日报》1979 年 3 月 19 日第 2 版。

5. 金上京出土铜镜研究，《社会科学战线》1980 年第 2 期。

6. 金代窖藏铜钱小识，《求是学刊》1980 年第 3 期。

7. 辽金时代的火葬墓，《东北考古与历史》1982 年。

8. 契丹女尸展览简介，《中国史研究动态》1982 年第 2 期。

9. 跋哥扎宋哥屯谋克印，《学习与探索》1983 年第 5 期。

10. 关于泰来塔子城出土大安七年建塔题名碑残缺情况的我见，《辽金史研究通讯》1984 年第 1 期。

11. 塔子城出土大安残刻三题，《社会科学战线》1984 年第 3 期。

12. 哈尔滨南岗华滨金墓，《黑龙江文物丛刊》1984 年第 6 期。

13. 一通题名碑恢复了一座死城，《文物天地》1984 年第 3 期。

14. "青蝇之污"与皇后之死，《文物天地》1984 年第 5 期。

15. 黑龙江省泰来县塔子城考察记，《博物馆研究》1985 年第 1 期。

16. 关于金上京的周长，《学习与探索》1985 年第 3 期。

17. 纳杰日金葬中出土的腰带（译文），《黑河学刊》1985 年第 4 期。

18.《阿什河流金代墓葬碑考证》读后，《黑龙江史志》1986 年第 2 期。

19. 石棺葬起源于对石的崇拜吗？《文物天地》1986 年第 2 期。

20. 关于呼伦贝尔边壕的考察，《博物馆研究》1986 年第 3 期。

21. 吉林舒兰县古界壕烽台与城堡（合写），《考古》1987 年第 2 期。

22. 黑龙江省克东县蒲裕路故城发掘（署名黑龙江省文物考古研究所），《考古》1987 年第 2 期。

23. 辽代考古杂记，《昭乌达蒙族师专学报》1987 年第 2 期。

24. 金上京的牌符与海陵宫廷政变，《文物天地》1987 年第 5 期。

25. 沈阳辽无垢净光舍利塔石函记考，《东北地方史研究》1989 年第 4 期。

26. 科尔沁考古敬记，《文物天地》1990 年第 4 期。

27. 关于哈尔滨历史中的若干考古资料，《南岗文史》（二），1990 年。

28.《"丰州之印"与"贞祐钞版"》读后，《内蒙古金融》1990 年第 8 期。

29. 乌裕尔河上游的金代遗址，《东北亚历史与文化》1991 年。

30. 卫星遥感技术与文物考古，《卫星遥威技术在中国》1994 年 4 月。

31. 镜泊湖访古，《奋斗》1996 年第 6 期。

32. 读房山云居寺石刻《大宝藏经》题记，《周绍良先生欣开九秩庆寿文集》1997 年 3 月。

33. 辽碑偶记，《出土古文献研究》（四），1998 年 11 月。

34.（沈阳郊区出土）黑釉缸胎大瓮，《中国文物报》2002 年 7 月 24 日第 8 版。

35. 京西皇姑寺明代石刻丛考，《出土古文献研究》（七），2005 年。

36. 石刻所见契丹改复国号之事实及原因，《出土古文献研究》（八），2007 年。

37. 辽代遗文的搜集整理和研究，《辽金历史与考古》（国际学术研讨会论文集），2012 年 5 月。

五、辽金研究

1. 从出土文物看黑龙江地区金代社会（合写，第一执笔人），《文物》1977年第 4 期。

2. 金上京城的规划及其他，《北方论丛》1979 年第 6 期。

3. 辽边墙、勒勒车及其他，《黑龙江文物丛刊》创刊号，1981 年。

4. 关于东夏国都城的再探讨，《延边大学学报》1981 年第 4 期。

5. 关于呼伦贝尔边壕的探索，《历史地理》（三），1983 年。

6. 契丹的起源与族属，《史学集刊》1983 年第 2 期。

7. 说海陵王的诗词（合写），《牡丹江师范学院学报》1983 年第 3 期。

8. 说海陵王的诗词（合写），《满族文学研究》1984 年第 1 期。

9. 辽代的鹰路与五国部，《延边大学学报》1984 年第 4 期。

10. 契丹人的汉化，《长白学圃》创刊号 1985 年。

11. 论宁江州大捷，《博物馆研究》1985 年第 3 期。

12. 呼伦贝尔草原的地理变迁，《历史地理》（四），1986 年。

13. 金上京的行政建置与历史沿革，《求是学刊》1986 年第 2 期。

14. 辽文最与金文最，《辽金契丹女真史研究》1986 年笫 2 期。

15. 辽金泰州考，《辽金史论集》（一），1987 年。

16. 论金世宗的用人政策，《北方文物》1987 年第 3 期。

17. 金上京的对外交通，《北方文物》1988 年第 2 期。

18. 契丹冷径考，《辽海文物学刊》1988 年第 2 期。

19. "征服王朝"论的产生与传播，《辽金史论集》（四），1989 年。

20. 金代行省考，《历史地理》（九），1990 年。

21. 辽代女真人与高丽的关系，《北方文物》1990 年第 3 期。

22. 金中都与金上京比较研究，《中国历史地理论丛》1991 年第 2 期。

23. 金上京宫室考，《文史》（三十六），1992 年。

24. 金史研究综述，《史学史研究》1993 年第 1 期。

25. 金中都与金上京研究，《古都研究》（八），1993 年 3 月。

26. 纪念陈述先生暨辽金史学术研讨会综述（合写），《民族研究》1995 年第 6 期。

27. 辽金史研究的新进展，《古籍整理出版情况简讯》1995 年第 10 期。

28. 辽金西夏史学术研讨会侧记，《中国史研究动态》1995 年第 11 期。

29. 陈述先生关于契丹源流的论述，《史学史研究》1999 年第 3 期。

30. 金中都琐谈，《群言》2003 年第 11 期。

31. 北京的前身——金中都，《中国教育报》2003 年 11 月 4 日第 5 版。

32. 金中都的规划——纪念金中都建立 850 年，《北方文物》2004 年第 4 期。

33. 《历史上的金兀术题记》，《百科知识》2008 年第 5 期。

34. 金中都的地位及影响，《东北史地》2009 年第 1 期。

35. 从中学历史教材的修改说民族英雄有关问题，《东北史研究》2010 年第 3 期。

36. 金章宗西山八大水院考（合写，第二作者），《文物春秋》2010 年第 4 期、第 5 期。

37. 奥地屯舜卿女真字诗新解，《中国民族古文字古文献研究论文集》2010 年。

38. 辽西夏金年表，《辽金西夏研究年鉴 2009》2010 年。

39. 忆陈述先生的学术活动，《东北史地》2011 年第 3 期。

40. 辽金史研究的理论方法与实践，《东北史地》2012 年第 1 期。

41. 明确方向和重点将辽金史研究推向新高度，《辽金西夏研究 2011》2013 年。

42. 新世纪初年的辽金史研究，《东北史地》2013 年第 1 期。

43. 论地域性辽金史研究，《东北史研究》2013 年第 2 期。

44. 陈述先生的学术成就和学术思想，《辽金西夏研究 2011》2013 年。

45. 金朝的历史贡献，《白山·黑水·海东青——纪念金中都建都 860 周年特展》2013 年。

46. 辽金史研究中的正统观，《学习与探索》2014 年第 1 期。

47. 陈述先生与金史研究，《东北史研究》2014 年第 2 期。

48. 从金中都到元大都——纪念金中都 860 周年，《东北史研究》2015 年第 1 期。

49. "大宋史"之说不可取,《中国社会科学报》2016年5月3日第4版"争鸣"。

50. 辽金史研究中的"大宋史",《理论观察》2017年第7期。

51. 辽金史研究中出现的纰漏(合写,第一作者),《辽金西夏研究2014—2015》2017年12月。

六、元、清研究

1. 跋出土"元代管水达达民户达鲁花之印",《南开大学学报》1979 年第 2 期。

2. 关于开元路若干问题的探讨,《学习与探索》1979 年第 3 期。

3. 鲸川之海考,《历史研究》1979 年第 9 期。

4. 阿穆尔考（署名高颖),《辽宁大学学报》1980 年第 3 期。

5. 满族人的"嘎拉哈"游戏,《学习与探索》1980 年第 3 期。

6. 东北的火炕,《学习与探索》1980 年第 4 期。

7. 黑山头古城考,《吉林大学社会科学学报》1980 年第 6 期。

8. 满洲里的名字是怎么来的,《齐齐哈尔师院学报》1981 年 1、2 期合刊。

9. 黑龙江县名探源,《齐齐哈尔师范院学报》1982 年第 3 期。

10. 关于外贝加尔地区也生哥纪念碑,《东北师范大学学报》1984 年第 4 期。

11. 兀拉和乌喇草,《民间文学》1984 年第 4 期。

12. 瑷珲为可畏说不能轻易否定,《黑河学刊》1985 年第 1 期。

13. 访金世宗后裔王佐贤先生,《黑龙江日报》1987 年 9 月 8 日。

14. 北京完颜氏遗族考,《辽金史论集》（五),1992 年。

15. 木兰围场的交通,《中国历史地理论丛》1993 年第 3 期。

16. 乾隆猎虎碑刻,《光明日报》1993 年 9 月 12 日。

17. 关于《围场厅志》,《传统文化与现代化》1994 年第 2 期。

18. 清代热河木兰围场研究（上),《中国古籍研究》第 1 卷,1996 年 11 月。

19. 黑龙江省双城县完颜氏家谱考释（合写),《北方文物》2008 年第 4 期。

20. 安徽省肥东县的完颜氏（合写),《辽金史论集》（十一),2009 年 11 月。

21. 山东省临朐县的完颜氏,《辽金西夏历史文献 2008》,2009 年 4 月。

22.《女真满汉语词典》读后,《辽金西夏历史文献 2008》,2009 年。

23. 达斡尔与契丹辨析,《达斡尔族历史研究》,2012 年。

24. 新世纪达斡尔族起源研究述评,《辽宁工程技术大学学报》（社会科学版），2012 年第 6 期。

25. 达斡尔的佛教信仰，《黑龙江民族丛刊》2013 年第 1 期。

26. 达斡尔歌舞的产生与演变，《东北史地》2014 年第 5 期。

27. 达斡尔族起源不容歪曲——驳大宛、大夏、吐火罗就是达斡尔说（合写），《黑龙江社会科学》2014 年第 5 期。

28. 关于博穆博果尔的族属，《东北史地》2016 年第 1 期。

29. 金中都万宁宫与明清故宫，《地域文化研究》2017 年第 1 期（创刊号）。

30. 关于本溪县泥塔金氏来源的辨证，《求索录》，2019 年。

七、评论与序跋

1. 关于近三十年东北史地研究中几个问题的简述,《学习与思考》试刊号, 1979 年 12 月。

2. 战前东北历史地理研究述评,《学习与探索》1981 年第 4 期。

3. 评《辽代史话》,《史学月刊》1982 年第 4 期。

4. 一本别开生面的旅游丛书——读《山海关、秦皇岛、北戴河》,《河北日报》1983 年 3 月 18 日。

5. 评《契丹史略》,《史学史研究》1985 年第 6 期。

6. 喜读《辽宁古长城》,《文物天地》1986 年第 5 期。

7. 读《金史论稿》,《史学史研究》1987 年第 2 期。

8. 读《女真国俗》,《中国史研究动态》1989 年第 12 期。

9. 读《金代的社会生活》,《史学史研究》1990 年第 2 期。

10. 读《辽海奇观》,《昭乌达蒙族师专学报》1990 年第 3 期。

11. 读《中国边疆物质文化史》,《史学史研究》1993 年第 2 期。

12. 张博泉先生的金史研究,《史学史研究》1994 年第 2 期。

13. 再读《辽史稿》,《史学史研究》1996 年第 3 期。

14. 读《中国北方民族史》,《史学史研究》1996 年第 4 期。

15.《辽金西夏研究》编后,《史学史研究》1998 年第 1 期。

16. 李心纯著《黄河流域与绿色文明》序,(见该书卷首)1999 年 4 月。

17. 读《史树青金石拓本题跋选》,《北京文博》2002 年第 4 期。

18. 金石题跋的上乘之作,《中国文物报》2002 年 11 月 29 日。

19.《内蒙古辽代石刻文》读后,《中国文物报》2003 年 5 月 20 日。

20.《门头沟文物志》读后,《中国文物报》2003 年 12 月 17 日第 3 版。

21.《2003 年额济纳旗绿洲荒漠化与游牧文明暑期考察报告》序言,2003 年。

22. 读《完颜亮评传》,《北方文物》2006 年第 1 期。

23. 详述统一多民族国家的千秋功业——评《中国古代疆域史》,《中国边疆史地研究》2008 年第 3 期。

24.《辽史补注·序》读后，《辽金西夏研究年鉴 2009》2010 年 9 月。

25.《辽金西夏研究年鉴 2009》编后，见该书卷末，2010 年 9 月。

26. 评高凯军《论中华民族》,《中国社会科学报》2010 年 9 月 7 日"书品"。

27. 辽瓷研究的里程碑（读佟柱臣《中国辽瓷研究》),《中国社会科学报》2010 年 10 月 28 日"书品"。

28. 辽金历史与考古国际学术研讨会述评（署名高正),《东北史地》2011 年第 6 期。

29.《辽金历史与考古》书后,《辽金西夏研究 2010》2012 年。

30.《达斡尔源于契丹论》书后,《辽金西夏研究 2010》2012 年。

31. 评《中国辽瓷研究》,《辽金西夏研究 2010》2012 年。

32. 一本滥书带来的思考,《辽金西夏研究通讯》2016 年。

33.《达斡尔文化研究》读后,《辽金西夏研究通讯》2016 年。

34.《黑龙江民族史纲》（重印本）读后,《辽金西夏研究通讯》2016 年。

八、长城边壕及其他

1. 东京城（渤海都城上京龙泉府故址），《光明日报》1979 年 1 月 10 日第 3 版。

2. 左右史分职说质疑，《历史研究》1979 年第 1 期。

3. 沈阳举行辽金史研讨会，《光明日报》1982 年 7 月 5 日第 3 版。

4.《东北考古与历史》，《光明日报》1983 年 1 月 10 日第 3 版。

5. 中国辽金及契丹女真史学术研讨会在北京举行，《光明日报》1984 年 9 月 19 日第 3 版。

6.“新成果”和“石棺葬”，人民日报《采编业务》第 134 期，1986 年 3 月 17 日。

7. 历史时期东北农业的分布和变迁，《中国历史地理论丛》1987 年第 2 期。

8.《辽金史论集》，《光明日报》1987 年 9 月 2 日第 3 版。

9. 中国辽金史学术研讨会在赤峰举行，《光明日报》1987 年 10 月 14 日第 3 版。

10. 这样的祝贺有何必要，《读者评报》第 19 期，1989 年 2 月 15 日。

11. 兴安岭考，《中国历史地理论丛》1991 年第 2 期。

12. 关于长春市纪元的若干问题，《社会科学探索》增刊，1997 年。

13. 科学研究新动向：社会科学与自然科学的相互交叉渗透，《社会科学探索》1998 年第 1 期。

14. 开发西北必须重视文物保护，《中国文物报》2000 年 4 月 9 日。

15. 自古英雄出少年——写给小读者的话，《少年智力开发报》2000 年 5 月 29 日（总 749 期）。

16. 关于沈阳市纪元的若干问题，《沈阳建城始源论文集》，2000 年 8 月。

17. 西北、文物保护、大开发，《科学决策》2000 年第 6 期。

18. 西北开发：经济与文化双赢，《中国文化报》2001 年 8 月 28 日第 5 版。

19. 西部旅游：先保护后开发，《中国教育报》2001 年 10 月 16 日第 5 版。

20. 紫禁城旁普度寺,《中国文物报》2001 年 10 月 19 日。

21. 西部博物馆如何打造,《中国教育报》2001 年 10 月 20 日第 5 版。

22.《通古斯族系兴起的递进重构"模式"》,《光明日报》2002 年 12 月 17 日"理论版"。

23. 走进香格里拉,《群言》2003 年第 2 期。

24. 走出长城的误区,《中国文物报》2004 年 1 月 30 日第 8 版"保护"。

25. 长城定义五要素,《中国文物报》2004 年 2 月 13 日第 8 版"保护"。

26. 走出长城的误区,《群言》2004 年第 2 期。

27. 再说边壕不是长城,《中国文物报》2004 年 4 月 2 日第 8 版"保护"。

28. 长城定义的思考,《中国文物报》2004 年 4 月 23 日第 8 版"保护"。

29. 小学课本《长城砖》失实,《中国文物报》2004 年 6 月 4 日"长城研究与保护"。

30. 关于长城起源的误说,《北方文物》2005 年第 1 期。

31. 干尸与木乃伊,《历史教学》2005 年第 11 期。

32. 少年笔写出的环保意识,《中青出版通讯》2005 年 6 月 15 日第 12 期（总第 21 期）。

33. 长城调查刍议,《中国文物科学研究》2006 年第 3 期。

34. 关于长城调查的规范化标准化问题,《中国文物报》2006 年 9 月 22 日第 8 版"保护"。

35. 关于长城本体调查的有关问题,《中国文物科学研究》2007 年第 1 期。

36. 关于长城附属设施调查的有关问题,《中国文物科学研究》2007 年第 3 期。

37. 剖析长城夯土版筑的技术方法,《中国文物科学研究》2008 年第 2 期。

38. 辽金边壕与长城,《东北史地》2008 年第 6 期。

39. "草上飞"勒勒车,《百科知识》2008 年第 7 期。

40. 祭祀敖包与崇拜山林,《百科知识》2008 年第 8 期。

41. 本溪由"黑色"城市变成绿色城市,《中国绿色时报》2009 年 11 月 3 日。

42. 就《达斡尔族通史》的编撰谈如何读书,《达斡尔族历史研究》,2012 年。

43.《达斡尔族通史》参考书目前言,《达斡尔族历史研究》,2012 年。

九、考察行记

1. 道教胜地楼观台，《中国文物报》1987 年 11 月 27 日。

2. 尼雅考察见闻之一，胡杨与红柳之死，《森林与人类》1994 年第 1 期。

3. 尼雅考察见闻之二，尼雅文明为何衰亡，《森林与人类》1994 年第 2 期。

4. 尼雅考察见闻之三，沙漠化的活标本，《森林与人类》1994 年第 3 期。

5. 尼雅考察见闻之四，形形色色的木制厨房用具，《森林与人类》1994 年第 4 期。

6. 尼雅考察见闻之五，独木舟与独木棺，《森林与人类》1994 年第 6 期。

7. 寻找被湮没的文明（一）：与沙漠结缘、海拉尔西山的沙丘，《中国文物报》1998 年 1 月 11 日第 4 版。

8. 寻找被湮没的文明（二）：访黑山头古城，《中国文物报》1998 年 1 月 18 日第 4 版。

9. 寻找被湮没的文明（四）：《中国文物报》，（没有找到报纸，题目、时间空缺）。

10. 寻找被湮没的文明（五）：民丰风情，《中国文物报》1998 年 3 月 1 日第 4 版。

11. 寻找被湮没的文明（六）：胡杨林中有人家，《中国文物报》1998 年 3 月 8 日第 4 版。

12. 寻找被湮没的文明（七）：《大麻扎》，《中国文物报》1998 年 3 月 15 日第 4 版。

13. 寻找被湮没的文明（八）：在生与死的分界处，《中国文物报》1998 年 3 月 22 日第 4 版。

14. 寻找被湮没的文明（九）：红柳冢，《中国文物报》1998 年 3 月 29 日第 4 版。

15. 寻找被湮没的文明（十）：尾声，《中国文物报》1998 年 4 月 5 日第 4 版。

16. 访台纪事之一：鹿港见闻，《中国文物报》1999 年 1 月 6 日第 4 版。

17. 访台纪事之二：台湾粘氏，《中国文物报》1999 年 1 月 17 日第 4 版。

18. 访台纪事之三：鸟居龙藏与台湾，《中国文物报》1999 年 1 月 20 日第 4 版。

19. 访台纪事之四：参观台湾省立博物馆，《中国文物报》1999 年 1 月 24 日第 4 版。

20. 西北考察外记（一），止园与黄楼，《中国文物报》2000 年 9 月 17 日第 4 版。

21. 西北考察外记（二），坝河与坝桥，《中国文物报》2000 年 10 月 18 日第 4 版。

22. 西北考察外记（三），瓦子山与黄龙山林区，《中国文物报》2000 年 11 月 19 日第 4 版。

23. 西北考察外记（四），黄河壶口瀑布，《中国文物报》2000 年 12 月 17 日第 4 版。

24. 西北考察外记（五），宝塔山与延河桥，《中国文物报》2001 年 2 月 14 日第 4 版。

25.《走进死亡之海》，是应约撰写的进入塔克拉玛干沙漠考察研究的行记，没有全部写完，发表于西南大学历史地理研究所主编的《中国人文田野》第二辑（第 017—049 页），2008 年 10 月巴蜀书社出版。

十、科普作品

金上京白城史话，刊于《黑龙江日报》1983 年 11 月至 1984 年 11 月，共 8 篇，每篇发表的日期未做记录，其篇名按前后次序如下。

1. 白城为何建在阿什河畔
2. 白城的修建经过
3. 白城的结构与布局
4. 白城南北城建的早晚
5. 白城的水陆交通
6. 白城的佛寺与道观
7. 太祖陵与郊祭坛
8. 春亭和亚沟石刻

《黑龙江日报》第 4 版曾开辟"谈天说地"栏目，后改称"文史杂考"。应约为这个栏目撰写了 20 篇文章，按前后次序列之如下：

1. 重建黄鹤楼，1985 年 1 月 13 日。
2. 张伯英卖字，1985 年 3 月 24 日。
3. 哈尔滨三个巴杂市的由来，1985 年 4 月 21 日。
4. 四方台的由来，1985 年 8 月 11 日。
5. 黑龙江的古长城，1985 年 10 月 27 日。
6. 花园古渡，1985 年 12 月 1 日。
7. 赵子龙的家乡，1986 年 5 月 13 日。
8. 黑龙江人与吸烟，1986 年 6 月 18 日。
9. 我省最早的道观，1986 年 9 月 2 日。
10. 魏忠贤墓，1986 年 12 月 23 日。
11. 我省最早的园林，1987 年 12 月 29 日。
12. 黑龙江最早的矿山，1988 年 7 月 1 日。
13. 金太祖的初葬、改葬、迁葬，1988 年 9 月 18 日。

14. 黑龙江古代的船，1989 年 1 月 15 日。

15. 黑龙江古代的豆制品，1989 年 2 月 12 日。

16. 黑龙江古代的车，1989 年 4 月 2 日。

17. 黑龙江古代的居室，1989 年 4 月 16 日。

18. 黑龙江古代的火炕，1989 年 5 月 7 日。

19. 黑龙江古代的气候，1989 年 12 月 3 日。

20. 黑龙江古代的会社，1990 年 3 月 25 日。

《哈尔滨日报》辟有"漫话哈尔滨"栏目，应约为这个栏目撰写 13 篇文章，计有：

1. 从考古看哈尔滨的历史，1978 年 11 月 12 日。

2. 黄山小考，1979 年 3 月 11 日。

3. 金兀术运粮河探源，1979 年 5 月 27 日。

4. 漫话松花江，1979 年 6 月 17 日。

5. 哈尔滨的地名，1979 年 8 月 5 日。

6. 哈尔滨的教堂，1979 年 9 月 9 日。

7. 许公路与许公碑，1979 年 10 月 16 日。

8. 哈尔滨火车站与安重根，1979 年 10 月 20 日。

9. 哈尔滨出土的铜印，1979 年 11 月 24 日。

10. 石人沟的石人，1979 年 12 月 8 日。

11. 马家花园，1979 年 12 月 8 日。

12. 谈谈阿什河，1984 年 2 月 9 日。

13. 马忠骏与他的圹志铭，1985 年 2 月 3 日。

《哈尔滨日报》辟有"周末"栏目，20 世纪 80 年代，哈尔滨广播电台正在播放刘兰芳讲述的《岳飞传》。应读者之约，写了一些关于金史知识的文章在《周末》发表，介绍真实的历史，这些文章有 5 篇，即：

1.《岳飞传》的历史背景，1980 年 2 月 9 日第 3 版。

2. "狼主"何义？ 1980 年 2 月 12 日第 3 版。

3. 谈金兀术，1980 年 2 月 23 日第 3 版。

4.《岳飞传》提到的金军，1980 年 3 月 1 日第 3 版。

5. 秦桧其人，1980 年 3 月 8 日第 3 版。

在《哈尔滨日报》"周末"版，还发表了以下文章：

1. 渤海石灯幢，1980 年 8 月 10 日第 3 版。

2. 呼伦贝尔的白蘑，1980 年 9 月 13 日第 4 版。

3. 铅封，1981 年 1 月 31 日第 3 版。

4. 亚沟摩崖石刻，1981 年 2 月 14 日第 3 版。

5. 说天鹅，1984 年 8 月 5 日第 4 版。

与此同时，又为《黑龙江日报》"百花园"栏目撰写 5 篇小文章，计有：

1. 古代储钱盒扑满，1980 年 11 月 1 日第 3 版。

2. 三个瑷珲，1980 年 11 月 8 日第 3 版。

3. 我省最古的桥梁，1981 年 1 月 15 日第 3 版。

4. 泼雪泉涌，1981 年 2 月 3 日第 3 版。

5. 呼鹿、舐碱鹿、驯鹿，1981 年 2 月 6 日第 3 版。

还有一篇题为《可爱的黑瞎子岛》已经打出小样，由于涉及与苏联的关系，在总编辑审稿时被撤下来，未能发表。

应约为上海《民俗文化研究通信》撰写过 4 篇文章在该刊发表，即：

1. 蒙古包为什么呈圆形？ 1990 年第 7 期。

2. 勒勒车为什么要高轮？ 1990 年第 9 期。

3. 蒙古牧民为何喜穿长袍长靴？ 1990 年第 11 期。

4. 为什么蒙古牧民离不开奶茶？ 1991 年第 1、2 期合刊。

北京市石景山区《地名报》约稿，为其撰《漫话"石槽村"》，刊于 1986 年 12 月 27 日第 3 期。

十一、学林忆旧

1. 一代宗师昭史册 毕生精力写辽金，《昭乌达蒙族师专学报》1982 年第 4 期。

2. 深切怀念陈述先生，《北方文物》1983 年第 1 期。

3. 怀念谭其骧先生，《中国历史地理论丛》1996 年第 2 期。

4. 热烈的祝贺衷心的祝愿，《史念海先生八十寿辰学术文集》1996 年。

5. 收藏家的良师和榜样——纪念张伯驹先生逝世二十周年，《中国文物报》2002 年 2 月 22 日第 5 版。

6. 走进收藏家的世界，《中国教育报》2002 年 5 月 21 日第 5 版"文化周刊"。

7. 留得英名在人间——张伯驹先生的若干片段，《群言》2002 年第 5 期。

8. 忆张泰湘同志，《北方文物》2006 年第 2 期。

9. 怀念史念海先生，《史念海先生纪念文集》2006 年。

10. 哲人虽逝，风范永存——谭其骧先生二三事，《中国社会科学报》，2010 年 7 月 29 日"学林"；又见《长水永泽》（谭其骧先生百年诞辰纪念册），2011 年 2 月。

11. 陈述先生的一帧墨迹，《中国社会科学报》2011 年 4 月 7 日"学林"。

12. 唐长孺教授眼中的陈述先生，《中国社会科学报》2011 年 5 月 31 日。

13. 罗继祖二三事，《中国社会科学报》2011 年 10 月 13 日"学林"。

14. 深切怀念佟柱臣先生，《中国文物报》2011 年 12 月 30 日第 3 版，又见《辽金西夏研究 2011》第 203—207 页，有合影照片。

15. 怀念徐苹芳先生，《辽金西夏研究 2011》第 251—254 页，有合影照片。

16. 怀念杨树森先生，《中国社会科学报》2014 年 4 月 19 日"学林"。

17. 我与史念海先生的忘年交情，《中国社会科学报》2015 年 7 月 20 日"学林"。

十二、景爱自述和诗词

1. 我的沙漠考古之路，《中国文物报》2000 年 3 月 1 日第 3 版。

2. 景爱自述，《中国文物报》2001 年 3 月 28 日第 2 版 "专家风采"。

3. 童年眼中的沙漠，《走进沙漠》第 1—10 页，2002 年 1 月。

4. 大漠孤烟直，景爱自述、娅妹整理，《东方》2002 年第 5 期，第 73—80 页。

5. 走进沙漠考古之路，《中国文物报》2003 年 10 月 24 日第 3 版 "文博百家言"。

诗词百余首，见报者 6 首，录之如下：

鹊桥仙　踏查古边壕

弯弯曲曲，攀山俯地，草原横亘千里。

风雨屹立数百年，今犹在，残迹依稀。

颓垣草长，沟满壕平，鼠窦兔穴遍地。

盛夏骄阳风沙天，曾留下，考古足迹。

这首词是 1973 年第一次考察呼伦贝尔草原时，作于根河之滨黑山头村，《中国文物报》1998 年 1 月 14 日第 4 版《寻找被湮没的文明》第二篇曾援引此词，以述当时我的心情和感受。

寻找昔日的家园

——沙漠考察途中吟

我徜徉在沙丘之间，

去寻找昔日的家园。

新建的民房被流沙湮没，
房主人知向何边？

眼前的废墟谁人居住？
只剩下断壁残垣！

城堞处黄沙滚滚，
有人说曾灯火斑斓。

起伏的沙浪吞噬了多少村落？
探索那消失了的炊烟。

昔日的家园在哪里？
令人迷茫不知所见。

　　此诗作于古代居延废墟。2002 年我陪同民间环保组织"地球村"到此第二次考察，拍摄一部保护地球的影片。在结束了对绿城、绿庙（这是当地人的称谓）拍摄以后的归途中，曾在一家牧民住处休息，见到了被流沙掩埋的民房，空无一人。心有所动，故作此诗以纪之。此诗被收入《走进大漠深处》，吉林文史出版社 2007 年 1 月版第 39—40 页，该书被列入"中国当代杰出学者丛书"。编者为孙文政、王永成。

观《生命的四季》作者照

瀑布在喧嚣
河水激起了滚滚的波涛
姑娘你为什么久久立在河边
仿佛是蒙娜丽莎的玉雕
莫非是让老哈河的巨浪
把理想涌得高高
河水会冲走尘埃

净化人的心灵

荡尽世间的烦恼

会变得心境陶陶

凝重的眼神

分明是在深深的思考

是观看河边柳林芳草

还是思念家乡如何更加娇娆

那河边的孩童如何都能入学

让八沟河山更加美好

快动笔吧

用彩笔绘出绚丽的山山水水

还有那山村的父老

村姐会心的欢笑

童稚高兴的蹦跳

实现八沟的富饶

情寄马盂山

天安门华灯初上

把宏大的广场照亮

宽阔的长安街

车如流水人如潮

到处喜气洋洋

我驻足观赏

一不留神

我的心儿如野马脱缰

飞到了马盂山上

我暗自思量

既然春风开始送暖

雪花就难以飞扬

化作清清的流水

或许老哈河水已叮咚作响

挣扎穿过厚厚的冰层

想自由地流淌

严冬过去就是春天

离花开的日子不会太长

春天属于诗人

灵感来自百花群芳

还有那春柳丝长

蝴蝶蜜蜂的飞翔

快采撷青山绿水

河边的鸟语花香

还有山村的儿女情长

大家等待新的诗章

如春蚕吐丝不断延长

写出一行又一行

写出村民的繁忙

写出青年人的理想

写出八沟变小康

平泉水甘

平泉平泉

你是文明之源

一汪汩汩的泉水

滋润了周边的草原

老獾洞人到此觅食饮水

是在数万年之前

黑山洞穴

就是他们的家园

平泉平泉

你是少数民族的摇篮

白马青牛的故事

就发生在你的身边

放牧耕田

留下遗迹斑斑

平泉平泉

你是皇封之泉

康熙大帝为你命名

乾隆皇帝寻找你的泉眼

二帝如此眷恋

就是泉水甘甜

平泉平泉

今日换了新颜

碧草为你作伴

还有汉白玉的栏杆

泉水更加甘甜

我慕名远道而来与你合影

灯光闪闪

留下了美好的瞬间

马盂山的白马少年

在那很久很久以前

马盂山下有一英俊的少年

他跃马扬鞭

将羊群驱赶

多么自由又多么轻闲

有那么一天

想走出大山见见世面
骑着高头白马
走了一天又一天
来到了二水之间
河水为什么一黄一蓝
这是他从所未见
却不知对谁吐言

一位驾黑牛车的少女
不知何时出现在面前
四目相对许久
少女主动发言
你形影孤单
为何没有伙伴

少年有些腼腆
我习惯于自由浪漫
不想给别人增添麻烦
少女朗声大笑
你不需女人陪伴
没有想到子孙繁衍
岂能有你的今天

一语道破了天机
少年哑口无言
他轻轻移动脚步
走到少女跟前
紧紧将她拥抱
天地为媒
河水作证

成就了一对千古婚恋

他们生儿育女

有八子高大伟岸

子子孙孙不断繁衍

庐帐布满河川

八子分八部

此事应在很久很久以前

美丽的传说感动了后人

修建神庙于两河之旁的高山

塑出男女二青年

他们是契丹的始祖

供后人永久祭奠

向神庙祭拜之俗仍留在民间

是景仰也是思念

永远铭记契丹的始祖圣贤

是他们留下了伟大的契丹民族

还有那契丹文明

释放出迷人的光环

照亮了漠南漠北的大好河山

华丽的大长公主陵墓

就在少年白马走过的路边

　　以上4首诗，是我在平泉市（原称平原县，2017年改县为市）考察所作，所咏的是平泉的山川。老哈河（古称土河）发源于该市大光顶山，老哈河比西拉木伦河稍长一些，称作西辽河正源。这4首诗曾刊于河北《平泉报》，该报纸找不到了，故4首诗发表的具体日期无法注明。

叁

报 道 评 论

1989 年的报道评论（6 篇）

由美国资助的沙漠化研究于 1988 年立项，1989 年春开始田野调查，涉及内蒙古哲里木盟（今通辽市）和昭乌达盟（今赤峰市）。实地调查资料表明，科尔沁沙漠化非常普遍、非常严重，出现了流动沙丘，蒙古牧民称之为"塔敏查干"，即魔鬼住的地方。考古资料表明，这里的沙漠化是从辽代开始的，与移民耕种有关。此后不断加剧，流沙湮没民房和耕地，古代城池已陷入流沙之中。

1989 年 9 月，我应邀出席了在海拉尔市举行的全国草原生态学术研讨会。在会上我讲述科尔沁草原沙漠化的过程，放映了幻灯片，引起了《中国科学报》记者吕岚的重视。回到北京以后他对我又进行采访，撰写的采访稿在该报1989 年 9 月 22 日第 2 版发表，题为"考古史料证明人类活动导致草原沙化，治理沙化首先要控制人类不当活动"，副题为"科尔沁草原沙化始于辽代后期，下世纪有些地方将出现耕者无其田、牧者无草地的可怕局面"。

很巧合，《中国文物报》1989 年 9 月 22 日第 37 期发表了记者文捷的采访报道，题为"科尔沁沙地考查取得丰硕成果，应用考古技术探索沙漠化过程"。正文称："课题组通过调查的第一手资料，研究科尔沁地区几千年来人类的生产活动和社会活动，从而找出人类活动对沙漠的影响，提示人与自然相互依存的关系，其根本目的就是为农牧业部门制定合理的草原地区农牧业经济及控制人口发展战略，提供可靠的依据。"

《中国边疆史地研究导报》1989 年第 6 期在题为"科尔沁沙地考察圆满结束"一文中指出："考察人员发现，解放以后这一地区的沙漠化日趋严重，尤以 1958 年的人民公社化、'大跃进'和'文化大革命'期间最为明显。1985 年以后，没有认真贯彻执行《中华人民共和国草原法》，在草原上擅自开荒的现象在各旗县都程度不同的存在……课题组建议中央和地方政府部门必须予以高度重视。"

中国生态经济学会主办的《生态经济通讯》1989 年第 11 期，刊出王守聪撰写的报道和评说，指出对科尔沁沙漠化的考察研究，"在理论上有重大价值"，而且为我国当今预防沙漠化、治理沙化提供了新的思路，同时，采用考古手段和其他现代科学实验手段结合起来，进行生态经济的考察研究，也为我们发展生态经济的方法论，开辟了一个新的领域"。

此外，内蒙古哲里木盟的《哲里木报》于 1989 年 10 月 19 日刊文，介绍了此次考察活动。

中国社会科学院《中国史研究动态》于 1989 年第 8 期也有报道。

1990 年的报道评论（2 篇）

1990 年 2 月，对科尔沁沙漠化进行第二次实地考察，地域范围包括 1989 年第一次考察未及进入的林西县饶州故城，克什克腾旗潢河源以及巴林左旗、阿鲁科尔沁旗。为了寻找防治沙漠化的措施，还调查了奈曼旗大沁他拉镇的硅沙制品厂，该厂用沙漠沙和生石灰制造免烧砖，获得了成功。

1990 年 6 月至 7 月，到阿拉善左旗考察古兰泰盐湖的沙害和防沙治沙。然后到额济纳旗考察古居延绿洲的消失，踏查古居延泽，并进入酒泉卫星发射中心，探查额济纳河的水情，取得了丰硕的成果。归途中拜访了史念海先生，他听了我的介绍以后，马上向我约稿，撰写了《额济纳河下游的环境变迁的考察》一文，后来发表于他主编的《中国历史地理论丛》1994 年第 1 期。

《中国边疆史地研究导报》对我进行采访，撰写了《额济纳旗沙漠化的考察取得显著成绩》一文，在该刊 1990 年第 4 期发表。该文称："探索古代居延地区沙漠化的原因，是这次考察活动的主要目的。考察组在北起中蒙边界的乌兰泉吉高地，南到人造卫星发射中心（著名的航天城），东起古代居延泽故址，西到军事铁路始点建国营的广大范围内，对古代人类活动的地域和干涸的湖泊、河道进行了重点的考察。在考察中发现了一些不见前人报道的重要遗址……这些遗址表明，古代居延的农业耕种，是以引水灌溉作为前提，当时这里的水利灌溉相当发展，后来居延地区水量的减少，则是由于水利灌溉的废弃所造成的。"又介绍说，由于甘肃河西地区控制了额济纳河水的使用与分配，导致下游地区供水不足，大片胡杨林枯死，林地、草地沙漠化不断加快。"这个问题应当引起中央和地方有关部门的高度重视，合理地安排额济纳河上游与中下游的水量分配，保护额济纳旗的生态环境，已成为刻不容缓的大事。"

1991 年的报道评论（2 篇）

《中国日报》（英文）记者黎星（女）从报刊上看到关于我从事沙漠化考察研究的报道以后，认为这个问题非常重要，在 1991 年 1 月 16 日采访了我，撰写了一篇很长的报道，刊发于该报 1991 年 3 月 13 日，题目为"一位中国科学家为制止沙漠化而努力"，还配发了中国沙漠分布图以及我拍摄的沙漠化照片，占了一个整版，版面正中为此文的提要。此文被评为《中国日报》（英文）1991 年的优秀新闻稿，由于这篇报道，我的沙漠化研究引起了海外的关注，我的名字进入国际学者的视线。

我对内蒙古奈曼旗大沁他拉镇研制的硅沙砖的考察研究一事，引起了新闻媒体的重视。新华社记者石云子采访了我，以"治理沙漠有新途，硅沙砖'吃沙造田'"为题撰写了文章，发表于《经济参考报》1991 年 4 月 5 日。此文见报以后，我收到了全国各地许多读者来电来信，提出要深入了解用沙漠沙造砖的有关情况。

1992 年的报道评论（1 篇）

张志强撰写了《沙漠考古给我们的启发——兼谈文物研究与经济建设》，刊于《中国文物报》1992 年 6 月 28 日第 2 版，该文报道："中国文物研究所景爱副研究员……根据考古研究结果，从各个不同角度阐述了自己的意见，认为人类应该改变经济活动的盲目性，要按照科学规律办事。这个意见受到了社会各方面的重视。例如内蒙古自治区曾提出在国家'八五'规划期间，将科尔沁地区建成国家商品粮基地。景爱为此多次向中央反映情况……他的意见被中央有关部门采纳了，原拟在科尔沁建立商品粮基地的计划，改在水资源丰富的河套地区。"

1993 年的报道评论（5 篇）

《森林与人类》1993 年第 3 期，刊出了我撰写的《沙产业理论的充实与发展》（读钱学森刘恕信件摘录）一文，引起了新华社记者石云子的重视，他撰写了《烧砖沙代土，建屋又造地，开发沙产业大有所为》之文，发表于《科技日报》1993 年 5 月 5 日第 2 版。该文称："据景爱介绍，我国北方沙漠以矽砂为主，都可以用来制砖。"这一报道在社会上产生了广泛影响，宁夏贺兰县计委程鼎、天津轻工学院董金安、包头钢铁公司陈启惠、湖北安陆县科委邹祖良纷纷来函，询问矽沙砖的生产技术和工艺装备。6 月 15 日至 20 日，我应邀到贺兰县考察，并带领有关人员到内蒙古奈曼旗沙砖厂参观。

石云子对我额济纳沙漠化考察进行了深入采访，于 1993 年 9 月 2 日发出通稿，题为"内蒙古居延海查明真身"，为《人民日报》《天津新晚报》《内蒙古日报》《香港大公报》《香港天天日报》转载。石云子又撰《学者开创沙漠考古学，研究沙漠成因获新解》的报道，被《香港大公报》1993 年 9 月 27 日第 6 版发表。

1993 年 9 月，新华社记者朱幼棣对我采访以后，撰写了《专家呼吁尽快遏制居延海地区生态继续恶化》一文，在新华社《国内动态清样》2491 期发表（1993 年 9 月 30 日）。该文称："我国著名考古学家景爱研究员等对居延海地区的沙漠化情况进行了深入的考察和研究。认为如不立即采取措施遏制生态继续恶化，额济纳绿洲有可能在我们这一代彻底毁灭。"《国内动态清样》是专供省部级以上领导阅读的机密刊物，所刊载的皆为负面消息，只印制数十份。据说党中央重要领导对此文有批示，请国务院有关部门派遣联合调查组到现场核实情况，提出对策。

11 月 6 日《内蒙古日报》第 3 版发表了石云子的《古猎苑林尽毁，兽绝沙祸未已》，指出："一位考古专家告诫说：围场之变，贻害百年，教训深刻。"

新华社 1993 年 8 月 30 日 1 点 57 分，用英文向国外播发了《揭开居延海之谜》，介绍了我对古居延海变迁的研究结果。

1994 年的报道评论（1 篇）

1994 年 6 月，团中央特约记者王燕（女）多次前来采访，她根据有关领导的要求，撰写了长篇人物专稿，题为"大漠风流"，发表于《中国青年科技》第 9 期，除文字外，配有多幅照片，大 16 开本，共 9 个版面，计 12000 多字。篇首题景爱名言："生命存在于绿色之中。"小节标题为："神秘的尼雅""治沙不了情""沙海操琴、苦也是歌""沉睡的历史""警钟长鸣"。

1995 年的报道评论（2 篇）

  1995 年年初，我接受了新华社记者朱幼棣的采访，详细介绍了清代木兰围场（今河北省承德市围场满族自治县）如何从当初的原始森林演变为现在沙漠化产生的过程和原因。朱幼棣据此撰写了《昔日皇家猎苑今日黄沙弥漫——围场县沙漠化的反思》，1995 年 2 月 8 日发出通稿，《新华每日电讯》2 月 9 日第 5 版刊出，许多地方报纸转发了此文。

  中国社会科学院《中国史研究动态》第 11 期，有人撰文介绍了我的沙漠研究。

1996 年的报道评论（1 篇）

由美国资助的中国沙漠化研究，我于 1989—1993 年进行了大量的田野实地考察，全部行程在 2.5 万千米以上。1994—1995 年进行室内研究，于 1995年 12 月完成了《中国北方沙漠化研究》一书的撰写，送到山东科学技术出版社。临出版之际，改名为《中国北方沙漠化的研究与对策》，于 1996 年 9 月出版。卷首有第三世界科学院院士、中国科学院兰州沙漠研究所所长朱震达撰写的序文。新华社资深记者石云子从头到尾仔细阅读了此书，撰写了近千字的新闻稿加以评价，因故拖到 1997 年 2 月才用通稿形式以多种文字（中文、英文、阿拉伯文）播出，美国《侨报》最先采纳刊出。

1997 年的报道评论（11 篇）

报道评论比前几年增加了许多，计有 11 次。

1. 民政部主办的《中国减灾》杂志第 2 期，发表了署名"史文"为《中国北方沙漠化的原因与对策》一书撰写的书评。

2.《光明日报》记者范又（女）采访时，提出 10 个问题要我做出回答：①治沙对象是沙漠还是沙漠化？②人类阻止沙漠化是否有成效？③妨碍遏制沙漠化的阻力是什么？④沙漠化与人类争夺生存空间是人类造成的吗？⑤木兰围场沙漠化为什么这样快？⑥确定人类在沙漠化中的作用意义何在？⑦怎样阻止沙漠扩张？⑧当前什么地方沙漠化速度最快？⑨怎样避免沙漠化的发生？⑩采用什么措施防治沙漠化？

从这些问题的提出，可以看出记者对沙漠具有相当的了解，不是一无所知。我收到她的采访提纲以后，进行了认真准备。我回答说，这 10 个疑问是沙漠化最核心的问题，反映出公众对沙漠化关注度很高。首先必须明确，沙漠与沙漠化既有关系又有性质不同。沙漠是在地质时出现的，与人类活动无关。沙漠化指沙漠的扩张，是人类活动与自然相互作用的结果，人类活动起重要作用。因此沙漠化又称"人造沙漠"。人类活动的障碍、阻力，主要是对人类自己的作用认识不足，片面强调自然作用。其实，要遏制沙漠化首先必须遏制人类自身的行为。治沙主要是治理沙漠化，不是治理自然形成的沙漠。换言之，是治理"人造沙漠"。我的这些回答理由充足，具有说服力，为记者所接受，因此记者撰写的新闻稿，题名为"关于'人造沙漠'的对话"，篇幅很长，约占多半版面，是当日该报导读的重点文章之一，说明主编对此文高度重视（当时的主编王晨现为中共中央政治局委员、全国人大常委会副委员长兼秘书长）。

《光明日报》范又的报道评介，发表于 3 月 21 日第 5 版科教周刊，在社会上产生很大反响，《中国环境报》于 1997 年 4 月 3 日转载了此文。

3. 同年 5 月 14 日，中央人民广播电台记者王念生闻讯前来采访，我向他讲述了沙漠的扩张，威胁人类的生存，造成某些地区的贫困化，应当给予高度重视。5 月 23 日，我走进中央人民广播电台直播间，在"科技大世界·走进科学家时间"节目中，与主持人覃勇以一问一答的形式讲述了沙漠化的危害和防治。

4. 同年 5 月 15 日，《中国环境报》记者丁品前来采访，撰写了长篇人物采访报道，题为"史家出绝唱千年走一回"，发表于该报 7 月 15 日，加上一些图片，差不多占了一整版。

5.《中国环境报》英文版于 1997 年 8 月 15 日第 5 版，以整版的篇幅报道了我对中国北方沙漠化考察与研究的结论性意见，还配发了多幅实地考察照片，直观生动地表现了塔克拉玛干沙漠中汉代精绝国（今称尼雅废墟）的惨状。

6. 同年 6 月 5 日至 6 月 16 日，我自费考察黄河断流，从郑州花园口一直考察到山东省东营黄河入海口。一路上有《中国环境报》记者丁品同行，我把黄河断流要加剧黄泛区流沙活动告诉了丁品。丁品提前回到北京，在该报 6 月 12 日第 1 版头条位置，发表了采访报道，题为"沙漠考古学家发出警告：黄河断流沙即起，后果堪虞史可鉴"。当时我尚未回到北京。

7.《中国经济时报》记者车海刚从《中国环境报》上看到我实地考察黄河断流的报道以后，曾多次前来采访，在该报 7 月 22 日、9 月 24 日、11 月 4 日前后 3 次报道我对黄河断流的见解。其中 11 月 4 日的报道题为"警报：黄河断流将首次跨年，专家提醒工农业部门做好抗大旱的准备"。这一报道见报以后，《北京青年报》《中国环境报》《报刊文摘》等全国 6 家报纸予以转载。《上海新闻报》刊发了一幅新闻漫画，是老牛（1997 年为牛年）告诉老虎（1998 年为虎年），黄河断流要跨年。后来的事实证明，我的科学预见果然是正确的。车海刚这篇报道被评为优秀新闻稿，受到奖励。

8. 中央人民广播电台记者王念生第二次对我采访，谈黄河断流问题。在 7 月 25 日的"科技大世界"节目中，进行了录音播放。

9. 1997 年 7 月，接受日本共同社记者蒋纬德的采访，他是从《北京青年报》上看到我写的文章《从郑州到东营》以后，想见见我，要我谈黄河断流与温室效应的关系。他采访的结果发表在何处，我不清楚。不过我同他谈话的内容，后来被《中国经济时报》记者车海刚要去，刊发在《中国经济时报》1997 年 12 月 18 日。题为"美国应为温室效应负主要责任"。

10.1997 年 3 月间，新华社何劼多次前来采访，主要是了解沙漠考古研究之事，撰写了报告文学《景爱——沙漠考古第一人》，发表于人民出版社《人物》杂志 1997 年第 6 期，是该期重点文章，见于封面导读。全文约12000 余字。此文影响很大，以后在新闻出版界，我便有了"沙漠考古第一人"的雅号。

11.《中国文物报》1997 年 5 月 4 日第 3 版，发表了于光撰写的书评，题为《中国北方沙漠化的原因与对策评介》。

1998 年的报道评论（3 篇）

我在 1997 年 6 月自费考察黄河断流时，撰写了《拯救黄河呼吁书》，用于途中散发宣传。时任《中国林业报》社长兼总编辑的黎祖交找到我说，《中国林业报》1998 年第 1 期要改名为《中国绿色时报》，由江泽民题签报名。为了一炮打响，请我将呼吁书改名为《行动起来 拯救黄河》，补充造林内容，请两院院士亲笔签名，用以提高该报的地位，扩大影响。我采纳了他的意见，该报在 1998 年 1 月 1 日第 1 版发表了呼吁书和两院院士亲笔签名（最初为 135 位院士，后来增加到 163 位），并配发了我写的《黄河与黄河断流》一文（第 2 版）。此举在社会上产生了巨大反响，新华社 1 月 4 日发出专稿《百位院士呼吁拯救黄河》，许多在京和外地的报纸都纷纷转发。《济南时报》属于类似晚报性质的报纸，于 1 月 10 日以整版篇幅发表了《行动起来拯救黄河》呼吁书和《黄河断流》二文，并配发了该报编者的"惊梦时评"，题为"假如我们没了黄河"。

同年 11 月间，上海辞书出版社赵荔红前来采访黄河断流问题，约我撰写一文供其刊用，此文名题为"黄河走向内陆河"，刊发于《辞海新知》第 5 辑，第 99—100 页，2000 年 6 月出版。

1999 年的报道评论（13 篇）

　　1999 年 1 月，我撰写的《尼雅之谜》由（北京）中国书店出版。此书记述了 1993 年我第一次进入塔克拉玛干沙漠的见闻，揭示了古代绿洲国家精绝的消亡之谜。在北京西单图书大厦举行了首发式和签名售书，购书人很多，秦力对当时购书人的心态进行随机调查，撰写了《从〈尼雅之谜〉的畅销看读书人的心态》长篇报道，刊于《北京九三社讯》1999 年 4 月 30 日，指出"只有那些严肃、准确的科学著作，才能使读者增加知识，《尼雅之谜》正是在这一点上满足了他们的要求"。

　　北京电视台对这次签名售书进行了报道。此外，《北京青年报》（晓岚）3 月 11 日、《北京晚报》（韩征）3 月 12 日、《中国绿色时报》3 月 12 日、《生活时报》（《光明日报》子报）3 月 13 日、《中国文物报》（冯朝辉）3 月 21 日、《新闻出版报》（叶晓）4 月 12 日、《中国经济时报》4 月 30 日都有报道评论。

　　阿遥（姚敏苏）对我采访以后，撰写了两篇文章。一篇题为"景爱：透视沙漠的考古学家"，发表于《北京日报》1 月 29 日"人物专刊"；另一篇题为"注视沙漠的考古学家——景爱"，发表于北京市政协《北京观察》第 2 期。

　　《中国文化报》记者刘彦生采访我以后，撰写了长篇人物专访，题为"一位沙漠考古学家对黄河断流的考察"，刊于该报 7 月 16 日第 2 版"长镜头"专栏。

　　同年 6 月 24 日，英国空中新闻台记者张涛（女）就黄河断流问题采访我，其新闻稿发在何时，没有告诉我；1997 年她曾对我进行采访，也是如此，没有告诉我新闻稿发表的时间。

2000 年的报道评论（10 篇）

2000 年 1 月，紫禁城出版社（今故宫博物院出版社）出版了我撰写的《沙漠考古通论》，系 20 世纪考古学通论中的一种。时任国家文物局局长的张文彬为之作序。此书出版以后，在社会上产生了广泛的影响。

史念海先生撰写书评，刊发于《光明日报》9 月 7 日 C4 版，题为"景爱与《沙漠考古通论》"。对此书给予高度评价，指出"景爱被称作沙漠考古第一人，是当之无愧的"。著名考古学家盖山林在《中国图书评论》第 6 期发表了书评，题为"文明与自然共同消亡的历史启示"，副题为"读《沙漠考古通论》"。指出本书"全面系统地论证沙漠考古的理论与实践"。

2 月 12 日，《北京晚报》"新知周刊"以整版发表了王晓阳撰写的评论，题为"沙漠考古：人类活动是沙漠化的罪魁祸首"，详细介绍了沙漠化二重性论断的内容和意义，并以"提要"的形式阐述了沙漠化二重性的论断。

《北京晚报》的评论引起了《少年智力开发报》的关注，派檀文秀前来拜访，聘请我为学术顾问，帮助主办"少年儿童西部知识擂台赛"，拍摄八集电视片，要求撰写《我的少年时代》一文，在 11 月 11 日第 1 版发表。

2000 年 4 月，《沙漠考古》一书在天津百花文艺出版社问世。中央电视台记者傅琼前来采访，制作了"沙漠考古"节目，在 10 月 13 日、10 月 21 日播出两次，节目主持人为刘为，策划为朱正琳。

2000 年年中，我参加了国家林业局主办的"西部大开发建设绿色家园"大型科学考察活动。事后，《人民政协报》记者周丽燕前来采访，我对她讲述了森林植被能够影响成云降雨的科学道理。事后周丽燕在该报 11 月 14 日第 6 版"生态环境"栏目中，发表了长篇报道，题为《森林植被能影响成云降雨》，副题为《访生态学家、中国文物研究所研究员景爱》。此文后被《中国绿色时报》全文转载。

11 月 4 日，应邀参加《北京晚报》、知本讲座工作室共同举办的民间环保活动，地点在北京市西城区文化馆，在会上我讲解了环境保护与人类生活的密切关系；会间接受了北京电视台刘恕和湖南卫视的录像录音采访，北京电视台当日播出。

11月5日，绿色北京网站将我的讲演稿整理以后，公之于世。

3月20日，《中国绿色时报》第3版发表了崔同聚对我的采访报道：《专家认为我国人造沙漠多》。

同年，我被北京团市委聘请为科学顾问（当时团市委书记为今黑龙江省委常委、宣传部部长张效廉），陪同其有关人员共同考察河北丰宁、内蒙古多伦的沙害。其间接受了北京电视台记者高斌、中央电视台记者陈运（女）的采访。北京电视台在6月3日新闻节目播出，中央电视台是在6月5日新闻节目播出。

2001 年的报道评论（13 篇）

2001 年年初，我被北京电视台邀请为嘉宾，帮助其第 3 频道制作《水——塔河需要回答的试题》，介绍塔里木河的水危机问题。上集是 1 月 31 日 19：30 初播，2 月 1 日重播；下集是 2 月 7 日 19：30 初播，2 月 8 日重播。

2 月 5 日，《环球时报》记者张宏力、杜增良来采访，要我回答如何创造没有风沙的环境，迎接 2008 年北京奥运会。我提出，由于距奥运会时间很近，北京城市绿化应当多种大树苗。见该报 2 月 13 日第 3 版。

2 月 13 日 20：00，北京人民广播电台举办"向地球道歉"节目，进行现场直播，主持人为苏京平。请我主讲森林生态的重要性，呼吁广大听众爱护森林。

2 月 19 日，应北京电视台李铁牛的邀请，到北京市西城区二龙路中学讲北京沙尘暴问题，李铁牛现场录像，于 2 月 24 日在北京电视台播出。

我撰写的《北京沙尘何时了》一书，由人民出版社改名为《警报：北京沙尘暴》，于 5 月初问世。5 月 11 日在人民出版社大楼举行首发式，林业部原副部长蔡延松、国家文物局局长张文彬、《光明日报》科技部主任周文斌光临。社长李长征在首发式讲话中，高度评价本书的重要性。北京电视台记者刘恕现场录像，在当日晚间新闻节目中播出。

5 月 13 日，在西单图书大厦举行签名售书。北京人民广播电台苏京平现场采访录音，于晚间新闻节目中播出。

《光明日报》5 月 12 日 A2 版，对此书首发式有报道，题为"科普力作《警报：北京沙尘暴》首发"。《中国绿色时报》5 月 21 日有李瑞林的报道。《中国教育报》《中国文物报》对此也有报道。

北京市石景山区少儿图书馆是受文化部表彰的全国先进图书馆。该馆邀请我前去给小读者讲北京沙尘暴，北京电视台王彦斌于现场采访录像，所制作的节目于 6 月 18 日至 22 日连续播出 3 次。

受此书影响，中国农业大学东校区成立了环保协会沙尘暴考察队，邀请我为名誉队长，指导他们的活动。《中国环境报》记者对此事有报道。

　　《中国环境报》记者高嵘采访，请我说明北京城市绿化应当注意的问题。我的回答是要三多三少：多种树，少种草；多种针叶树，少种阔叶树；多种大树苗、少种小树苗。其原因是：树的生态功能比草强；阔叶树冬秋落叶，针叶树四季常青，树叶有阻风作用；大树苗生长快，防风能力强。该报于11月2日发表了我的见解，题为"植树种草大有学问"，副题"治沙专家景爱对北京治理沙尘暴提出具体建议"。

2002 年的报道评论（16 篇）

2002 年 1 月 11 日，中央电视台 10 频道（科教部）记者刘林（女）前来采访，提出制作内蒙古生态移民问题的节目。她对我的介绍进行 15 分钟的录像，播出时间记不清了。

1 月 27 日，中央电视台 10 频道记者田喆来访，称 2 月 2 日为国际湿地日（湿地指深 2 米以下的水面），请我到电视台现场制作直播，题为"湿地畅想曲"，于 2 月 2 日播出。

我撰写的《走近沙漠》一书于 1 月问世，中央电视台 10 频道"百家讲坛"的记者对我进行采访，播出时间不详。

《光明日报》2 月 22 日 B1 版，对《走近沙漠》一书出版给予报道，称"作者景爱以写实手法，记述了人类与沙漠的历史关系以及沙漠给人类造成的种种危害，提醒人们必须爱护森林草地"。

《中国教育报》2 月 26 日、《北京晚报》3 月 4 日、《中国绿色时报》3 月 21 日都对《走近沙漠》的出版予以报道。

3 月 10 日，《北京晚报》实习记者肖颖在第 7 版发表了她对我的采访报道，题为"京郊不宜种草坪"。

4 月 20 上午，在北京王府井书店举行签名售书，与近百名中学生畅谈沙漠。《中国绿色时报》4 月 23 日对此活动进行报道，题为"《走近沙漠》热卖京城"。

《中国消费者报》记者范金峰现场采访以后，4 月 23 日在"西进导刊"显著位置，报道了《走近沙漠》在王府井书店签售情况。

4 月 23 日，《中国商报》发表了记者郑立华采访文章 2 篇：其一为"西北患感冒，北京打喷嚏"，副题"聚焦北京沙尘暴"；其二题为"我们吃了祖宗的亏"，副题"一位考古学家的沙尘暴情结"。

5 月 15 日，记者李瑞林在《中国绿色时报》上发表了述评，题为"景爱：只为一心寄绿洲"，副题"一个人文学者的治沙情"。

7 月，参加国家林业局在围场县"再造秀美山川"示范教育基地挂牌仪式。我在会上的发言引起了全国政协副主席赵南起的注意。其后于 9 月 29 日在北京西山松鹤山庄，我又为赵南起副主席专门讲述森林植被影响成云降雨的科学道理。事后，全国政协致函国家文物局通报这个活动，表示感谢。

7—8 月，我应绿色北京民间环保组织之约，充当科学顾问，一同考察内蒙古锡林郭勒市东乌珠穆沁旗草场污染问题。《光明日报》记者吴力田陪同考察，在 8 月 11 日长篇报道中，提到了我的名字和身份；《人民日报》记者刘毅也是如此报道。

《中国环境报》记者丁品，曾就西部水资源的匮乏对我进行采访，我回答了他最关注的问题。其所撰的长篇报道《悠悠西部水，不尽古今情》，编入《以生命的名义——中国水资源问题的思考》一书中，由福建教育出版社 2002 年 11 月出版。

《皇裔沉浮——北京的完颜氏》由（北京）学苑出版社出版，潘占伟撰文介绍此书，在《中国文物报》上刊出。

2005 年的报道评论（1篇）

　　2005 年 8 月 3 日至 8 月 9 日，我以专家顾问的身份陪同全国政协副主席张梅颖考察青海湖的生态危机：湖面缩小，湖水变浅，湖中鱼类大减。经过实地考察得知，青海湖周围有 130 多条河流，金银滩原是最好的草场，王洛宾的《在那遥远的地方》，就是在这里创作的。自 1958 年以来，由于在青海湖周围开荒种地，为了灌溉，将来水的河流截断，或蓄为水库，或修堤坝引水入田。青海湖的危机就是由此而产生。我提出，为了保护青海湖，必须将河流上的水库、堤坝全部炸掉，保证河水自由流进湖内。这个建议使满座皆惊，却得到青海省副省长李津成（天津人）的赞成。

　　青海人民广播电台记者王娟（女），就保护青海湖一事对我进行现场采访、录音。在我离开西宁以后不久，播放了我讲话的录音，我至今仍保存有采访录音带。

2006 年的报道评论（1篇）

我对沙漠化的研究，发表了许多文章，出版了不少著作。学术界对我研究沙漠的成就，是很熟悉的。2006 年，福建人民出版社出版了《中国历史地理学研究》一书，这是中国社会科学院历史研究所所长陈祖武主编的二十世纪中国人文学科学术研究史丛书的一种。

林颉在《中国历史地理学研究》中，对我的沙漠研究给予全面的评价："景爱对于历史时期沙漠的变迁，不仅研究具体史实，而且归纳到一定的理论高度，并反馈给当代社会，提出的沙漠化二重性理论具有很重要的学术意义……这个论断科学地解决了在沙漠化过程中人类与自然的关系，对于防治沙漠化具有重要科学指导意义和实践意义。因此，该论断很快就为国内外学术界采纳接受，景爱被称作'沙漠考古第一人'。"（第 114 页）

2008 年的报道评论（1 篇）

2006 年 6 月，台北花木兰出版社和槐下书肆联合出版了我撰写的《陈述学术评传》，被列为中华文化资源学会人文丛刊的第二种。李西亚、赵永春在《北方文物》2008 年第 4 期发表了书评，题为《陈述学术评传读后》，指出："书中运用大量第一手资料，对陈述先生的学术活动做了全面系统的论述，观点鲜明，层次清晰，语言生动，评价合理……是我们目前了解陈述先生学术活动的权威著作之一。"

2009 年的报道评论（2篇）

2008 年 2 月，中国社会科学出版社推出了我撰述的《历史上的金兀术》一书。出版不久，苗天娥就撰写了书评，发表于《北方文物》2009 年第 1 期，题为"简评《历史上的金兀术》"。该文指出："作者把还原历史真实为己任，广征博引，有几分资料说几分话，合理分析，站在唯物史观和民族团结的立场上，客观公正地评价历史人物，既不虚美也不丑化，真实地再现了金兀术波澜壮阔、影响中国历史发展的一生，并给予其恰如其分的评论。"

该文共四节：一、尊重史实，重写金兀术的历史贡献。二、立意高远，纠正民族偏见和错误观念。三、史料可靠，再现宋金和战的历史事实。四、举一反三，正确评论少数民族历史人物的功过。

《金代官印》（线装本二函 10 册）一书由中国书店出版，周峰撰《〈金代官印〉评论》，刊《辽金西夏研究年鉴 2009》。

2010 年的报道评论（1 篇）

　　2010 年 1 月，中国社会科学出版社出版了我撰写的《历史上的萧太后》一书。同年，周峰撰写书评"真实的萧太后"，在《中国社会科学报》4 月 29 日"社科院专刊"发表。有趣的是，王宏志为本书所做的序言在《文汇读书周报》发表时，也用"真实的萧太后"为题。这种偶然的巧合，都点出了本书的宗旨。

2012 年的报道评论（1 篇）

2012 年《达斡尔族通史》立项，《东北史地》对此有报道，揭示了撰写此书的宗旨。现在此项研究已经完成，我撰写了《达斡尔族论著提要》和《达斡尔族通史》二书，均由人民出版社出版。

2014 年的报道评论（1 篇）

2013 年中国社会科学出版社将《历史上的金兀术》再版重印，其版式和封面都有很大改变，将 32 开本改为小 16 开本。封面增加了"以史为骨，以实为重，以事为络"和"名家著作，还历史真貌"两行文字。增加了手机阅读功能。在社会上颇受读者重视，早已脱销。

此书问世以后，苗天娥撰书评，发表于《中国文物报》2013 年 11 月 21 日第 4 版"悦读"，附书影照片。该书评指出："正视历史，才能把握当今。中国是一个统一的多民族国家，是由历史上的各个民族通过血与火的斗争发展而来的。女真人也是中华民族历史上的一个成员，今日的满族人就是当年的女真人后裔。因此，我们在看待历史上少数民族的杰出人物时，应该站在多民族国家的整体利益上，客观公正地评价，对金兀术如是，对契丹族的耶律阿保机、萧太后，党项族的元昊以及蒙古族的成吉思汗等，都应一律平等看待，不应该受历史小说宣扬的'忠君思想''正统思想'所左右和影响，不应该持有民族偏见。"

2016 年的报道评论（1篇）

　　《东北史地》2016 年第 3 期，有该刊记者采访《辽金西夏研究年鉴》主编
的报道 1 篇。

2018 年的报道评论（3 篇）

2017 年 12 月，中国文史出版社出版了《辽金西夏研究 2014—2015》。12 月 29 日，在故宫博物院建乐宫举行首发式，有关新闻媒体进行了报道。

中国社会科学网 2018 年 1 月 5 日下午 3 时，以"《辽金西夏研究》首发"为题进行报道，全文约 1500 字。

《北京晚报》于 2018 年 1 月 12 日第 24 版进行报道，题为"《辽金西夏研究》最新一期故宫首发"，全文 500 余字。

《北京晚报》记者姜宝君就首都博物馆举办大辽五京展览之事，对我进行采访，所撰《辽五京全景》发表于《北京晚报》2018 年 10 月 29 日"五色土"专栏，33—34 版，约 8000 余字。

自此，1989—2018 年，各种书刊、电视台、广播电台和网站有关报道评论共 98 篇。由于有些报道评论不为我所知所见，有些报道资料没有保存下来，故而实际的报道评论数量可能不止于此。例如《白城日报》《本溪日报》也有报道，日期记不准了，都没有列入。

《辽金西夏研究》首发式在故宫博物院举行

由景爱主编的《辽金西夏研究 2014—2015》，已经由中国文史出版社出版。2017 年 12 月 29 日在故宫博物院建乐宫举行首发式（建乐宫是清代宫殿，习近平总书记曾在这里会见美国总统特朗普）。出席首发式的有文化部党组成员、故宫博物院院长单霁翔，故宫博物院副院长任万平等；中国社会科学院考古研究所、边疆史地研究所、文学研究所、中国人民大学北方考古中心、教育学院、中央民族大学博物馆、中国第一历史档案馆、国家图书馆、中国音乐学院、民族出版社、学苑出版社以及北京市有关单位的专家学者 20 余人，中国文化遗产研究院副院长唐炜、国家文化局原副局长马自树，也出席了首发式。

新书首发式由故宫博物院副院长任万平主持，单霁翔院长致辞。单院长说："我与景爱先生认识很早，景先生是国内外知名的专家学者，我读过他出版的许多学术著作，有关于沙漠的著作，有关于长城的著作，有关于金代官印的著作，都很成功，给我留下了深刻的印象，有不少被评为优秀著作，有的被译成英文在美国出版。我很钦佩景先生治学严谨，下苦功夫，出手不凡，赢得了读者的信任，这是很不容易的，我应邀出任《辽金西夏研究》编委以襄助之。《辽金西夏研究 2014—2015》，从栏目设计、文章质量到印刷装帧都很精美，说明相关人员都尽到了最大的努力，值得称赞。"

由于工作关系，我接触到京、津、冀、晋许多辽金文化遗产，非常雄伟优美，证明辽金文化达到了很高的水平。辽金文化是中华民族文化的重要组成部分，不可或缺。习近平总书记在党的十九大报告中，特别强调了文化的地位、作用，是提高民族自尊心、自信心的重要基础。习近平总书记在建乐宫会见美国总统特普朗时说，我们中国的悠久历史从古至今未曾中断。特朗普则回答说，美国不仅历史短，而且北方的古迹文物（指印第安人遗迹）又都遭到了破坏。可知文化遗产对增强民族自信心是非常重要的。因此，推动辽金西夏的历史文化研究是很必要的。它有助于推动中华民族的伟大复兴，有助于实现中国梦。

其他出席首发式的专家学者，一致肯定《辽金西夏研究》的正确方向和宗旨。故宫博物院副院长任万平说："景先生主编此书着实不容易，我们应当对景先生表示崇高的敬仰。"中国社会科学院考古研究所所长陈星灿说："此书很有学术价值。辽金西夏以前不受重视，应当编辑出版各种图书加以介绍，广为宣传。"中国社会科学院学部委员、边疆史地研究中心（今边疆史地研究所）创始人吕一燃研究员指出："辽金西夏是中国民族大融会时期，以前不太重视，开展辽金西夏研究很必要、很有意义。很早以前，俄国人把中国称作'契达耶夫'，其实就是契丹。辽金对国家的统一、民族的融合意义重大，既具历史意义，也有现实意义。景爱是这方面的专家，30 年前我就认识他了。景爱是陈述先生的研究生，在读研究生一年级时，他撰写了几十篇论文，结为一集，研究生院委托我审查，发现确实很有研究水平。他知识丰富，很谦虚，对学术研究很严谨，新闻界称他是沙漠考古第一人，做出很大的贡献。景爱称我为老师，我实不敢当。"中国社会科学院边疆史地研究所研究员林荣贵说："我与景爱同是陈述先生的研究生，在陈述先生诸多研究生中，真正坚持辽金史研究的人不多，只有景爱最终坚持下来，做出了成绩。他不怕艰苦研究沙漠，不远千万里到沙漠实地考察，两次进入塔克拉玛干沙漠，成为沙漠考古第一人。他读过好几所大学，学问搞得好。今天首发的《辽金西夏研究》很好，指导思想超前，应当向景爱学习。"

中国音乐学院教授张天彤说："我是从事达斡尔民族音乐研究的。数年前景先生告诉我说，达斡尔族人是契丹后裔，研究达斡尔音乐要知道契丹音乐。此次读《辽金西夏研究》，从中看到了这方面的信息，收益甚大，扩大了知识面。景爱先生不保守，提携后人，令人为之感动。"民族出版社编审安平平是达斡尔人，她提出景爱先生研究达斡尔历史令人感激。她建议景先生在主编《辽金西夏研究》的同时，能否主持编辑中国北方少数民族年鉴？她对此寄予厚望。

国家图书馆研究员黄润华建议，在报道文物考古新发现的同时，还应当报道古文献新发现。他举例说，国家图书馆收到数十种西夏文图书，装帧形式很多，几乎涉及各种不同的装帧形式，现在正修复中。能否与之接触，进行报道。还有人提出，2018 年为金朝迁都 860 周年，能否举行迁都

860 年学术研讨会。看来许多专家学者对《辽金西夏研究》编委会寄予厚望，希望能多开展一些学术活动。（原文有照片，见本书第 23 页第 85 号、第 86 号照片）

（中国社会科学网 2018 年 1 月 5 日下午 3 时发出）

肆

近 年 新 作

辽代的鹰路与五国部研究

鹰路与五国部见于许多文献记载。然而写法不一，用字不同，后人难辨其正误。关于五国部的具体位置，更是众说纷纭，至今仍难以统一。有不少学者认为鹰路和五国部到达了黑龙江下游地区。本文根据史书记载和前人的实地考察结果，指出五国部只限于松花江下游沿岸，分别在黑龙江省的依兰、汤原、桦川、绥滨、富锦五县，其故址至今仍存。订正了《中国历史地图集》的某些失误。

辽代的鹰路与五国部，见于《辽史》《金史》《契丹国志》《文献通考》诸书。不过均非专传，其记事简略，互有出入，不尽相同，这给后世研究造成了许多困难。由于鹰路、五国部涉及辽、金的兴衰和中国古代对外兴安岭以南地区的管辖，故中外学者对此甚为重视，研究者不乏其人。清代学者曹廷杰、屠寄，日本学者池内宏，都对此进行过研究，取得了重要成绩。这些都给当代学者创造了条件，奠定了基础。

然而有些当代学者，既未从事实地调查，又对古代文献缺乏仔细研读，其研究有欠深入，出现了不少瑕疵。例如用推断代替史实、证据不足遽下断语等，造成了许多混乱，在学术界产生了不良的影响，贻害后学，后果不堪设想。

我早年（20世纪80年代）研究过辽代的鹰路与五国部。30余年以后，重读旧作，发现当年的研究不够深入细致。故而重操旧业，吸取百家之长，以期达到正本清源的目的。

一、鹰路的由来

契丹之先，曾以狩猎为生。《契丹国志》记其"国土风俗"说，其父母死，以其尸置于山树之上，经三年后收其骨而焚之，酹酒而祝曰："冬月时，向阳食；夏月时，向阴食；我若射猎时，使我多得猪鹿。"① 这里所记，应为契丹早期即原始社会生活之情形。辽建国以后，狩猎犹存。"辽国以畜牧、田渔为稼穑。"② "畜牧畋渔，固俗尚也。"③ 不过这时的狩猎，对于契丹贵族来说已失去其经济意义，变成了激发上进精神的健身娱乐活动。辽朝皇帝有四时捺钵，在不同的季节到不同地方狩猎。"秋冬违寒，春夏避暑，随水草畋猎，岁以为常。"④ 春天通常是到鸭子河渔猎，凿冰钩鱼、猎取天鹅。天鹅嗉中有珍珠。为了顺利猎取天鹅，需要有海东青帮助。海东青是猎鹰中的一种，发现空中有天鹅时，五坊擎进海东青，拜授皇帝放之，"鹘擒鹅落……皇帝得头鹅，荐庙，群臣各献酒果，举乐"⑤。五坊是管理鹰鹘的官府，景福元年十一月"纵五坊鹰鹘"⑥，重熙七年二月"幸五坊阅鹰鹘"⑦。"鹰鹘"指海东青，清代尚有这种说法，是海东青的别称。辽兴宗亲自到五坊阅海东青，说明辽朝皇帝非常重视海东青。

史籍记载："海东青，出五国。五国之东，接大海，自海外而来谓之海东青。"⑧ "女真东北与五国为邻，五国之东邻大海，出名鹰，自海东来者，谓之海东青，小而俊健，能捕鹅鹜，爪白者尤以为异，辽人酷爱之。"⑨ 所谓"大海"指鄂霍次克海，海东青从海外飞来，首先在黑龙江下游奴儿干落地，最易捕捉。"海东青，辽东海外隔数海而至，尝以八月十五日渡海而来者甚众……努而干田地，是其渡海之第一程也。至则人收之，已不能飞动也。盖其来饮渴困乏，羽翮不胜其任也。自此然后，始及东国。"⑩ "努而干"，今作奴儿干。"东国"指五国部。海东青的产地，一是奴儿干，二是五国部。

海东青从海外飞来，属于候鸟，年年如此。海东青栖息于森林之中，所谓海外应指库页岛、鄂霍次克海东北的半岛以及北美大陆。其从海外飞来以后，先在奴儿干暂时休息，然后飞向松花江南北两岸张广才岭、小兴安岭区栖息，

① （宋）叶隆礼：《契丹国志》卷23，上海古籍出版社1985年版，第221页。
② 《辽史》卷48《百官志四》，中华书局校点本，第822页。
③ 《辽史》卷46《百官志二》，中华书局校点本，第220页。
④ 《辽史》卷32《营卫志中·行营》，中华书局校点本，第373页。
⑤ 《辽史》卷32《营卫志中·行营》，中华书局校点本，第374页。
⑥ 《辽史》卷18《兴宗一》，中华书局校点本，第213页。
⑦ 《辽史》卷18《兴宗一》，中华书局校点本，第220页。
⑧ （宋）佚名：《女真传》，《大金国志校证》附录一，中华书局1986年版，第589页。
⑨ （宋）叶隆礼：《契丹国志》卷10《天祚皇帝上》，上海古籍出版社1985年版，第102页。
⑩ （元）熊梦祥：《析津志》（辑佚本），北京古籍出版社1983年版，第234页。

筑巢生蛋，繁育后代。

《柳边纪略》记载：

> 辽以东皆产鹰，而宁古塔尤多。设鹰把式十八名。每年十月后即打鹰，总以得海东青为主。海东青者，鹰之最贵者也。纯白为上，白而杂他毛者次之，灰色者又次之。即得尽，十一月即止，不则更打。若至十二月二十日不得，不复打矣……凡鹰生山谷林樾间，率有长处。善打鹰者，以物为记，岁岁往，无不遇，惟得差不易耳。视其出入之所，系长绳，张大网，虽夜游草莽中，伺之人不得行，行则惊去。①

宁古塔产海东青，还见于清初流人吴振臣所著的《宁古塔纪略》：鹰第一等名海东青，能捕天鹅，一日能飞千里。②由于飞速特别快，故而能远渡重洋，从海外飞来。宁古塔即今宁安县，《宁安县志》记载县内产海东青。③宁安县北邻依兰县，《依兰县志》记载："雕，猛禽。尾翎十二根。十四根者，为海青。"④

黑龙江满语专家穆晔骏有文称，张广才岭之名来源于满语，其义为"幸头好"，见于康熙年间的《五体清文鉴》、乾隆年间的《三合便览》，译成汉语为"吉祥如意的山岭"，是以山林中多珍禽异兽可以猎取得名。早在清朝初年，就把山林中捕到的海东青贡献给皇帝。⑤

世居嫩江县（墨尔根）四站的邵奎德著文说，这里的深山老林中多海东青，当地人称之为"吐鹘鹰"。冬天躲在空树筒（按：指树洞）里避寒，夏天栖息于树上，垒枝成巢，产卵孵育后代。1943年7月，他在山顶上用鹰笼子活捉一只海东青，全身呈铁青色，胸前有白毛。饲养到当年10月，忽然天上有天鹅的鸣叫声，他赶紧把海东青放出去，海东青像箭一般拔地而起，冲入高空天鹅群，将四五只天鹅咬伤，跌落在山坡上。然后海东青扬长而去，不见了踪影。⑥

四站在清代属于布特哈，布特哈以产海东青著名。康熙三十八年（1699）

---

① 杨宾：《柳边纪略》，《辽海丛书》，辽沈书社1985年版，第257页上栏。
② 穆晔骏：《吉祥如意的山——张广才岭》，《黑龙江文物丛刊》，1984年第1期。
③ 《述本堂诗集·宁古塔记略》，黑龙江大学出版社2014年版，第572页。
④ 民国《宁安县志》卷3《职业·渔猎》，第12页上。
⑤ 民国《依兰县志》物产·乌类，第36页。
⑥ 邵奎德：《名鹰海东青捉放记》，《黑龙江文物丛刊》，1982年第1期。

五月，黑龙江将军萨素致布特哈总管觉罗恩图："晓谕尔等所辖嫩江、纳谟尔所在达斡尔等，寻找雏鹰。若捕得数只，则小心喂养，俟上贡时选送。"同年六月，萨素又咨布特哈总管觉罗恩图，重申此事，称："先前曾晓谕尔等所辖嫩江、纳谟尔所住达斡尔人等，令伊等找寻雏鹰，若捕得数只，则小心喂养，俟上贡时选送等语，咨行了。若可堪上贡，应行咨报所获雏鹰几只等情，为此咨行。"① 文内所说的雏鹰，指的就是海东青。

上述四站、布特哈，都属于小兴安岭地区。宁古塔属于张广才岭东麓，其地多山林。故而可知，张广才岭和小兴安岭，在清代民国年间是盛产海东青的。据《呼兰县志》《珠河县志》和《宝清县志》，此三县也产海东青。在辽金时代，也是如此。

张广才岭和小兴安岭的海东青，是从黑龙江下游奴儿干飞来的。辽朝皇帝为了得到海东青，不断派官员到松花江下游索取，五国部成为重点地区，这条水路便在历史上称作鹰路了。

在明白了鹰路的由来以后，在此基础上方可以研究五国部，二者密不可分。五国部所在的地方，一是必须在松花江沿岸，二是其附近必须有海东青栖息的山林，二者缺一不可。

二、五国部的构成

五国部之构成，以《辽史·营卫志》的记载最为清楚和准确："五国部。剖阿里国、盆奴里国、奥里米国、越里笃国、越里吉国。"② 不过在《辽史》的别处，以及后来的文献中，其名称稍有不同，或有很大的差异。

1. 剖阿里部

《辽史·百官志》有怕里国王府、婆离八部大王府；③《兵卫志》属国军中有颇里。④ 陈述先生考证说：

> 本书卷二十《兴宗记》：重熙十七年七月，婆里八部夷离堇虎翻等内
> 附。卷二五《道宗记》大安十年四月，萧朽哥秦颇里八部来侵，击破之。

---

① 乐志德主编：《达斡尔族资料集》第9集，民族出版社2009年版，第221、223页。
② 《辽史》卷33《营卫志下》，中华书局校点本，第392页。
③ 《辽史》卷46《百官志二》，中华书局校点本，第759页。
④ 《辽史》卷36《兵卫志下》，中华书局校点本，第432页。

卷二六《道宗记》寿昌元年七月，颇里八部来附，进方物。二年八月，颇
里八部进马。婆里即颇里，卷四六《百官志》有婆里八部大王府，又有怕
里国王府，似是复出或不同部分。①

按：《辽史》的撰写由多人分别执笔，将少数民族语言译成汉语时，各随
其便，每个人所选用对音的汉字自然不同，于是产生了同音异字现象，这是不
可以避免的。陈述先生所言极是。在辽、金二史中，这种例证很多，读史时必
须细心分析，以免误解。

曹廷杰指出："辽五国部，有博和哩国。颇黎，博和哩，音同字异也。"②
屠寄《黑龙江舆图》在精奇里江（结雅河）汇入黑龙江的下方，标注"博科
里城"，注文曰："即辽剖阿里国古城，今称鄂尔多。"③ 若此，剖阿里又可称博
科里。

按：乾隆年间成书的《辽金元三史语解》，依据《八旗姓氏通志》，将剖
阿里改成博和哩，④ 曹廷杰所记的博和哩，即本于此。《辽金元史语解》又称：
"伯里，满洲语弓也。卷二十作婆离，卷六十九作婆离，卷二十五作颇里，卷
四十六作怕里。"⑤ 若此，剖阿里又作"伯里"，释为满语之"弓"。

满语出于女真语，不过并非完全相同，据金启孮研究，满语只有百分之
七十与女真语相同。

《文献通考》将剖阿里写作"怕忽"⑥。"怕忽"当为《辽史》"怕里"之音
讹。《文献通考》为元代马端临所作，由辽至元前后历三代近 300 年。马氏撰
此书时，尚未见到官修的《辽史》，"怕忽"不知所据，或许出自传闻。观《文
献通考》所记五国部，只有四部（怕忽、喷纳、咬里没、玩突），铁勤为误入，
尚缺一部，资料不足故也。

---

① 陈述：《辽史补注》，中华书局 2018 年版，第 1492 页。
② 《曹廷杰文集》，中华书局 1985 年版，第 171 页。
③ （清）屠寄：《黑龙江舆图》，光绪二十五年石印本，第 32 页。
④ 《辽金元史语解》，道光四年刻本，《辽史语解》卷 3《部族》，第 8 页上。
⑤ 《辽金元史语解》，道光四年刻本，《辽史语解》卷 3《部族》，第 10 页上。
⑥ （元）马端临：《文献通考》卷 326《四夷》，浙江古籍出版社 1988 年版，第 2571
页上栏。

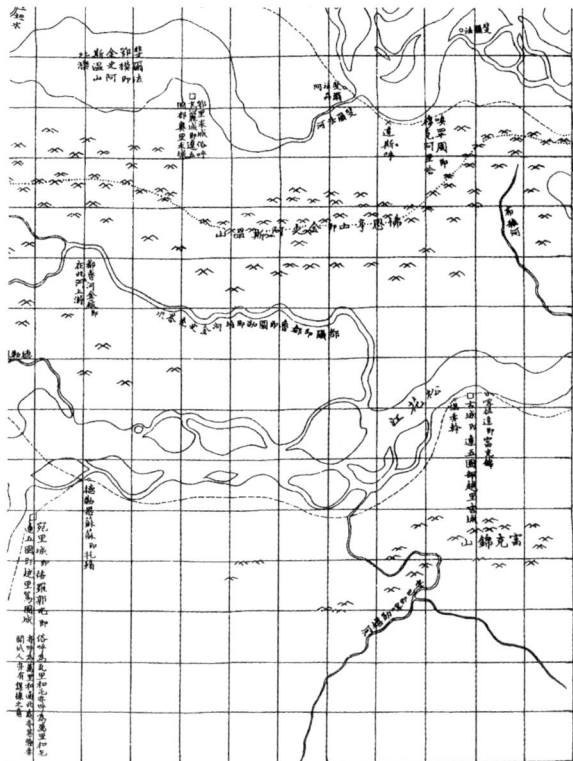

剖阿里城（富克锦城）与越里笃诚（斡里城）位置图，采
自《黑龙江舆图》

2. 盆奴里部

在《辽史·百官志》诸部中，有蒲奴里部，[①] 在诸王府中有蒲昵国王府[②]。
《圣宗记》开泰七年九月记事有："蒲昵国使奏，本国与乌里国封埌相接，数侵
掠不宁，赐诏谕之。"[③] 蒲奴里与盆奴里同音异字，蒲奴里中之"奴里"，急读即
为"昵"，可知蒲昵即蒲奴里。

《金史·世纪》记载，景祖乌古廼时代（相当于辽兴宗时期），有"五国蒲
聂部节度使拔乙门畔辽，鹰路不通"之记事。[④] 此"蒲聂"为蒲昵之音变，亦
是蒲奴里、盆奴里之异称。《文献通考》写作"喷纳"，"喷"与"盆"同音，

---

① 《辽史》卷46《百官志二》，中华书局校点本，第766页。
② 《辽史》卷46《百官志二》，中华书局校点本，第761页。
③ 《辽史》卷18《圣宗七》，中华书局校点本，第184页。
④ 《金史》卷1《世纪》，中华书局校点本，第5页。

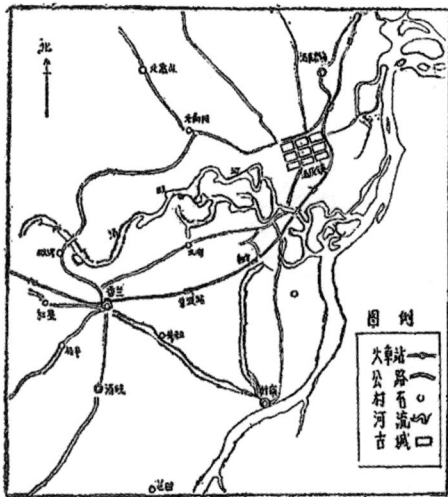

盆奴里城位置图（采自北方文物）　　　盆奴里城平面图（采自北方文物）

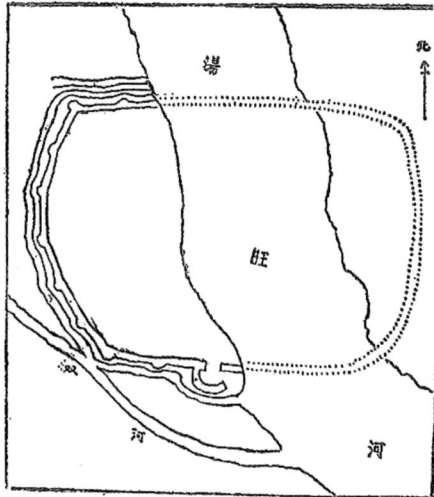

"纳"为奴之讹。"喷纳"为盆奴里之讹，不仔细分析，很难见其间的联系。

《辽金元三史语解》称："富珠里，卷十四作蒲奴里，卷三十三作盆奴里。今从《八旗姓氏通志》改正。"① "富珠里"与盆奴里、蒲奴里之读音相差太悬殊，这种改正可能不准确。

《黑龙江舆图》在屯河（今汤旺河）畔标志有固木纳城，注文曰："即辽国五国部盆奴里古城。"② 固木纳即公木纳，不知以何得名，其义为何。《黑龙江舆说·呼兰城图说》谓："吞河既合众水，又曲曲东流五十余里迳固木纳城东北，其城即金屯河猛安，元初桃温万户府故城，亦即辽五国部盆奴里国，一作蒲奴里，《金史》所谓五国蒲聂部者也。"③

3. 奥里米部

奥里米部，又称"阿里眉国"。《契丹国志》载："又东北至屋惹国、阿里眉国、破骨鲁国。"④ 阿里眉与奥里米稍异。《文献通考》作"咬里没"⑤，其读音与奥里米差异甚大。

---

① 《辽金元史语解》，道光四年刻本，《辽史语解》卷3《部族》，第8页上。
② （清）屠寄：《黑龙江舆图》，光绪二十五年石印本，第5页。
③ 《辽海丛书》，辽海书社1985年缩印本，第2051页下栏。
④ （宋）叶隆礼：《契丹国志》，上海古籍出版社1985年版，第213页。
⑤ （元）马端临：《文献通考》卷327《四夷四·女真》，浙江古籍出版社1988年版，第2571页上栏。

中兴古城（奥里米北城）位置图（采自《文物》1977 年第 4 期）

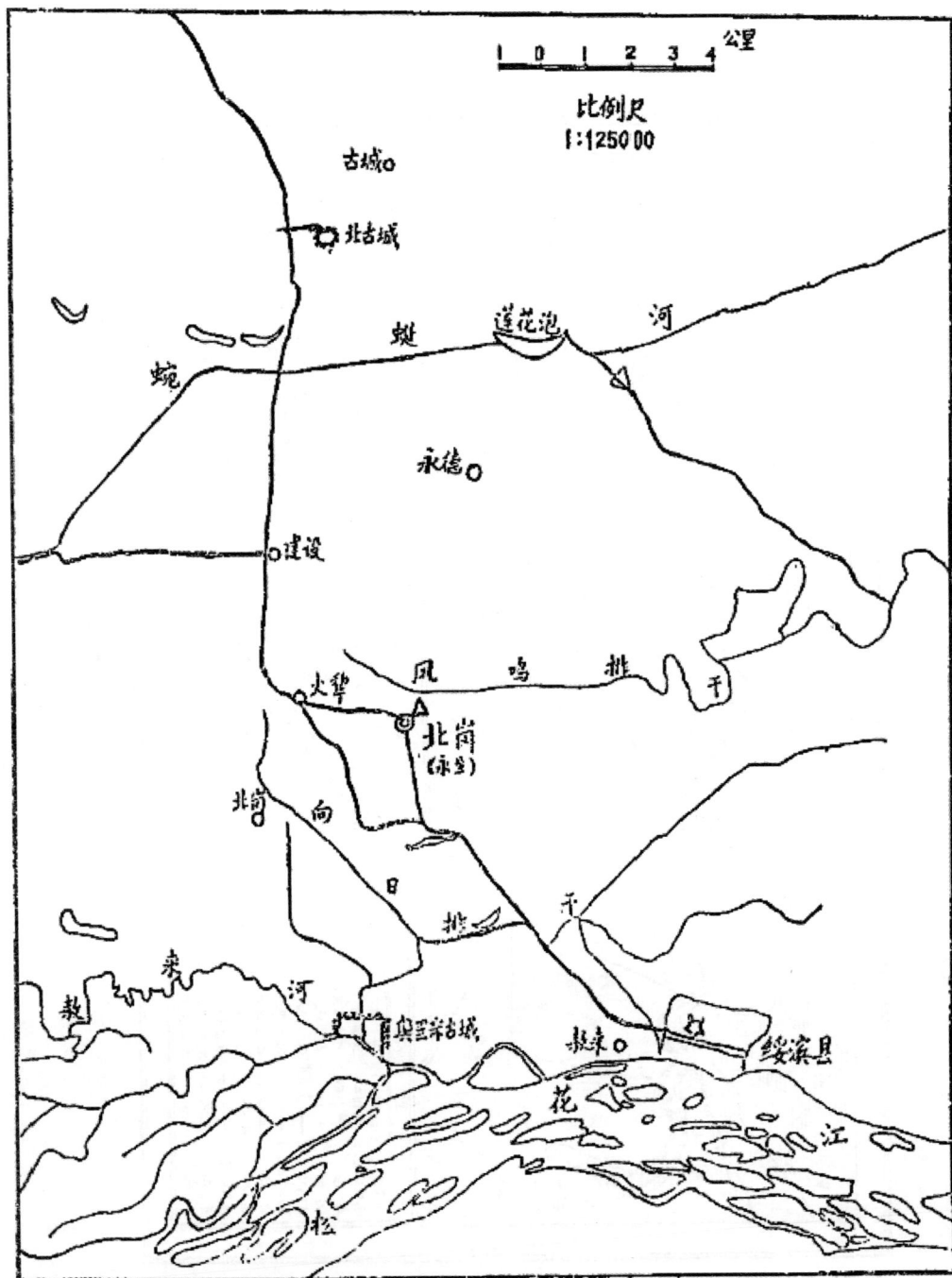

奥里米部南城（采自《文物》1977 年第 4 期）

明《全辽志》所附《开原控制外夷图》中有 "海西东水陆城站有奥里米站"，其卷六《外志》亦记有奥里米站。[①]

清《黑龙江舆图》于松花江下游左岸，标注有："鄂里米和屯，即辽奥里米国城。"[②] 在黑龙江右岸一小河旁，标注有："乌勤敏即乌里哈河，辽奥里米国之水。"[③] 乌勤敏为奥里米之讹。屠寄在《黑龙江舆图说》中称，黑龙江 "又迤南五十里迳奥里米故城北，松花江东北来会"[④]。

上述文中有 "鄂里米和屯"，"鄂里米和屯" 为满语，即奥里米城之微改，意为鄂里米城，今称中兴故城，是以乡镇得名。民国年间绥滨县设治之初，称敖来密。现在这里有小河称敖来密河，河畔有敖来村。1973 年 7—9 月，我与张泰湘先生实测敖来密古城，主持城郊墓群发掘期间，即下榻于敖来村。[⑤] 敖来密古城，是村民对奥里米故城的一种称谓。《文献通考》将奥里米作 "咬里没"，不仔细玩味，很难找到语言上的对应关系。

《辽金元三史语解》之《辽史语解》称："鄂罗木，蒙古语 '律' 也，卷十四作奥里米，卷六九讹为奥里。"[⑥] 按：奥里米讹为奥里，实为脱落了 "米" 字。将奥里米改为蒙古语 "鄂罗木"，实在是牵强附会，不可以为据。奥里米的名字，从辽至今没有太大的变化，令人称奇，在五国部中仅见于此。

4. 越里笃部

《辽史·百官志》有："越里靓国王府，亦曰斡离部。"[⑦] 此 "越里靓" 即《营卫志》越里笃国，二者的读音完全相同。《文献通考》作 "玩突"，"越里笃" 急读就变成了 "玩突"。

斡离部又作 "斡里城"，曹延杰称："三姓下三百五十余里南岸瓦里和屯，即《通志》斡离城。"[⑧] 细玩味，"斡离" "斡里" 可能是 "越里" 之讹，脱落了 "笃" 字所致。屠寄《黑龙江舆图》在松花江右岸标志有宛里城，注文曰："即

① 《辽海丛书》，辽沈书社1985年缩印本，第687页下栏。
② （清）屠寄：《黑龙江舆图》，光绪二十五年石印本，第12页。
③ （清）屠寄：《黑龙江舆图》，光绪二十五年石印本，第22页。
④ （清）屠寄：《黑龙江舆图·黑龙江总图说》，《辽海丛书》，辽沈书社1985年缩印本，第1025页上栏。
⑤ 详见《文物》1977年第4期：a.《绥滨永生的金代平民墓》；b.《松花江下游奥里米古城及周围的金代墓群》。
⑥ 《辽史语解》卷3《部族》，第8页上。
⑦ 《辽史》卷46《百官志二》，中华书局校点本，第759页。
⑧ 《曹延杰文集》，中华书局1985年版，第169页。

倭罗郭城，即辽五国越里笃城。俗呼为瓦里和屯，亦呼为万里和屯，亦呼为万里和通。"① "宛里"为"斡离"之讹，"瓦里""万里"与"宛里"音同字异。其与越里笃的联系，犹可知也。

《辽金元三史语解》之《辽史语解》称："伊垮图，满洲语'明显'也，卷十四作越里笃。"② "伊垮图"与"越里笃"语音相差太远，未可以等同，不可以为据。

5. 越里吉部

越里吉，在《辽史》中又称越棘。辽兴宗重熙六年八月，"枢密院言越棘部民苦其酋帅坤长不法，多流亡，诏罢越棘五国酋帅，以契丹节度使代之"。"越里吉"急读即为"越棘"，"棘"与"吉"同音异字。

《辽金元史语解》之《辽史语解》称："伊呼济，蒙古语'已来'之谓，卷十四作越里吉，卷十八作越棘，卷三十三作越里吉。"③ 将"越里吉"释为蒙古语"伊呼济"，缺乏证据，不可以为信。

三、五部不是五国部

在《辽史》中，除五国部以外，还有五国和五部。五国、五部与五国部是什么关系，是等同还是不等同，直接影响到五国部的研究。在这个问题上，存在不少模糊认识，从而导致许多错误的论断，应当引起重视。

《辽史》中关于"五国"的记载比较多。例如：

重熙六年八月，有"五国酋帅"④。咸雍七年三月，有"讨五国功""五国节度使"。⑤ 大安元年正月，有"五国酋长"⑥。大安二年正月，有"五国诸部长"⑦。上述的五国，都是指五国部而言。实际上古人的用法均是如此。《文献通考》记载："女真外又有五国，曰铁勤，曰喷纳，曰玩突，曰怕忽，曰咬里没，

---

① （清）屠寄：《黑龙江舆图》，光绪二十五年石印本，第13页。
② 《辽金元三史语解·辽史语解》卷3，第8页上。
③ 《辽金元史语解·辽史语解》卷3《部族》，第18页下。
④ 《辽史》卷18《兴宗记》，中华书局校点本，第219页。
⑤ 《辽史》卷22《道宗二》，中华书局校点本，第270页。
⑥ 《辽史》卷24《道宗四》，中华书局校点本，第290页。
⑦ 《辽史》卷24《道宗四》，中华书局校点本，第291页。

皆与女真接境。"①《金史》记载："五国蒲聂部节度使拔乙门畔辽"②。《契丹国志》记载："女真东北与五国为邻，五国之东邻大海，出名鹰。"③由此不难看出，上述的五国都是指五国部而言。《文献通考》中的铁勒属于误入。

《辽史》关于五部的记载只见两处。其一是统和二十一年四月戊辰，"兀惹、渤海、奥里米、越里笃、越里吉等五部遣使求贡"④；其二是开泰七年三月辛丑，"命东北越里笃、剖阿里、奥里米、蒲奴里、铁骊等五部岁贡貂皮六万五千，马三百"⑤。

首先，从行文来看，前面引证关于"五国"的记载均无"等"字，说明五国系指一个整体而言；后面引证关于"五部"的记载多了一个"等"字，说明不是一个整体，是五个部落的并列。

其次，引文中的兀惹、渤海、铁骊都是独立的部落，与五国部无关联。

渤海指渤海国灭亡以后的遗民，他们聚集在一起，有如一个部落，接受辽朝的统治，要定期遣使贡方物。其居住地不明，很可能是在渤海上京龙泉府旧地。其非为五国部成员，是显而易见的。

兀惹与铁骊是两个相邻的部落。兀惹又作乌惹，金代称兀的改，又作乌底改，元代称兀惹野人，清代称黑斤、赫金，是今赫哲的祖先。其分布范围很广，以渔猎为生，故松花江下游、黑龙江中下游都是他们活动的地区。因此，他们自称是下江人、下游人。

辽代的兀惹人势力强大。统和十三年七月，"兀惹乌昭度、渤海燕颇等侵铁骊，诏奚王和朔奴等讨之"，却未能攻克惹城，和朔奴被削官。统和十五年，兀惹长武周被迫降辽进贡。⑥开泰元年，有百余户兀惹民众被迁往宾洲。⑦

铁骊在辽太祖天显元年二月就归附辽朝，⑧此后铁骊不断来贡献方物，见于统和十年、十二年、十三年、十五年、十六年。贡物主要是鹰、马、貂皮。铁

---

① （元）马端临：《文献通考》卷327《女真》。
② 《金史》卷1《世纪》，中华书局校点本。
③ （宋）叶隆礼：《契丹国志》卷10《天佑皇帝上》。
④ 《辽史》卷14《圣宗五》。
⑤ 《辽史》卷16《圣宗七》。
⑥ 《辽史》卷13《圣宗四》，中华书局校点本，第146、148、149页。
⑦ 《辽史》卷70《属国表》，中华书局校点本，第1152页。
⑧ 《辽史》卷2《太祖下》，中华书局校点本，第22页。

骊归附辽朝以后，有一部分编入黄龙府兵马都部署司的部族军，称铁骊军，[①] 曾抵抗女真侵边。大康八年正月，有"铁骊五国部长各贡方物"的记事。[②] 从"各贡方物"的用语来看，铁骊与五国部并列，显然铁骊不会是五国部的成员。在北面属国官中，有铁骊国王府，[③] 说明铁骊是独立的部落，辽朝廷对铁骊国相当重视。

铁骊贡献的方物，主要有鹰（可能指海东青）、貂皮和马，说明其居住在山区。兀惹与铁骊相邻，也居住在山区。《辽史》记载，统和十三年奚和朔奴"伐兀惹，驻于铁骊，秣马数月，进至兀惹城"[④]。陈述先生谓："可见铁骊在兀惹之西，兀惹城在今通河县附近，铁骊居其西，正当今黑龙江省铁力市一带，即由黑龙江上游南至松花江下游，皆铁骊分布地区。"[⑤]

《契丹国志》记载："东北至惹国、阿里眉国，破骨鲁国。"[⑥] 有的学者据此提出：阿里眉和破骨鲁，显即五国部中的奥里米部和盆奴里部，其中奥里米部的中心在今黑龙江省绥滨县城附近敖来密村一带，则可推知屋惹即兀惹地，当在今绥滨县以南的桦川富锦一带[⑦]（按：破骨鲁见于《辽史》，将破骨鲁译成盆奴里似不确）。桦川县宛里城（万里和通）为越里笃所在地，将兀惹推断在桦川一带，恐无此可能。按日本学者池内宏和陈述先生考证，[⑧] 富锦附近大古城应为剖阿里部所在地，显然也不会容纳兀惹于此居住。

五国部的成员与不是五国部成员的铁骊、兀惹、渤海同时进贡方物，是偶然发生的现象。由于他们是同日到达，恰好正是五个部落，故当值的史官用五部之名记入《实录》之中，实属正常。后人撰《辽史》时，沿用此说，用"五部"来称谓。这种现象比较罕见，在《辽史》中只有两次而已。与《辽史》中"五国""五国部"的多见，成为鲜明的对比。有些现代学者失察，竟误认为"五部"即五国部，与事实相背离，由此又引出了不少错误的论断。

---

① 《辽史》卷46《圣宗七》，中华书局校点本，第184页。
② 《辽史》卷18《百官志二》，中华书局校点本，第745页。
③ 《辽史》卷46《圣宗一》，中华书局校点本，第222页。
④ 《辽史》卷85《百官志二》，中华书局校点本，第1317页。
⑤ 陈述：《辽史补注》，中华书局2018年1月版，第2130页。
⑥ （宋）叶隆礼：《契丹国志》卷22《四至邻国地理远近》，上海古籍出版社1985年版，第212页。
⑦ 魏国忠、朱国忱、郝庆云：《渤海国史（修订版）》，黑龙江人民出版社2014年版，第589页。
⑧ 陈述：《辽史补注》，中华书局2018年1月版，第2130页。

北

通
河
路

辽代五国头城

三姓城建于清雍正十一年（1733年），城为方形，城墙为夯土墙，周长1026丈，护城壕上宽8尺，深7尺，4个城门为砖砌，均有城楼，4角为炮楼，副都统衙门位居全城正中位置，城中十字大街直通4门，全城朝向正南。

流入北大坑

三姓城

劝学所

北门

三官庙

矿务局

城隍庙 马王庙 关岳庙

副都统衙门 官邸

依兰府

流入东大坑

西大街

西门 中央大街

东门

税课司

通
河
路

旗务处

炮楼

南门

文庙

流入南大坑

护城壕

关帝庙

廖怀志绘制

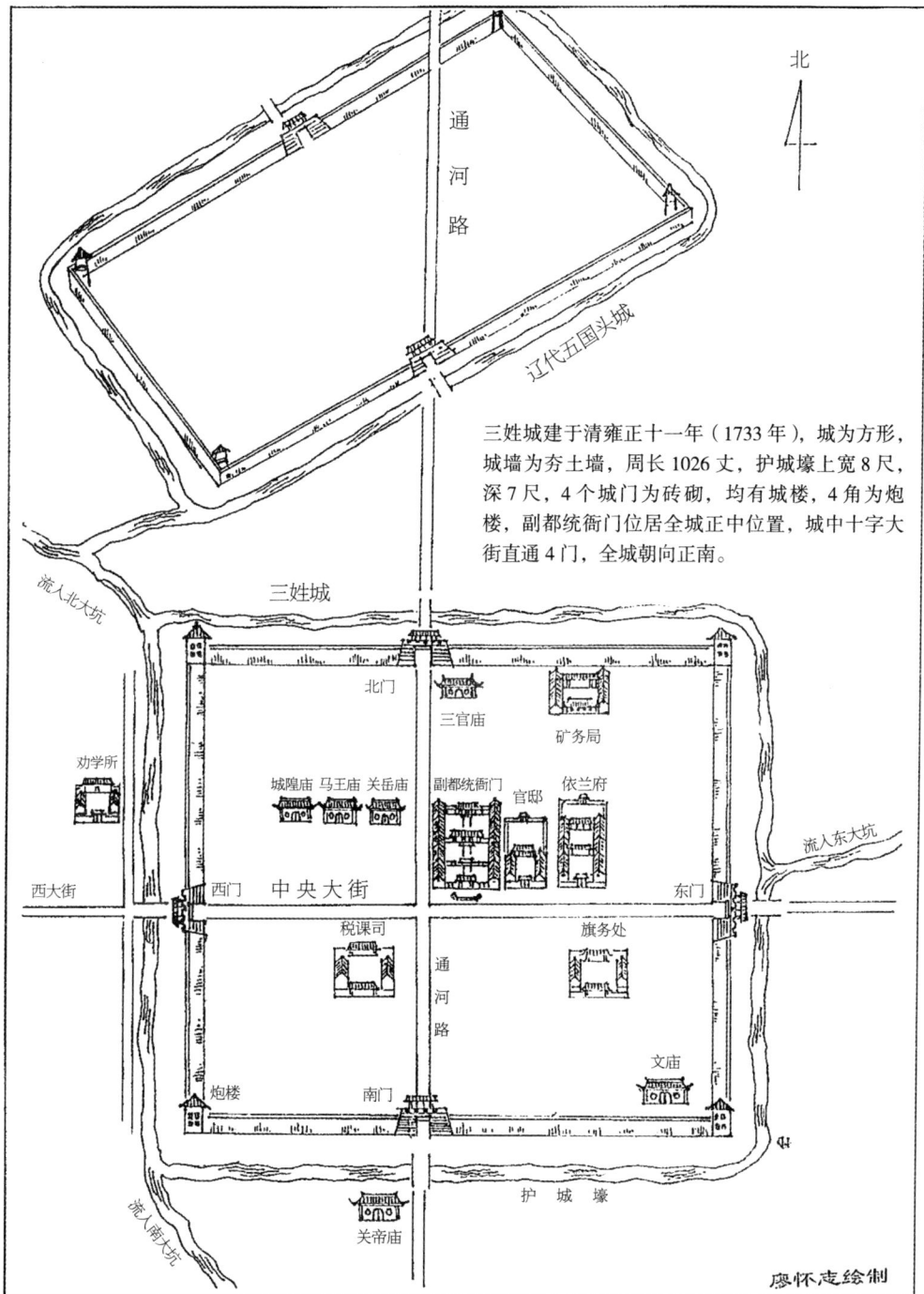

五国头城与清代三姓城（采自：《东北史研究》）

例如有的学者将五部视为五国部以后，发现其名称有很多不同，为了解释这种不同的部名，竟提出这是五国部名之重出或互异。所谓"重出"，本是指同一事物第二次出现而言，就是重复之意。不同的部名，不能称作"重出"。如果是同一事物，焉有互异之称，铁骊、兀惹、渤海本是与五国部名称不同、地域也不相同的部落，其"互异"是正常的，若说此三部是五国部的"重出"，显然是不可以的。有人提出："剖阿里与兀惹重出，当是兀惹之一部……所以《辽史》五国部名初为兀惹，后为剖阿里。"[1] 这种解释显然是缺乏说服力的，无法使人信服。

由此可知，将《辽史》中的"五部"视为"五国部"，由于不符合事实，无法做出科学的解释，结果是越解释所带来的问题越多，难有说服读者之力，不能令人心悦诚服，深以为憾。

四、五国部的位置

五国部又称五国城，最早对五国城定位的人，是清末的曹延杰（字彝卿）。他在《五国城考》一文中提出："查《辽史》《营卫》《部族志》五国部：博和哩国、博诺国、鄂罗木国、伊勒图国、伊勒希国，是五国必当分居五地，必非一处可知。今自三姓至乌苏里江口，松花江两岸共有城基九处：一、三姓附郭旧城；一、三姓下八十余里北岸吞河图木讷城；一、三姓下三百五十余里南岸瓦里和屯，即《通志》斡里城；一、斡里城下四十余里南岸希尔哈城；希尔哈城下约百里北岸，有大古城；一、希尔哈城下百六十里南岸富克锦地方，有大古城；一、富克锦下约百里南岸图斯克地方，有大古城；一、额图下五十余里南岸青德林，即喜鲁林地方，有古城基……是五国城址不外三姓下九城基也……三姓当为五国头城，自此而东四国分据也"。[2]

曹延杰指出五国城应在依兰以下至青得林以上的范围内，是很有道理的。后来曹氏又撰《勃利考》，加以补充。后人研究五国部，多遵循曹延杰之说，不过也有人提出不同意见。

1. 剖阿里城

曹延杰《勃利考》称：唐征高丽，绝沃沮千里，至颇黎。辽五国部，有

① 张博泉：《金史简编》，辽宁人民出版社1984年版，第36页。
② 《曹延杰文集》，中华书局1985年版校点本，第169—171页。

博和哩国。颇黎、博和哩，音同字异也。今华人曰伯利，二字均呼伯力，是与唐、辽同音。则俄之克薄诺甫克，即颇黎、博和哩，似属可据。①曹氏所称的克薄诺甫克，现在通译为哈巴罗夫斯克，位于乌苏里江汇入黑龙江处，所谓博和哩国，即辽剖阿里部。

清末，屠寄（字敬山）主编的《黑龙江舆图》，在精奇里江（结雅河）汇入黑龙江下方，标志有博科里城，称"即辽剖阿里国故城"②。这种说法与曹延杰将剖阿里定在哈巴罗夫斯克是不同的。"博科里"是清代的称谓，其读音与"剖阿里"相近，故屠氏将"博科里"确定为辽代的剖阿里部。屠氏在《黑龙江舆图》中，称黑龙江城"五代辽属五国部剖阿里国地"③，即与此有关。日本学者池内宏撰《铁骊考》，提出剖阿里部为富锦县治。④景方昶撰《五国城》，提出："今乌苏里江口以东地名伯利，即剖阿里国，为五国之一地。"⑤他支持曹延杰之说。

陈述先生撰《辽史补注》，对以上不同的说法予以评价。他指出：

> 剖阿里为五国部之一，《黑龙江舆图》以剖阿里定点于精奇里江（西人称结雅河）汇入黑龙江处，去其他四国较远。《东北舆地图说》谓在伯利，按伯利为颇里八部，颇里不属五国部，不合，池内宏《铁利考》（刊于《满鲜史研究》）比定剖阿里为今黑龙江省富锦县，旧称富克锦。似较前两说略胜。⑥

陈先生指出伯利与颇里不同，颇里不属于五国部，不赞成将剖阿里定在伯利（哈巴罗夫斯克），是有一定道理的，因为在伯利至今没有发现辽金古城址。曹延杰最初提出五国城位置时，没有将伯利列入其中，就是考虑到这里不见古城基，与其他有九处城基者不同，五国部其他四部均见有城址（详后），而独伯利不见城址，这种事实必须予以重视。陈先生认为池内宏将剖阿里比定于富锦县，"似较前两说略胜"，是因为富锦（富克锦）有大古城，见于曹延杰的

---

① 《曹延杰集》，中华书局1985年版夏校点本，第171页。
② （清）屠寄：《黑龙江舆图》，光绪二十五年石印本，第32页。
③ （清）屠寄：《黑龙江舆图说》，《辽海丛书》，辽沈书社1985年缩印本，1029页下栏。
④ （日）池内宏：《满鲜史研究》中世第1章第154页。
⑤ 景方昶：《东北舆地释略》，《辽海丛书》，辽沈书社1985年缩印本，第1014页下—1014页上。
⑥ 陈述：《辽史补注》，中华书局2018年版，第1431页。

《五国城考》。由此看来，陈先生非常重视五国城城址的重要性，没有城址即不可能成为五国部五国城。因此，将剖阿里确定于伯利（哈巴罗夫斯克），证据不足，难以取信于人。

剖阿里部剖阿里城，应在黑龙江富锦（富克锦）县大古城。池内宏曾将剖阿里比定于此，将富锦县城说成是剖阿里之所在，从大的方位看是正确的。不过稍有微误，实际剖阿里城不在富锦县城，而是在县城以西 7.5 千米的大古城。此城在《黑龙江舆图》上有标志，误作越里吉古城。

此城最早由曹延杰记载，将富克锦大古城，列为五国部中的一部，屠寄认为是越里吉部所在，不确。富克锦大古城，民间称作"霍吞吉里"古城，出自满语，意为"沿江边的城"。它北距松花江 2 千米，在头道河子南侧台地上，东距大屯村 1.5 千米，西距上街基乡 2.5 千米。其地势北高南低，城东北角海拔 76.4 米，古城呈长方形，东西 950 米，南北 450 米，周长 2250 米。北墙已被河水吞噬，东、西城墙南段几乎夷为平地，南墙无存，城墙残高 2 米，城壕隐约可见。城西南方有一座小城，周长 1700 米。[①]据《黑龙江舆图》，城南有大山，称富克锦山。

该城濒松花江而建，城的规模与奥里米城相仿，城外有小城，与奥里米城相同，证明其时代与奥里米城相同或相近，为辽代所建。城南有大山，山上有森林，可供海东青栖息。因此，将富克锦大古城确定为剖阿里城是比较稳妥的。

《黑龙江舆图》将剖阿里部标注在精奇里江入黑龙江会合处，不知以何为据，陈述先生指出精奇里江口距五国其他四部太远，不赞成此说，是很有道理的。或许后来有少量剖阿里部人移居于此，不妨称作别部、分部，但其本部不在这里，而在松花江畔的富克锦大古城。

至于伯利，即哈巴罗夫斯克，按陈述先生意见，应与勃利部有关，或为其主要居住地。勃利是黑水靺鞨的一支，黑龙江中下游是黑水靺鞨主要居住地，黑水军、黑水府以伯利为中心。在乌苏里江与黑龙江会合处的黑瞎子岛（乌苏里岛）上，有靺鞨人的墓地，出土了唐代铜钱开元通宝、乾元重宝，[②]证明伯利

---

① 张泰湘：《黑龙江古代简志》，黑龙江人民出版社 1988 年版，第 16 页。
② 宋玉斌：《俄罗斯远东地区出土的中国铜镜》，《东北亚历史与考古信息》1996 年第 1 期。

（哈巴罗夫斯克）是黑水靺鞨的久居之地，很可能有官府驻此，应与勃利部有关，不过勃利不在五国部中。

2. 盆奴里城

盆奴里城即今黑龙江省汤原县固木讷城。屠寄主编《黑龙江舆图》，将盆奴里城标定于屯河下游的固木讷城。固木讷城是公木纳城之误，历史上又称桃温城。桃温城，是以桃温水（清代称屯河）得名。其地理坐标为东经129° 43′—129° 44′，北纬46° 40′—46° 41′。海拔98米。

该城北、东北濒临汤旺河，汤旺河东岸为小兴安岭林区，东南为松花江冲积平原。由于松花江自清代以来不断向北岸移动，将该城南部城墙冲毁一部分，据残垣断壁，该城平面作长方形，周长约2500米，城墙上有马面、角楼，城墙外有两道护城壕。[①]古城东距香兰乡3千米，西北至双河村1.5千米，北距汤旺河大桥1千米。汤旺河北达小兴安岭腹心处，小兴安岭森林密布，禽兽丰富，成为猎鹰海东青的重要栖息地。盆奴里城设此与猎取海东青有关。

3. 奥里米城

奥里米城，亦见于《黑龙江舆图》，其城有二：一在松花江下游北岸，另一在黑龙江南岸，彼此相距约50千米。前者当地称敖来城，后者当地称中兴城，均以村镇得名。为了记述方便，本文分别称南城北城。

我于1974年同张秦湘对南城进行实测。该城南距松花江1—1.5千米，有小河敖来河从西北向东南流；将南城垣冲毁。全城周长3224米，城垣高3—4米，北城垣长912米，有马面18个，未见到城门。东城垣上有城门和瓮城。西城垣、南城垣被敖来河冲毁，未见到城门和瓮城。环城有护城壕，当时测深为1—1.5米。城内土丘起伏，排列有序，遍布瓦砾陶瓷碎片。城外西北隅有大片古代墓群，经发掘出土了大量文物，有金器、玉器、铁器、陶器。南城的东西两侧建有小城各一个，成为大城的卫城。[②]

北城周长1460米，约为南城之半。共设三道城垣，一主两副，外有三道护城壕。南、北各设一门，有瓮城。城外西北、西南、东南，各有周长200米

① 张秦湘：《黑龙江古代简志》，黑龙江人民出版社1988年版，第14页。马翰英《固木讷城沿革考略》，《黑龙江文稿丛刊》1983年第1期。
② 黑龙江省文物考古工作队：《松花江下游奥里米古城及其周围的金代墓群》，《文物》1977年第4期。

的小方城，作为卫城。城外西北隅有墓群。征集到"封全"印，"泰州录判"字款铜镜，墓葬出土了金银器、玉器、铜器、铁器、陶瓷器，画押印，[①] 显示出墓主身份很高。

从城池构造和出土文物来看，奥里米南北二城前后沿用的时间很长，从辽到金都住有居民。南城出土有正隆元宝，北城出土有大定通宝，分别是海陵王、金世宗时代铜钱，说明金代南北奥里米城仍住有居民。北城设三道城垣、三道城壕、三座卫城，证明其在军事上相当重要，是扼守黑龙江的要塞。驻守此城的人，应当是身份很高的贵族。

奥里米南、北二城，均处于冲积平原上，附近没有山岭。不过这里古代森林很多，在墓葬中随葬有木棺，还出土了木制品。在黑龙江同仁遗址中发现的房屋四壁有板壁，地面铺有地板，还有木柱、木梁，证明古代这里森林多，取木料容易，经鉴定多为红松（果松）。[②] 在墓葬中随葬有桦皮桶，说明生长有桦树。红松、桦树是黑龙江原始森林中最常见的树种，证明濒奥里米地区生长有原始森林，为海东青提供了良好的栖身场所。

4. 越里笃城

越里笃诚，即今黑龙江省桦川县万里和通古城。屠寄在《黑龙江舆图》中已有注明。后世学者，多取信不疑。该城建于山上，随山而建，很不规则。北部有断崖，下临松花江，以江为险，不筑城垣。东、南、西三面修建城垣，高5—6米，东、南最高处，高10米。有东、西、南3座城门，东、西二门相对，东门、南门有瓮城。城内有两道壕，作为南北走向。此城居高临下，站在城头之上，可以清楚看见松花江面航行的船只，军事地位非常重要。据说，清代俄国欲谋占此城，而未能得逞。

"万里和通"来自满语，张泰湘说是"屠杀之城"，在此城曾发生过重大的战斗，死伤了很多人。穆晔骏提出，"屠杀"之说不确，其意是衰败之城、衰落之城。如果此城是由于战争而废弃，则此二说可以通用不矛盾。

① 黑龙江省文物考古工作队：《黑龙江畔绥滨中兴古城和金代墓群》，《文物》1977年第4期。
② 黑龙江文物考古研究所、中国社会科学考古研究所：《黑龙江同仁遗址发掘报告》，《考古学报》2006年第1期。

5.越里吉城

曹延杰在《五国城》一文中,首次提出:"三姓当为五国头城,自此而东乃四国分据地。"[①] 这种说法是有充分根据的。《元一统志》记载:"混同江发源长白山,北流经建州西五十里,会诸水东北流,经上京,下达五国头城北,又东北注于海。"又称:混同江"俗呼宋瓦江,源出长白山,北流经旧建州西五十里,会诸水东北流,经故上京,下达五国头城北,有东北注于海"。[②]《明一统志》记载:"五国头城在三万卫北一千里,自此而东分为五国,故名。旧宋徽宗薨于此。"[③]

越里吉部是鹰路上距黄龙府兵马都部署司最近的一部,其余四部都在其下游,故有五国头城之说。重熙六年以后,五国部节度使驻于越棘(越里吉)部,于是,越里吉不仅是地域上的头城,而且也是政治上的第一城。辽朝通过越里吉去征索其他各部的海东青,对于越里吉的地位和作用,应当有充分的认识和重视。

五、关于五国头城的异说

五国部依次排列,其上游第一城称五国头城。《元一统志》记载:"混同江,发源长白山,北流经建州西五十里,会诸水东北流,经上京,下达五国头城北,又东北注于海。"又"俗呼宋瓦江,源出长白山,北流经旧建州西五十里,会诸水东北流,经上京,下达五国头北,又东北注于海"[④]。旧上京指金上京故城,据此所知,五国头城即金上京下游的依兰(三姓)城,《明一统志》称:"五国头城在三万卫北一千里,自此而东分为五国,故名,旧宋徽宗梦于此。"[⑤] 据此,五国头城为宋徽、钦二帝囚禁之地。曹延杰亦称:"三姓"当为五国头城。[⑥] 依兰县城北,旧有古城遗址(见165页地图),当即五国头城故址,当代学者多持此说。

然而近年又出现了异说,认为五国头城不在依兰县城,而在别处,在依兰

---

① 《曹延杰集》,中华书局1985年版,第171页。
② 《元一统志》,赵万里辑本,中华书局1966年版,第220页。
③ 《元一统志》,赵万里辑本,中华书局1966年版,第220页。
④ 《元一统志》,赵万里辑本,中华书局1966年版,第220页。
⑤ 《元一统志》,赵万里辑本,中华书局1966年版,第220页。
⑥ 《曹延杰集》,中华书局1985年版,第171页。

县城以南的土城子。

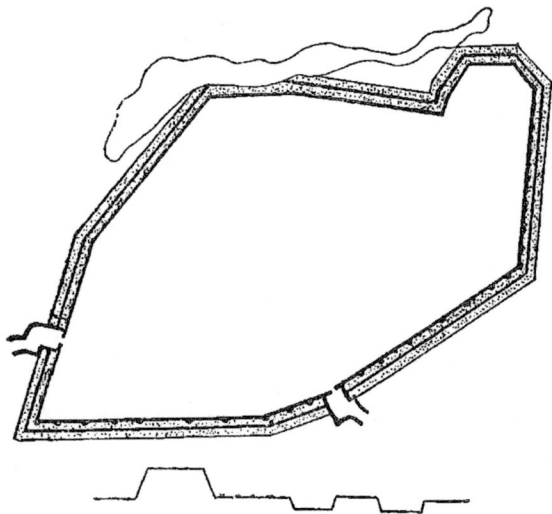

依兰县 "土城子" 古城平面图（采自《考古》1960 年第 4 期）

　　在依兰县以南 45 千米，有土城子一座。1958—1959 年，赵善桐、孙秀仁、朱国忱两次到此考古调查，称土城子在牡丹江左岸，（按：左岸为右岸之误）距江约 1.5 千米，周长 3345 千米。该城不是常见的方形、长方形，而是不规则的多边形。有 2 道城墙，设西、南二门，门有隘口（按：当为瓮城）。城北有天然河流，存水不多。地上见碎瓦、陶片，据说以前曾出土铜钱和铁锅。①

　　近年有人提出，土城子为五国头城，即徽、钦二帝的 "金国行宫"，其依据是：这里的环境与徽、钦二帝随行人员记载相符。牡丹江两岸均为张广才岭山区，地理环境大体相似，土城子一带别无特殊的景观。以此为据，断定土城子为五国头城，其理由欠充分，没有考虑到牡丹江水路的种种困难。

　　牡丹江在张广才岭山区，河道狭窄、曲折，两岸多是悬崖峭壁，河道落差很大，平均比降为 1.39%，而嫩江的比降为 0.28%，② 说明河水非常湍急。据日本学者白鸟库吉研究，牡丹江出自满语，为曲江之意。③ 这种山区河流，河底多礁石和浅滩。据《宁安县志》记载，牡丹江上游水深三尺至六七丈，

① 黑龙江省博物馆：《牡丹江中下游考古调查简报》，《考古》1960 年第 4 期。
② 牛汝辰：《中国水名词典》，哈尔滨地图出版社 1995 年版，第 44、45 页。
③ 白鸟库吉：《论海西女真》，《白鸟库吉全集》第 5 卷，译文见《长白学圃》1987 年第 3 期第 71—82 页。

中游不能行舟，铁岭河以下可以行舟。下游水深五尺至七八丈，"由铁岭河至依兰，其间有满天星（大小圆石满江，故有是名），三道额水流势急，船能往而不得返；虽往亦极危险，人多不敢轻视也"[①]。由此观之，牡丹江是不利于航行的。

《宁古塔纪略》记载，每年五月间，呼儿喀、黑斤、非牙哈三处人，"乘查哈船江行，至宁古塔南关外泊船，进貂"[②]。有人以此为据，提出："牡丹江古代水量比现在大，可以通航，清代这条水路还是畅通的。"[③]《宁古塔纪略》所记的呼儿喀、黑斤、非牙哈属于赫哲人，他们所乘的"查哈船"，系满语对桦皮船的称谓，又可称作"威乎"[④]。这种桦皮船很少见于内地，它规模小、体轻，赫哲人乘它江上捕鱼，稍大一些可以用来装运貂皮到宁古塔进贡。"查哈船"在牡丹江中航行是不会有什么困难的，然而大型的木船很难通过"满天星"礁石群，会面临种种危险。

牡丹江两岸荆棘丛生、蒿草遍地，是野兽出没的场所。只有猎人才敢在河岸走行，便于寻找野兽的踪迹。古代牡丹江两岸，没有现成的道路，一切都处于原始状态，清初仍是如此。

宋徽、钦二帝是通过松花江水路前往五国头城。其随行人从数千人减少到140人，减员的原因与松花江水道的礁石有关。在依兰县城附近，松花江水道比较狭窄，江底有礁石、沙滩，被称作松花江的隘口。古往今来，都是船只航行的危险河段。江水枯瘦的季节，江水变浅，危险性特别大，徽、钦二帝从韩州迁往五国头城，是"乘舟而行"，从1130年7月15日动身，到9月2日才到达，前后46日。此时正是松花江的盛水期，选定在此时航行，显然是为了避开河道中的险滩、礁石，特别是牡丹江口外的礁石威胁最大。松花江尚且如此，牡丹江河道岂能容得徽、钦二帝乘坐的大船进入，其道理是不言而喻的。

徽、钦二帝在五国头城居住期间，金朝廷与他们仍保持着一定的联系，据《金史》记载，在此期间至少有以下几件大事：

---

① 民国《宁安县志》，铅印本，第67—68页。
② （清）吴振臣：《宁古塔纪略》，《述本堂诗集·宁古塔纪略》，黑龙江大学出版社2014年版，第566页。
③ 梁玉多：《勿吉—靺鞨民族史论》，社会科学文献出版社2017年版，第68页。
④ 《北方文物》1992年第3期。

1. 天会九年六月壬辰，"赐昏德公、重昏侯时服各两袭"①。

2. 天会十三年四月丙寅，"昏德公赵佶薨，遣使致祭及赙赠"②。

3. 皇统元年二月已丙，"改封昏德公赵佶为天水郡王，重昏侯赵恒为天水郡公"。③

4. 皇统元年十二月癸巳，"天水郡公赵恒乞本品奉，诏周济之"④。

5. 皇统元年十二月丙辰，"归宋帝母韦氏及故妻邢氏、天水郡王并妻郑氏丧于江南"⑤。

以上五事，都是金朝廷与徽、钦二帝之间发生的大事情。送衣服、送俸禄、送诏令，必须要有朝廷官员前往。如果五国头城为徽、钦二帝住所，朝廷官员往来还算方便；如果徽、钦二帝居住在牡丹江中游的土城子，就会造成极大的困难，很难进行。

还有，五国头城是金代胡里改路之治，金朝廷与各路之治之间公文、使者往来很多，自不待言。从这个角度来说，五国头城、胡里改路之治所，也不能设在土城子。

土城子北距牡丹江口依兰县城45千米，一个往返是90千米。在古代牡丹江航行不便的条件下，人们不会舍近求远，将五国头城、胡里改路之治设在土城子，这个道理是很明白的。

土城子规模比较大，比依兰县城的五国头城大了许多。人们多认为，古城的规模越大，其级别就会越高。对于同一时代的古城来说，可能会如此。然而根据目前掌握的资料，尚无法证明土城子必定是辽金古城遗址。

元朝初年，在松花江沿岸设有水达达路和五个军城万户府。土城子很可能与上述城池有关，曾实地考察过土城子的朱国忱，提出土城子为水达达路故城，是可以考虑的，不妨深入研究，以得其实。就一般而言，后代的城池规模比前代的规模大。例如北京的元大都城比金中都城大许多，就证明了这一点。

---

① 《金史》卷3《太宗》，中华书局校点本，第63页。
② 《金史》卷4《熙宗》，中华书局校点本，第70页。
③ 《金史》卷4《熙宗》，中华书局校点本，第76页。
④ 《金史》卷4《熙宗》，中华书局校点本，第78页。
⑤ 《金史》卷4《熙宗》，中华书局校点本，第78页。

北京石景山八角山老山与古永定河的走向

永定河是北京的过境河流，其上游称桑干河，发源于山西省宁武县管涔山天池。在河北省怀来县会合洋河、妫水河以后，水量大增。然后转向南流，穿过北京西山进入北京平原。永定河挟带大量石沙奔腾而下，在平原地区石沙沉积于河底，使下游洪水多发，为害北京、河北二地。康熙皇帝改名永定河，祈求河水安澜。永定河古河道的走向与现在有所不同，现在是向东南流，古代是向东北流。古永定河河道为什么向东北流？前人缺乏研究探索。本文根据实地考察所见河相沉积的分布，指出古永定河的走向，是从庞村转向东北流，这种流向与八角山老山的阻挡直接相关。

一、永定河出山口在石景山南庞村

中国古代有沧海变桑田的传说，说的是大海与陆地之间的变换。传说多被视为无稽之谈，不过从地质学角度看，沧海变桑田是有科学依据的。地球自38亿年前形成以来，多次发生构造运动。构造运动引起地壳的隆起和沉降：隆起成山，沉降成海。这种变化在地球史上反复出现。距现在最近的构造运动，是燕山运动和喜马拉雅运动，造就了中国大陆的基本格局。北京西山、永定河，都是构造运动的产物。

自燕山运动，特别是喜马拉雅运动以来，北京西山不断上升，北京平原不断下降。来自西山的永定河，在河谷中携带了大量的沙石倾注而下，河水浑浊，故古代有泸水、小黄河、浑河之称。永定河的冲积作用，造成了北京

图 1. 永定河峡谷

冲积平原，有如扇形，扇柄在永定河出山的庞村一带。

以前人们多将永定河出山口确定在三家店村，因为这里东有卧牛山、天泰山，西有九龙山对峙紧逼之势。实际上古永定河的出山口，应在石景山南的庞村。理由有三：一是在庞村之地，左有石景山、四平山，右有卧龙岗和阴山（鹰山），卧龙岗与石景山之间仍是河谷地带；二是这里的永定河撞击石景山以后，河水变得特别湍急，具有山溪的特点；三是这里为山区与平原区的分界处，自此以下为平原，永定河水患多发生在石景山以下地区。光绪《大清会典图说》称，"桑干河逾石景山以下，曰永定"，说明永定河是指石景山以下的河段而言。由于桑干河过了石景山以后才进入平原，洪泛出现很频繁，在此以上不见有洪水泛滥。将北京扇形平原的扇柄确定在石景山南侧庞村，与永定河出山口确定在庞村是一致的，符合永定河的实际情况。

同治十年（1871），李鸿章主修的《畿辅通志》，对永定河出山情况有如下的记载：

> 卢沟河乃折南而流，至三家店西，分为东西两支，皆南流。东支绕蟠龙山麓，南北五里屯西。又循山曲折而南……至大石桥口，与西支会，乃合而东南流。至东麻峪村西，折而南，又分支西出……其西支……经苛罗坡东，至新城村东，又循卧龙岗右，曲折东南流，又经张家庄、栗园村，抵阴山北麓，与东支会。东支为经流，至麻峪村西稍东，至两金沟村北，始名永定河。自安家滩至北（此），贯穿于群山之中，又行二百里。①

据此记载，卢沟河（永定河）自三家店以下分为东、西二支。东支为经流（正流），绕蟠龙山，循山而南，至金沟村北，始名永定河。金沟村是以金、元金口而得名，金口在石景山西北，②永定河系指金口以下的卢沟河。其西支经苛罗坡东、卧龙岗右，抵阴山北麓。苛罗坡为九龙山南端，卧龙岗在苛罗坡南，阴山指永定河右岸之鹰山，逼近永定河。旧以山北、河南为阴，山南、河北为阳。鹰山在永定河之南，故清朝人称之为阴山，鹰山是现代之山名。

由此可知，在三家店以下，永定河左右两侧皆有大小不同的山冈，故《畿辅通志》称，永定河自安家滩（在斋堂东）至金沟村，皆"贯穿于群山之中"。

① 转引自《再续行水金鉴》（永定河编），中国书店1991年版，第425页。
② 关续文：《古金口遗址何处寻》，《石景山文史》第12辑，2005年内部版，第72—76页。

金沟村在三家店下游。因此，将永定河出山口确定为门头沟区三家店，未必准确可靠；不如确定在石景山下更为贴切。永定河过了石景山以后，才进入北京平原。清代人对永定河出山口有说法。清代翰林院侍读黄思永对永定河进行实地考察以后，在奏折中称，永定河"一经大雨，千岩万壑之水汇注直下，至石景山出峡"①。他所说的"出峡"，就是现在所说的出山，确定在石景山下。现代学者也有此认识，②有人称："石景山从古到今，都可以说是永定河离开北京西山之地的最末一山。"有人称："石景山自古以来是永定河的出山口，是北京小平原地区形成的轴心。"③这些说法都很有见地。

古永定河于石景山南庞村一带转向东北流，发生于地质时期，即史前时期，非常久远，在文献中是不见记载的。关于古永定河出山以后的具体河道走向，是不清楚的，只能含糊地说向东北流，这是因为没有见到其故河道。不过古永定河的沉积物，即卵石和河沙，在石景山地区不断有所发现，为寻找古永定河的踪迹提供了线索和证据。本文拟就考察所见作些介绍，由于古永定河的走向与八角山、老山有密切关系，故以八角山、老山为地理坐标，便于说明和阅读。

二、八角山和老山的位置

八角山在北京石景山区中部，是八角村和衙门口村的自然分界线。山北为八角村，山南为衙门口村，八角村民又称它为南山。旧名八角岗子，见北京市地名办公室、北京市测绘处1980年编制的《石景山区地名图》④，现在通称八角山。八角村旧名八家庄，是明代山西省移民所建，其居民有赵、阎、田、孔、祁、梅、王、肖八姓，初称八家庄。山西方言中的"八家"与北京语中的"八角"相近，故北京人称之为"八角村"。村西有古银杏树一株，相传旧有鳌山寺在此，今有银杏宝宝乐园。村北也有古银杏树一株，相传为三义庙故址，今

---

① 转引自陈康《清光绪朝永定河石卢段水患上谕档》，《北京文博文丛》2012年第4辑，第103页。
② 易克中：《禹迹碣石——石景山》，《石景山文史》第12辑（内部本），第31页。
③ 门文：《永定河东岸的石景山段堤防考》，《石景山文物》第三辑，第37页。系内部资料，未注明印刷时间。
④ 《石景山区地名图》，系石景山区政府所编《北京市石景山区地名录》（内部印本）的附件。

为石景山八角雕塑公园春早院，村南相传有枯松二株，为积庆庵故址。[①] 八角村名始见于清代《雪屐寻碑记》，又见于村东光禄大夫镶蓝旗副都统龙席库墓碑，称"于康熙三十七年六月十二日辰时葬于八角村"[②]。

八角山原是一座荒山，山坡下多无主坟墓。20 世纪 70 年代，首都钢铁公司占此荒山，四周设有围墙，山上山下广植松树，山上最高处建有亭台，北墙内建有仿古房屋，称新敞轩，北大门有匾额曰"首钢松林公园"。这里初为首钢肝病疗养所，后来在此建首钢有线电视台。松林公园已收入《北京手册》地图中。[③] 目前，松林公园内堆满了大量沙石，有人称衙门口村欲在此动工兴建房屋。

其实，八角山的范围并不限于松林公园。八角山南坡陡，北坡缓。北坡越过了现在的石景山路，直达石景山游乐园南门外。石景山路是在八角山北坡上修建的，一号线地铁线路也是如此。现在京燕饭店以东，石景山路北侧，有很宽的台地，高出石景山游乐园南门地面 2—3 米，就是八角山北坡的残留。八角山西坡到达了石景山体育场东部，在修建体育场时将八角山的西坡铲平，修建了体育场东路。现在八角山北坡，保存一株古榆树，证明以前八角山生长有森林，后来被破坏了。

松林公园东墙外，有一处地势稍高的绿化地，散布着许多巨石。当地人称，这处绿化地本是八角山的一部分。由此向东，现在的石景山医院原来也是土石山，与松林公园内的八角山是连为一体的。有人著文称："在 20 世纪五六十年代，今地铁骨灰堂西南，有一条东西走向的高台地，长达三里，较南部平原高出六米……今在这个台地上建有石景山医院、石景山人民政府等。"[④] 这个高台地向东到现在的石景山区人民政府（银河大街以东），如果将松林公园的八角山连为一体的话，八角山全长可能在 5 里以上。八角山（八角岗子）从前生长有树木，一些无以为生的流民常常在此劫道，很不安全。[⑤] 1974 年修建京原路（从北京到山西省原平的战备公路）时，先在八角岗子正中打开一个

① 《北京市石景山区志》，北京出版社2005年版，第66页。
② 《北京市石景山区地名录》，1997年内部版，第89页。
③ 《北京手册》，地质出版社2011年版，卷首地图56页。
④ 包世轩：《鲁谷地区历史溯源》，《古今八宝山》，同心出版社2008年版，第27页。
⑤ 贾玉柱、吕品生整理：《赶牲口的记忆》，《古今八宝山》，同心出版社2008年版，第80页。

豁口，后来北京修建西五环公路时，将豁口又扩大了许多，豁口以东修建石景山医院以后，八角岗子的东段全部拆除，荡然无存。于是，八角岗子只剩下松林公园内的一小部分了，人们将八角岗子改称八角山是有缘故的。

有人认为，老山原名鳌山，"明以后，将鳌山讹为老山"①，老山位于现在的八角山东北，原八角岗子的正北偏东。老山东西长约 1700 米，南北宽约 800 米，主峰海拔 130.4 米。山顶平坦开阔，森林

图 2. 老山远眺

植被茂密，有汉代古墓（俗称老山汉墓）。现在这里是老山郊野公园，设有摩托车俱乐部、摩托车自行车训练厂。

老山与八角山是连为一体的。石景山医院施工时，发现地下有连片的岩石，其路（石景山路）北的中国电子工业发展规划研究院办公楼"中础大厦"在施工中，也见到了同样的连片岩石。其实这两处岩石是连在一起的，只是由于石景山路的修建，二者连接部分遭到破坏，现在人们看不清楚了。在"中础大厦"以东，隔路（老山西路）相邻的首钢机电公司办公楼施工时，地上地下都有连片石头，其楼侧至今仍可以见到裸露的岩石。其西北方的老山西里菜市场（今已拆除）处，据当地居民介绍原有一座小山，称东山或东小山，高约 20 米。后来由于施工的需要被扒掉了，现在看不见了。很显然，老山西里菜市场与"中础大厦"之间，原是彼此相连的山体。

以前人们就提出八角山与老山相连接的看法。有人称："幕山一带也叫八角岗子，老山附属山包，呈南北条状，位于老山主峰西南，前临西长安街，后面是老山摩托车场。"又称："疙瘩山，老山附属山包，位于老山东南，前临西长安街，山包顶部为骨灰堂。"② 按照上述说法，幕山即八角岗子，在西长安街（石景山路）以北，呈南北条状，可能正对路南的华联商厦，与石景山医院、石景山区政府相近。石景山医院和石景山区政府之间原来是有东西走向的山

① 包世轩：《鲁谷地区历史溯源》，《古今八宝山》，同心出版社 2008 年版，第 35 页。
② 门学文：《老地名的回忆》，《古今八宝山》，同心出版社 2008 年版，第 25 页。

岗（见包世轩之文），二者南北相对应，可能原先是连接在一起的。由于石景山路（西长安街延长线）和一号线地铁的修建，南北之间的连接处被切断，现在看不见了。所谓疙瘩山，从山包顶部的骨灰堂来看，当在老山东里以东，下庄以西（下庄以东为八宝山），该山之南正对石景山区政府，很有可能与石景山路南东西走向的八角岗子相连接。从以上的记述来看，八角岗子可能有东西两处与老山相连接。有人用形象的比喻来说明八角山与老山、八宝山的关系，称："鳌山的头在今天的松林公园，其脖颈幕山的东北面是突兀的鳌背（老山主峰），尾在今人民公墓依托的八宝山和革命公墓依托的烘炉山一带。"[1]

　　就实际而言，八角山（八角岗子）、老山、八宝山是同一山体的不同部分，是构造运动中沉降丘陵的裸露部分，故有高低不同的区别。人们对同一山体分段命名，由来已久，屡见不鲜。例如中国北方著名的阴山，其东部在河北省张北、沽源县境内称大马群山，在内蒙古西部呼和浩特、包头以北称大青山，在杭锦后旗、临河区境内称狼山。以大比小，八角山、老山、八宝山本是同一座山，只是人们称谓不同而已。

三、八角山、老山附近永定河遗迹

　　在河水流动过程中，由于河水的冲刷作用，常常将两岸的岩石挟带而下。岩石在流动过程中，彼此撞击摩擦，不断由大变小，表面被磨光，犹如鹅卵，被称作卵石；摩擦中产生的碎屑，就是河沙。卵石、河沙被称作河相沉积物，成为寻找古河道的重要证据。

　　永定河在北京西山的流程为 108 千米，落差为 340 米，比降为 3‰，属于比降比较大的河流，平原河流比降在 2‰左右。永定河出山以后，其挟带的卵石河沙不断沉降，堆积在古河床上。由于河流的改道变迁，原先

图 3. 八角南路 10 号楼北地沟所见沙石

---

[1] 门学文：《八宝山地区三山考》，《古今八宝山》，同心出版社 2008 年版，第 15 页。

的河道变成了陆地，不同程度地被后来的风沙掩埋，有的深埋于地表以下，有的半露或全露于地表之上。兹将实地考察所见，记之如下，以备分析研究之资。

1. 八角南路社区所见沙石。八角南路社区南近八角山，以前这里是八角村的耕地。2000 年我由北京城内移居至此，亲眼见到了地下管道施工。在剥开厚约 5 厘米的地表土以后，所见皆为卵石粗沙。由于地沟挖掘不深，难知卵石粗沙层的厚度。2017 年 6 月 3 日，本社区第十二号楼维修热力管道，我恰途经此地，驻足观察，看了施工地槽。发现地槽内所掘出者，仍是卵石粗沙，与八角南路社区 2000 年所见相同。

图 4. 八角南路小区 12 号楼南地沟

2. 在八角村北约 500 米，有东西走向的八角路。某日，该马路进行维修，我经过此地，发现地沟内所掘出的，仍是卵石、粗沙，与八角南路社区所见相同。

图 5. 八角南路小区 12 号楼地沟所出沙石

3. 石景山游乐园在八角村东北，平面作长方形，南北长，东西短。原是八角村的菜地和果园。《石景山地名图》在八角游乐园的北部，标注有湖泊沼泽符号。后来询问了当地居民，均称原来这里是大沙坑，因为积水而成湖泊。此沙坑东距老山约 500 米。

4. 在八角村西北，有石景山雕塑公园，公园内湖面甚大，有桥两处。询问当地老住户，均称这里原是南北长约 200 米、东西宽约 50 米的大沙坑，又称大壕沟，沟上有小桥。后来沙坑积水变成了湖泊，湖中有鱼。村民安装水车，引水灌溉农田。1984 年，在此设立公园，环水植树，设立浮雕，原称八角雕塑公园，今称石景山雕塑公园。东南隅有春早院，为三义庙故址。

图6. 石景山沙坑（局部）

5. 连片的大沙坑。在八角北路以北，杨庄东路以东，阜石路以南，原有连片的沙坑数十个，人们称此地为"大沙坑"。后来经多年的填埋，大沙坑变成了平地，修建了许多房屋。地方志记载："八角村北大沙坑填平后，建起规模比较大的京西农副产品批发市场、京西建材城。"① 此地在老山西北约1000米处。

图7. 以开采沙石命名的道路

6. 在老山西北约500米处，有近年新建的晋元庄小区，原是以山西（简称晋）人为主的村庄，其后在此建了楼房，形成晋元庄社区。据当地村民讲，施工时所挖的地槽内都是沙石，地槽深20—30米。为了保证楼房的安全，地槽挖得很深，以钢筋水泥为基础。至今在晋元庄社区以东（西五环路以东），尚有未被填埋的大沙坑，东西约200米，南北约100米，深约15米。

7. 在老山以北，阜石路以南，有范围甚广的连片大沙坑。许多建筑部门在此设立采石场（开采砾石）、采沙场，就地利用砾石、沙子搅拌水泥浆，用大汽车运往各建筑工地。我到此参观，只见机器轰鸣，人声嘈杂，一派混乱景象。其中比较大的单位有北京西郊采石厂、北京城建沥青混凝土有限公司第一分公司。其东部建有南北走向的沙石路，以便于运输沙石的车辆通行。②

8. 在八角村西北，东临老山1000米处，1997年3月发现有魏晋壁画墓。墓顶距地表约3米，地表土1.5米以下即见沙石。"由地层断面可以看出，被水

---

① 《北京市石景山区志》，北京出版社2005年版，第66页。
② 《北京手册》，地质出版社2011年版，卷首地图第44—45页。

冲击的卵石层和泥沙层痕迹。"①

9. 老山北侧自然剖面的粉沙层。21世纪初年，我到老山北侧考察，在老山北坡下发现一自然剖面。在现代表土层下，是厚2—3米的粉沙层。由于粉沙层下部深埋，只能见到一部分，粉沙层的总厚度不止如此。

10. 老山自行车馆北侧沙坑。2008年12月16日，石景山区文委郭明、贾卫严，在老山自行车馆北侧的沙石坑里，发现了"息影庐主茔地南西界"石刻。② 息影庐主即吴沃尧，著有长篇小说《二十年目睹之怪现状》。他原籍北京，死后葬于此地。后人在此基地开采沙石，形成沙坑，致使其墓地刻石落入沙坑之中。证明地表土以下为深厚的沙石堆积。

图8. 吴沃尧墓地刻石

11. 金代赵励墓所见流沙卵石。2002年3月，在修建西五环路的施工中，于石景山游乐园与中础大厦之间，发现了金代赵励壁画墓。墓室顶部距地表约3米，墓穴南障下部有明显的流沙和卵石。③ 由于考古发掘范围有限，流沙、卵石的分布情况不详。该墓南距八角山约300米，位于八角山下。

12. 杨庄沙坑。有居民称，在杨庄西北，现在古城北路以北，原有沙坑，其范围与"大沙坑"相仿。后来在修建特钢居民小区和古城地铁家园时被填平。

上述这些沙石坑，都是古永定河的遗留，砾石（卵石）产于北京西山，沙子小部分来自北京西山，大部分来自桑干河所流经的怀来盆地。西山的岩石被永定河冲刷而下，在山区的流程只有100余千米，岩石撞击摩擦作用微弱，故砾石的磨圆度很低，沙粒粗大，多为粗沙；中沙、细沙、粉沙多来自怀来盆地。

---

① 吕品生等：《石景山区八角村魏晋壁东墓》，《石景山文史资料》第9辑，2001年内部版，第30页。
② 门学文：《〈二十年目睹之怪现状〉作者的墓地界桩》，《石景山文物·普查专辑》，（内部资料），第20—23页。
③ 陈康：《五环路金代壁画发掘始末》，《石景山文物》（内部资料），第7—11页。

古永定河出山以后便进入平原，于是河水所挟带的沙石随之而沉积下来。根据沉积学原理，颗粒大者最先沉积，例如砾石；颗粒小者，如粗沙、中沙、细沙、粉沙，按颗粒度的大小，先后分级逐渐沉积。砾石最先沉积，其次是粗沙、中沙、细沙和粉沙。这是常见的现象，然而实际情形比较复杂。在沙石沉积以后，如果河水改道了，不从原先的河道流过，沙石层上面就没有河沙沉积了。如果河水永不改道，则砾石、粗沙、中沙、细沙、粉沙的堆积层次，是不会改变的。

四、古永定河的走向

此前有不少研究人员认为，古永定河从门头沟三家店出山以后，从石景山与衙门口之间转向东北流。这种意见无疑是有道理的，然而有些过于宽泛，缺乏精确性，因为从石景山到衙门口距离很远，究竟从中间的何处转向东北流，没有明确的说明。

根据实地考察所见和有关的文献记载分析，古永定河出山以后，是从现在的庞村转向东北流。有何为证？我们需要从庞村的地理位置和水患说起。

图 9. 石景山

《北京市石景山区志》有如下记载："庞村濒临永定河，原来是防洪的重要地段。村西是最容易泛滥处，筑有十八堰，也称十八磴，由十八层花岗岩叠砌而成……十八磴修筑年代不详，当地流传先有十八磴，后有北京城的民谣，可见其历史久远。"[①]

永定河建造石堤防，始于明代。明嘉靖四十二年（1563），在卢沟河东西两岸，修筑"石堤凡九百六十丈"[②]。清康熙三十七年（1698）加固永定河左岸，改用花岗岩条石砌筑，用腰铁（亚腰形铁件）相连。十八蹬（即十八级）当为康熙三十七年所建，指导此

① 《北京市石景山区志》，北京出版社2005年版，第78页。
② 《明史》卷87《河渠五》，中华书局校点本，第2138页。

项修建工程的是顺天巡抚于成龙。康熙皇帝对此十分满意，认为桑干河患可以避免，于是赐名"永定河"。庞村当地居民"先有十八蹬，后有北京城"的谣谚，极言石堤的重要性，是对康熙皇帝决策的高度称赞。

不过庞村的水患，从明代到民国始终没有间断。嘉庆二十四年（1819），庞村附近的头工、二工出现洪水漫堤。乾隆四十年（1775），北三工决口。乾隆五十九年（1794），二工决堤。①1917年，庞村北三工决堤，有46个村庄318.6顷耕地受灾。②

庞村之地永定河水患为什么如此多？这与其所在的位置和风向有关。"庞村位于永定河河谷地带，正当风口，是风较多较大地区。"③庞村位于石景山（海拔183米）南，这里的主风向是西北风。当西北风来袭时，由于受到石景山山体的阻挡，大风由石景山的南北两侧通过，风力得以大大加强，成为大风的风口，对河堤、河水有很大影响作用。

大风口的强风有两种破坏作用，一是大风无孔不入，进入石堤坝的缝隙之中，能够将缝隙扩大，把条石吹落，甚至将石堤坝吹毁一段，使其失去防水能力，称作堤决、坝决。这种现象常有发生，防不胜防。例如，嘉庆十五年（1810），淮河"大风激浪，义坝决，堰、盱两掣坍千余

图10. 永定河石堤

丈"④。二是在大风吹动下，河水漫过河堤成灾，永定河在庞村附近漫堤是有记载的，例如乾隆四十年（1775），堵北三工漫口，嘉庆二十四年（1819），北二工漫溢，头工继溢。

历史时期庞村附近永定河水患发生原因，对于探索古永定河在庞村一带转向东北流，提供了重要借鉴。在地质时期，这里的强风对河岸有强烈的风蚀作

① 《清史稿》卷138《河渠三》，中华书局校点本，第2812页。
② 《北京市石景山区志》，北京出版社2005年版，第87页。
③ 《北京市石景山区志》，北京出版社2005年版，第79页。
④ 《清史稿》卷128《河渠三》，中华书局校点本，第2802页。

图 11. 永定河石堤

用，在下风区会出现风蚀沟风蚀洼地，为古永定河向东北转移创造了条件。强风作用于河面，会激起狂涛巨浪，浸蚀河岸，导致河岸坍塌，河水会在此冲出豁口，向前移动。风蚀和水蚀有时同时发生，有时是交替发生，其作用是一致的。经过长期风蚀水蚀作用，古永定河慢慢地向东北方移动。由于地质时间尺度很长，是以万年十万年百万年计算，日积月累，最后使古永定河改变流向，转向东北流。

此事发生在喜马拉雅构造运动的后期，即上新世末期至更新世末期，距今 200 万年至 1200 万年之际。当时北京西山和永定河都早已出现，到了更新世末年，即距今 10000 年以前，气候转暖，冰川融化。[①]受此影响，古永定河水量大增，洪水不断出现，加剧了古永定河的转向，最终形成了古永定河的东北流向。

然而有一问题令人困惑不解：在石景山地区，除了现在的永定河以外，却没有见到东北流向的古河道，原因何在？有一种可能是古永定河的故河道，被后来的人类活动给破坏了。这种可能固然有一定的道理，不过总应当留下一点痕迹吧，为什么一点痕迹也见不到呢？

图 12. 八角山山顶凉亭

我们从石景山地区古永定河沙石的广泛分布，不难得出一种认识：古永定河出山以后，最初处于散流状态，在平原地区四处流动，正是由于这种原因，

① 《中国自然地理》（下册），科学出版社1986年版，第14页及所附《中国陆地形成与发展图》。

才形成了永定河冲积扇，扇柄就在庞村一带。由于冲积扇不断扩大，形成了北京平原。前人对永定河的这种特点，早就有所认识。《畿辅通志》言："（西山）两山交束，河行其间，别无他道。"① 《再续行水金鉴》（永定河编）云："永定河性浊而悍，挟沙而行。伏汛发，其急如箭。东荡西决，悠忽变迁。"② 永定河的

图 13. 八角山古树

这种特点，在地质时期就存在。由于出山入平原以后，散漫而流，缺乏固定的河道，并非偶然。古永定河出山以后，先是在八角山以北散漫东流，没有形成固定河道，由于受老山的阻挡改向北流。因此，在八角山以北、老山以西出现了许多河相沉积。那么，古永定河遇阻为什么不转向南流？这是因为老山西南有八角山的存在。八角山（八角岗子）是自西向东走向，又转向东北，与老山相连接，形成曲尺形，挡住了古永定河南流的可能性。八角山是不高的山岗，最高处约20米，低处只有5—10米。这样的山岗对于自然流动的河流来说，是无法通过的，只能向北方低洼地区流去。古永定河在老山以北东流，又遇到田村山的阻挡转向北流，进入海淀和昌平。由此可知，古永定河出山以后，由庞村转向东北流，是受到八角山、老山、田村山的阻挡所致。谚云：人往高处走，水向低处流。自然的规律就是如此。

　　石景山地区可以见到一些自西向东流的故河道，在北辛安村、古城村、晋元庄村以及田村，都可以见到。这是金元时代，从金口引水的人工河道，今称金沟河。还有一些小水沟，是民国年间的灌溉渠道，都与古永定河无关。

---

① 《再续行水金鉴》（永定河编），北京书店1991年版，第426页。
② 《再续行水金鉴》（永定河编），中国书店1991年版，第428页。

关于本溪县泥塔金氏来源的辨证

　　本溪县高官镇泥塔村以满族为主，金氏、韩氏、赵氏都属于满族，其中金氏约占全村人口一半以上，是典型的满族村。清初金氏祖坟至今犹存，称老太太坟。坟前有残毁的墓碑。1990年8月我曾到此实地考察，有所记录。近年故地重游，发现老太太碑已不知去向，却听到了两种完全不同的新说法。一说老太太原居京师，由于伤害人命逃亡至此；二说金氏为索尼、索额图的后代。本文根据相关资料，对此进行了辨证，指出泥塔金氏可能与清太宗之子豪格有关，不是索尼、索额图的后代。

一、老太太不是后妃

　　据金庆凯介绍，老太太是清初索尼之妹，在宫中为后妃。由于争立皇帝，杀害了政敌。皇帝说，逃到百里之外，就赦无罪。于是，老太太率领子孙逃到本溪泥塔躲藏起来，形成了现在的金氏。①

　　《清史稿·后妃传》从清太祖之父显祖宣皇后喜塔腊氏以来，至末帝宣统皇后郭博罗氏等后妃，有详细的记述。其中出自索尼家族的后妃只有两人，一是索尼长子噶布喇之女，于康熙四年（1665）七月，册为康熙帝皇后，生有承祜、允礽二子。于康熙十三年（1674）五月丙寅，即生允礽的当日死亡，死后被谥为孝诚仁皇后；二是平妃，系孝诚仁皇后之妹，生子一，名允禨。②

　　除此之外，未见索尼家族中有别人入宫为后妃。故疑所谓老太太入宫为后妃之说不准确，可能是入诸王府中为福晋或婢女，"入宫"应为"入府"之误。须知，"入宫"与"入府"是两回事。"入宫"指入皇宫服侍皇帝，"入府"是指入王府服侍诸王，其身份是有所不同的。服侍诸王的女子，不能称后妃，只能称福晋或婢女，福晋是对亲王郡王之妇的尊称，意为"贵妇""夫人"。③"福

---

① 此为金庆凯讲述，金庆凯为国家第一批非物质文化遗产传承人。
② 《清史稿》卷214《后妃传》，中华书局校点本，第9910、9913页。
③ 孙文良主编：《满族大辞典》，辽宁大学出版社1990年5月版，第812页。

晋"出自满语，有时候也写作"福金"①。

按清代定制，在宫中服侍皇帝的女子，有皇后、皇妃、皇嫔、贵人、常在、答应等不同的身份，"妃、嫔、贵人惟上所命"②。皇后需要册封、颁印。服侍皇帝的女子与服侍诸王的女子，有严格的界限，不能混淆。由此看来，索尼之妹不会是皇帝后妃，而应当是某王的福晋或婢女。

皇帝和后妃居住的地方，在京城称作宫，在外地称行宫，故服侍皇帝和后妃的女子泛称宫女。诸王居住的地方不能称作宫，只能称作府。服侍诸王、福晋的女子，不能称宫女，只能称侍女或婢女。如将诸王之侍女称作宫女，则属于违制，有大逆不道之嫌。

二、老太太的政敌为何人

金氏族人声称，老太太为了争立皇帝，杀害了政敌。如果此说属实的话，那么，老太太的政敌为何人？与争立哪位皇帝有关？

据《金鸿印家谱》，泥塔金氏是大清国康熙元年（1662）到达泥岔台沟。③"泥岔"为"迷岔"之讹，今泥塔村原称迷岔里，"泥"字多音，既读 mí，又读 nì，当地村民多读做 mí。恰与"迷"（mí）字音近，故当地人常把"迷"写作"泥"。④台沟是今泥塔行政村下所属的一个自然村，村民皆为金氏，无杂姓，老太太坟就在这里。

如果泥塔金氏在康熙元年（1662）就已经迁移到这里了，那么，为争立皇帝而杀害政敌的时间，应当发生在康熙元年以前，是显而易见的。

在康熙元年以前，所立的皇帝有顺治皇帝福临和康熙皇帝玄烨。康熙皇帝是根据顺治皇帝临终以前的遗嘱所立，又"遗诏以索尼与苏克萨哈、遏必隆、鳌拜同辅政"。索尼等宣誓："索尼等誓协忠诚，共生死，辅佐政务。不私亲戚，不计怨仇，不听旁人及兄弟子侄教唆之言，不求无义之富贵，不私往来诸

---

① 《清史稿》卷218《多尔衮传》，中华书局校点本，第9030、9031页。
② 《清史稿》卷214《后妃传·序》，中华书局校点本，第8897页。
③ 《金鸿印家谱》系现代所撰，打印本。据说雍正四年（1726）撰有金氏家谱，《金鸿印家谱》引用了金氏家谱序言之文字。
④ 泥岔里（迷岔里）之名，见于《盛京内务府档案》，被收入《东北各官署》档案资料中，有道光十五年（1835）王玉彦抄本，现藏辽宁省档案馆。

王贝勒等府受其馈遗,不结党羽,不受贿赂,惟以忠心仰报先皇帝大恩。"① 诸王贝勒对四位辅政大臣十分信任,都深表支持。因此,康熙皇帝即位很顺利,没有其他人争皇位之举动。

顺治皇帝的继位,面临其叔父多尔衮、多铎许多人的竞争。阿济格、多尔衮、多铎为同母所生,其母纳喇氏是乌喇贝勒满泰之女,被立为大妃。天命十一年(1626)七月,"太祖有疾,浴于汤泉。八月,疾大渐,乘舟自太子河还,召大妃出迎,入浑河。庚戌,舟次瑷鸡堡,上崩。辛亥,大妃殉焉,年三十七。同殉者,二庶妃"②。清太祖庶妃有五,即兆佳氏、钮祜禄氏、嘉穆瑚觉罗氏、西林觉罗氏、伊尔根觉罗氏。她们都生有子女,不知殉葬的二庶妃,是哪二位。有人提出,大妃殉葬并非出自情愿,而是"皇太极为确保多尔衮生母此后不再干预国事,联合诸王逼令其自尽以绝后患"③。此固可以为一说,不过一起殉葬的还有其他二庶妃,她们都有子女,难道说她们是"出自情愿"吗? 皇太极不担心她们的子女干预国政吗?

据记载:"昔太宗登遐,两黄旗大臣誓立肃亲王。"④ 然而多尔衮、多铎二人对清太宗皇太极是怀有仇恨的。特别是多尔衮功高盖世,自认为他应当继皇太极之后当皇帝。由于索尼是朝廷重臣,在太宗皇帝死后的第五日,多尔衮便在沈阳三官庙召索尼议论新皇帝的人选。索尼回答说:"先帝有皇子在,必立其一,他非所知也。"太宗皇帝有子十一人,第一子是豪格,在讨伐明朝、察哈尔林丹汗的战争中,屡建功勋,封为肃亲王,最有资格继清太宗之后当皇帝。索尼之意,是想让豪格继任新皇帝。多尔衮听了索尼之言,很不甘心,于是第二天在沈阳清故宫崇政殿召开了诸王大臣会议,商议确立新君事。宫殿四周由二黄旗士兵环立,张弓挟矢,以示威胁。然而索尼和巴图鲁鄂拜,"首言立皇子"。⑤

多尔衮见状,令二人退出,继续商议新君事。多尔衮胞兄英亲王阿济格和其胞弟多铎,共同提出由多尔衮继位当皇帝,多尔衮考虑到索尼和鄂拜之言,

---

① 《清史稿》卷249《索尼传》,中华书局校点本,第9674、9675页。
② 《清史稿》卷214《后妃传》,中华书局校点本,第8900页。
③ 王钟翰:《清太祖大妃纳喇氏传》,《王钟翰清史论集》,中华书局2004年11月版,第111—113页。
④ 《清史稿》卷246《冷僧机传》,中华书局校点本,第9648页。
⑤ 巴图鲁出自蒙语,为"勇士""英雄"之意。

有些犹豫不决。多铎提出："若不允，当立我，我名在太祖遗诏。"多尔衮回答说："肃亲王亦有名，不独王也。"多铎又提出："不立我，论长当立礼亲王。"礼亲王代善回答说："睿亲王（指多尔衮）若允，我国之福。否则当立皇子。我老矣，能胜此耶？"代善之言对多尔衮有影响，他看到索尼之言取得代善的赞成，而且除了他的亲兄阿济格、亲弟多铎以外，没有其他人支持他当皇帝，有些心灰意冷，只好赞成由清太宗诸皇子中，选择一人为帝。他考虑到便于掌控新君，提出以太宗第九子福临继皇帝位，得到了大家的赞成。最后，"乃定议奉世祖即位。索尼与谭泰、图顿、巩阿岱，锡翰、鄂拜盟于三官庙，誓辅幼主，六人如一体"①。

当时，顺治福临只有六岁，于是，多尔衮当上了叔父摄政王，顺治五年十一月又改称皇父摄政王。多尔衮对肃亲王豪格的仇恨，由于他未能当上皇帝而有所加深，事后多尔衮唆使都统河洛会等人，诬告肃亲王豪格，剥夺了豪格的肃亲王爵位。此后，多尔衮利用摄政王的权利，进一步加强对豪格的迫害。顺治三年（1646），豪格被任命为靖远大将军，攻打陕西、四川的反叛和农民起义领袖张献忠，亲自射死张献忠，"四川平"。顺治五年（1648）凯旋，顺治皇帝亲自在太和殿宴劳豪格一行将领，然而"睿亲王多尔衮与豪格有隙"，诬蔑豪格"殉隐部将冒功，及提用罪人杨善弟"，将豪格囚禁于狱，一个月以后豪格自尽于狱中。②

在豪格死后不久，多尔衮便将豪格的福金（福晋）纳为自己的福晋，并将豪格的另一福晋，转送给阿济格为福晋。豪格的福晋和婢女可能还有一些也遭遇了同样的命运。金氏口碑中索尼之妹，即泥塔村的金氏老祖母老太太，也可能为其中之一。这些人为了给豪格报仇，也是为了给自己报仇，策划刺杀多尔衮本人和其亲信党羽，是可以想见的。

还有，多尔衮虽然当上皇父摄政王，然而仍然没有忘记皇帝梦，多尔衮的侍女揭发说："王在时，预以两固山谋篡大位。"③苏克萨哈揭露："睿亲王（多尔衮）将率两白旗移驻永平，且私具上服御。"④国史院大学士刚林"阿附睿亲

① 《清史稿》卷249《索尼传》，中华书局校点本，第9972、9973页。
② 《清史稿》卷163《皇子世表三》，中华书局校点本，第5019页。
③ 《清史稿》卷218《多尔衮传》，中华书局校点本，第9031页。
④ 《清史稿》卷246《何洛会传》，中华书局校点本，第9643页。

王，参与移永平密谋，又与大学士祁光格擅改《太祖实录》，为睿亲王削匿罪愆，增载功绩"①，为其篡夺皇位创造条件。多尔衮这些活动引起了众怒，忠诚于顺治皇帝的人，设法刺杀多尔衮自在情理之中。

多尔衮晚年，多次以各种名义到边外活动，与其篡位阴谋有关。顺治八年（1651）十二月，多尔衮狩猎之际死于喀喇城，享年三十九岁。关于喀喇城的位置，有人说在古北口外，未注明具体位置。清代广宁县（北镇）东界有喀喇河，②但是未闻此地有喀喇城。内蒙古赤峰市宁城县境内有黑城，据考证，黑城最初是西汉右北平郡治平刚故城，在辽代为中京大定府之劝农县故址，在明代为富峪卫。③在蒙古语中，"喀喇"为黑色之意，喀喇城就是黑城。黑城恰在古北口之外，从京师（北京）前往交通方便，且黑城保存完好，至今可见，周长2700米。多尔衮前往喀喇城狩猎，与他策划篡夺皇位的阴谋活动有关。

多尔衮死时三十九岁，正是壮年时期，史籍未注明其死因，使人困惑不解。如果是狩猎时落马摔伤，或为猛兽袭击，都可以医治，不致猝死。由此分析，或许有人乘机行刺，只有刺杀才能立刻而亡。由于多尔衮属于皇父摄政王，其死关系重大，没有人敢于记载。因此，《清史稿》对他的死因一字未提，其中隐藏许多秘密。老太太如果属于豪格福晋或婢女的话，参与刺杀多尔衮或其亲信，是有可能的，故而皇帝令她远走高飞，永不露面，用以保护她自己及其子孙的安全。类似的暗杀还有雍正皇帝被刺杀而死的问题，也不见于正史记载，在民间却广为流传，至今也没搞清楚此事是真还是假。

王钟翰先生说过："为了皇位权力之争，父子、兄弟、君臣之间，尔虞我诈，机关算尽，是什么事情都干得出来的。"多尔衮的皇位之争，就是如此。他不仅伤害了豪格，也伤害了自己，历史的教训是很深刻的。

三、老太太为什么逃亡泥塔

《金鸿印家谱》中有"泥岔台沟站"，即在泥岔台沟站稳之意。现在台沟保留有老太太坟，说明老太太死在这里。那么，老太太离开京城避罪，为什么选

---

① 《清史稿》卷245《刚林传》，中华书局校点本，第9630页。
② 《中国历史地图集东北地区资料汇编》，1979年内部版，第319页。
③ 李文信：《西汉右北平郡治平刚考》，《社会科学战绩》1983年版，第1期。

在泥塔台沟呢？如何回答这个问题也至关重要。

索尼所在的赫舍里氏，又作贺舍里氏，本是金代女真人纥石烈氏。在弘昼等人编撰的《满洲八旗氏族通谱》中，对赫舍里氏有详细记载，称："赫舍里，原系河名，因此为姓。其氏族散处于都英额、和多穆哈连、济古、哈达、叶赫、辉发及各地方。"[①] 按之历史，赫舍里氏所居之地，正是扈伦四部地区。扈伦四部是海西女真于明嘉靖年间南迁以后形成的四个部落集团。其中哈达部在开原城东南，明代开原人称之为南关，即今辽宁省西丰县哈达河（今称小清河）一带。叶赫部居住在吉林省梨树县东南叶赫河流域，由于在开原城以北，又称之为北关。辉发部居住在吉林省辉发河流域，即今辉南县东北。乌拉部居住在吉林省永吉县乌拉镇一带，是以乌拉江（松花江）得名。[②] 努尔哈赤所在的建州女真兴起以后，与扈伦四部发生了冲突，扈伦四部内部也相互斗争。明万历二十一年（1593）十二月，扈伦四部、蒙古三部、长白山二部集合三万人进攻努尔哈赤，结果被努尔哈赤打败了。在这个过程中，赫舍里氏随着形势的发展不断分化，出现了散居各处的局面。

索尼所在的赫舍里氏，先祖称穆瑚禄都督。"都督"是明朝为了羁縻女真部落，所任命的小官。穆瑚禄具有"都督"的头衔，说明他是一个部落酋长，有一定的势力，故而反侧于扈伦四部之间。据《八旗满洲氏族通谱》记载："先是穆瑚禄都督世居都英额地方，后迁居白河，又迁哈达国。"[③] 可知赫舍里氏曾朝秦暮楚。穆瑚禄生子八人，即瑚新布禄、丹楚、达柱、岱音布禄、阿音布禄、拖灵阿、特赫讷、噶尔柱费扬古。特赫讷第三子瑚什穆巴颜生硕色、希福，天命四年（1619），硕色、希福携索尼自哈达归附努尔哈赤。此三人均精通满、汉、蒙古文字，受到努尔哈赤的重视，赐名"巴克什"，在满语中，"巴克什"为读书人、有学问的人。

1616年，努尔哈赤在兴京（新宾）建国，两年以后攻占抚顺城、清河城，随即占领了辽阳城、沈阳城。至此辽东地区全部为后金所有。为了充实辽东地区，努尔哈赤将吉林东部的满洲部落，大量迁入本溪地区。硕色、希福家族，也随之进入本溪地区。当时进入这里的满族大姓还有：爱新觉罗氏（赵氏）、

---

① 《八旗满洲氏族通谱》，辽海出版2002年7月影印本，第146页。
② 李健才：《明代东北》，辽宁人民出版社1986年版，第144—160页。
③ 《八旗满洲氏族通谱》，辽海出版社2002年版，第146页。

瓜尔佳氏（关氏）、富察氏（富氏）、吴扎拉氏（吴氏）、吴尔古宸氏（乌尔滚氏）等。本溪县东营坊乡瓜尔佳氏（关氏），隶属于满洲正白旗奉天硕色佐领下，此硕色佐领应是索尼之父硕色巴克什。[①]

在本溪县草河城镇黑峪村，至今尚居住有赫舍里氏，现在改姓赫。据光绪五年（1879）撰修的《赫舍里氏宗谱书》记载，在顺治元年（1644）满洲大举迁移入关时，赫舍里氏大部分人都"从龙入关"，只有罕都将军洼尔达被拨往奉天，驻防凤凰城，这支赫舍里氏人丁旺盛，仅其中的阿尔密一支在册男丁就达3590人。草河城镇的赫舍里氏，亦属留居奉天的后裔。[②] 草河城的赫舍里氏，是否为硕色、希福的同族，现在缺乏直接证据，不过从索尼之父硕色曾担任满洲正白旗奉天佐领来看，草河城赫舍里氏与硕色、希福之间可能会有一定的关系。

索尼之妹与索尼在年纪上相仿，不会相差很大，天命四年（1619），硕色、希福归附努尔哈赤时，索尼已成年，被赐为巴克什，从这时到1644年清廷入关已有25年。当时索尼和老太太的年纪约在45—50岁，他们对曾经生活过的本溪山区，会有一定记忆的。努尔哈赤是乘太子河木舟回到沈阳浑河叆鸡堡驿，在当时是众人皆知的。老太太如果从辽阳城附近登舟溯太子河而上，虽然舟行速度不如顺水快捷，然而这段大约200里的水路，[③] 用不了两个月即可以到达泥塔台沟。台沟是一条长约不足5里的山沟，三面环山，一面向太子河，地形封闭，交通不便，这种条件正是老太太避难的良好场所。当时的泥塔下堡（今泥塔村的主体），太子河水四处漫流，洪水频繁，在此居住很不安全。相比之下，台沟较为合适一些。老太太选择台沟为居住地点，主要是考虑安全的结果。封闭的山谷不易被外人发现，是理想的避难场所。

老太太一家人，是清代泥塔最早的居民，台沟是当时最早的居民点。后来由于人口增加，地域狭窄，有部分人越过南山到头道沟、二道沟居住。台沟、头道沟和二道沟的居民全是金氏，至今仍是如此。他们都是老太太的子孙后代。

---

① 李林、朴明范、侯锦帮、高作鹏：《本溪满族史》，辽宁民族出版社1988年版，第50页。

② 李林、朴明范、侯锦帮、高作鹏：《本溪满族史》，辽宁民族出版社1988年版，第49、50页。

③ 马毅：《太子河水运》，《本溪县文史资料》，1988年12月内部版，第65—71页。

四、老太太坟和老太太墓碑说明了什么

在台沟东边有一座小山，山的西侧是稀稀落落的居民点，当地人称此山为台沟后山。在台沟后山的南山坡上，有一座圆形的古坟，居民称之为老太太坟。据金氏族人的口碑，坟中埋葬的一位老太太，她便是泥塔村金氏的始祖母。因此才被称作老太太坟。按照中国的传统，夫妻通常是合葬的，只葬妻、不葬夫的现象极为罕见。老太太坟为什么只埋葬一人？长期以来没有人做出科学合理的解释和说明。

本文前面介绍了清太宗死后，多尔衮想方设法阻挠清太宗第一子肃亲王豪格继承皇位，编造种种罪名迫害豪格致死。豪格死后，被埋葬于北京广渠门外三里许。顺治皇帝亲政以后，"雪豪格枉，复封和硕肃亲王，立碑表之"，并追谥豪格为武肃亲王，"亲王得谥自豪格始"，这是很高的礼遇。因此，豪格墓地很大，种有六棵松树。道光年间，金世宗后裔完颜麟庆在豪格旧墓地之北营建自己的墓地，二者相距不远。豪格墓地有一株松树长得特别高大，枝叶繁茂，由于枝叶特别沉重，特用 99 根红色木桩支撑，当地人称此松为"架松"。后有小学建校于此地，称架松小学。[①] 老太太应是服侍豪格的福晋或婢女，既然豪格已经以亲王之礼安葬于京师，自然无法二人合葬，这就是老太太坟只埋葬她一人的真实原因。

据实地考察所见，老太太坟前原有两座墓碑。其中一座墓碑具有碑座、碑额，碑上刻有金天全、金天升、金天喜、金天柱、金天大、金天祐、金天禄、金天有、金天武、金天重等许多人名。第二座墓碑不见碑座、碑额，碑身上部有抹角，两侧刻有花栏，说明没有碑额，其形制与第一座墓碑有些不同。碑石已残断，可以见到的残碑文有"大清""康考""婢""氏之灵位"字样，碑石右侧残存有"康熙贰拾有两年季秋"字样。[②]

从上述碑文来看，第一座碑上刻有的金天全、金天升之类人名，应是老太太的子孙，他们集资修建此墓碑，故要在碑石上刻出名字。刻有人名的一面应是碑阴，碑阳的文字属于纪事，说明建碑的缘起和老太太的贞操懿行，由此碑石沉重，无法翻动，碑阳的文字未能见到。

① 景爱：《皇裔沉浮——北京的完颜氏》，学苑出版社2002年版，第115、116页。
② 景爱：《本溪县泥塔村爱新觉罗氏考》，《满族研究》1992年第3期，第28—30页。

第二座碑中的"婢",指的是婢女,福晋也可以谦称婢女。"婢"又可以写作"嬖",指被宠幸的女子。此"婢"字显然与老太太身份有一定的关系。要么老太太属于被宠爱的女子,要么是婢女。第二座碑中的"康熙贰拾又两年季秋",是建立墓碑的时间,[1] 说明老太太是在康熙二十二年季秋以前逝世的。

第一座碑体大,有碑座、碑额,碑额正面浮雕有二龙戏珠图,阴刻"万古流芳"四字。第二座碑比较简朴,未见碑座、碑额。相比较而言,第二座碑属于先建,即建于康熙二十二年（1683）。第一座碑要晚于第二座碑,是在康熙二十二年以后所建。老太太是因伤害人命,逃到本溪避难,起初力戒张扬,恐为他人所知。到了康熙二十二年之时,由于政治危险期已经过去,于是开始立碑宣传老太太的事迹,就很自然了。

据称是雍正四年（1726）始修的金氏家谱中,有"雍正四年头旗当差,内务府镶黄旗人,两差二两七,奉天府辽阳州镶黄旗袖云牛录"的记事。说明老太太原属内务府镶黄旗,内务府是专门为皇帝服务的机构,皇族爱新觉罗氏多属于镶黄旗。老太太逃出京城时,自然失掉了旗籍。雍正四年又恢复了旗籍,隶属于辽阳镶黄旗袖云牛录,并领到了内务府支付的薪俸,改变了自食其力耕种为生的贫困状态。故疑前面提到的有碑座、碑额的第一座碑,可能是雍正年间所建立。

现在老太太坟前的墓碑已下落不明,不知去向。如果能找到墓碑加以修复,使碑文清楚可见,那么,有关老太太的种种疑问有望可以得到解决。

五、泥塔金氏是索尼、索额图之后吗?

金庆普在《金氏家谱汇编·后记》中说:"我们金氏家族的家史,虽然经过考证,认定我们是清初辅政大臣索尼、议政大臣索尔图的后代,但仍有一些未解之谜。"[2]

其实,金氏族人并不认同金氏为索尼、索额图后代的说法。例如《金鸿印家谱》没有写始祖老太太,把老太太的长子郎头立为始祖。《金庆余家谱》虽

① 见《金鸿印家谱·序言》。
② 《金氏家谱汇编》,系当代人所编,打印本,收录了泥塔金氏各支自编的家谱。本文提到的《金鸿印家谱》《金庆余家谱》都收入其中。

然将老太太列为始祖，却又注明老太太"姓氏待考"，说明不认定老太太属于索尼家族的成员。老太太是泥塔金氏的老祖母，是没有什么疑问的，老太太坟、老太太墓碑都可以证明这一点。若说泥塔金氏是索尼、索额图之后代，却是很有问题的，恐与事实不合。

人类原始社会最初是母系社会，又被称作母权制，其世系按母系排列。"男性死者的子女并不属于死者的氏族，而是属于他们母亲的氏族；最初他们是同母亲的其他血缘亲属共同继承母亲的。"[1]

在进入阶级社会以后，母系被父系所代替，家族的世系是按男性计算，不能按女性计算。《金鸿印家谱》未把老太太列为始祖，就是体现了家族世系按男性计算的原则，是正确的。老太太的丈夫，才是金氏的始祖，只是由于某种原因，未能出现而已。此人应是前面考证过的肃亲王豪格。清太宗死后，索尼多次提出由豪格继承皇位，很可能与索尼之妹是豪格的福晋或嬖女有关。不过把索尼和索尼之子索额图列为金氏的始祖，属于认错了祖宗，与事实不合，应当予以纠正。

如果将泥塔金氏说成索尼、索额图的后代，会引起一系列难以解决的问题来。其一，金氏如果是索尼、索额图的后代，那么，按照逻辑，泥塔金氏显然不能属于爱新觉罗氏了，"金"姓的由来也就出现了问题。众所周知，"金"姓是从爱新觉罗的"爱新"而来。在满语中，"爱新"是"金"之义。按《八旗满洲氏族通谱》的记载，索尼、索额图姓赫舍里氏，属于水名，不具有"金"的含义。

其二，从旗籍而言，索尼、索额图都属于正黄旗，这在《八旗满洲氏族通谱》和《清史稿》中有明确记载。《金鸿印家谱》援引雍正四年金氏家谱，称金氏是内务府镶黄旗人。在清代旗籍的规定十分严格，是不能够随便改动的。如果将泥塔金氏说成是索尼、索额图的后代，那么，金氏就不是内务府镶黄旗人，而变成正黄旗人了。

由此可知，将泥塔金氏说成是清初索尼、索额图后代显然与事实不符，是不能成立的。产生这种误说的原因，是对后金时代多尔衮与豪格争夺皇位缺乏了解所致。如果把当时争皇位搞清楚了，那么，泥塔老太太的身份和金

---

[1] 恩格斯：《家庭、私有制和国家的起源》，《马克思恩格斯选集》第四卷，人民出版社1972年版，第50页。

氏的由来便可以理出头绪，不至于张冠李戴，将泥塔金氏说成是索尼、索额图的后代了。

（2017 年 7 月初拟于北京石景山医院住院部，8 月 15 日改于八角村寓所）

评 "大宋史"

中国自古以来就是多民族国家，各个民族在历史上都有所贡献。中华文化之所以绚丽多彩，异彩纷呈，就是容纳了多民族文化的结果。中国现在有 56 个民族，各民族的大团结是维护国家统一、实现中华民族富强百年梦想的基本保证，这已成为举国上下的共识。

习近平总书记反复强调民族团结的重要性，他指出："加强民族团结，要坚决反对大汉族主义和狭隘民族主义……大汉族主义错误发展下去会产生民族歧视，狭隘民族主义错误发展下去会滋生离心倾向，最终都会造成民族隔阂和对立，严重的还会被敌对势力利用。"（2014 年在中央民族工作会议上的讲话）然而某些个别学者却爱在民族关系问题上做文章，"大宋史"说就是近年出现的一种有害言论。本文就此发表评论，分析"大宋史"的危害作用。

一、何谓 "大宋史"

汉语中的"大"字与"小"字是对应而言的，《现代汉语词典》（修订本）对"大"字的解释是："在体积、面积、数量、力量、强度等方面超过一般或超过所比较的对象。"（2012 年修订，第 6 版，第 238 页）"宋史"是抽象名词，与具体实物不同，无体积、数量、强度之说，所能进行比较的只有国土面积和力量。"宋史"是宋朝的历史，与宋朝大体同时存在的还有辽、金和夏（西夏）三朝（按：匈奴人赫连勃勃也建有夏，称大夏，与党项所建夏国不同，故学界称党项夏为西夏以别之）。所谓"大宋史"是将宋与辽金西夏相比较而言，以宋为大朝，辽金西夏为小朝，故将辽史、金史、西夏史纳入宋史，成为宋史的附庸。这样的宋史已完全超出了宋朝史的研究范围，故而称之为"大宋史"。简言之，"大宋史"就是将辽朝史、金朝史和西夏史纳入宋史中，成为宋史的附庸。这是刻意贬低辽朝、金朝和西夏朝的精心策划。

二、宋朝不是大朝

在历史上宋朝不是什么大朝，而是屈服于辽、金的小朝。无论在领土面积上，还是在国势上都比辽朝和金朝小很多。

主编过《辽宋夏金史》（高等教育出版社 2001 年出版）的著名历史学家杨树森先生（1925—2014 年）指出："现在有人提出'大宋史'，将辽、金纳入'大宋史'的范围，这是错误的。'大宋史'不能包括辽、金，辽朝疆域比宋朝大一倍以上，宋朝能把辽朝包括进去吗？金朝疆域就更大了。"（景爱主编《辽金西夏研究年鉴 2013》，中国社会科学出版社 2015 年版，第 259 页）根据谭其骧主编《中国历史地图集》第 6 册《辽北宋时期全图》，辽朝疆域相当于北宋的 3 倍；据同书《金南宋时期全图》，南宋疆域又比北宋小了许多，只相当于金朝疆域的一半。辽金与北宋、南宋版图有如此巨大的差别，北宋、南宋比辽、金小了许多许多，大宋朝又从何说起？

至于宋朝的国势，与辽、金相比那就相差更远，甘拜下风了。1004 年（宋景德元年），辽朝南下伐宋，大兵压境，宋朝廷惶恐不安，王钦若主张迁都金陵，陈尧叟主张迁都成都，只是由于寇准的阻止，宋真宗才打消了逃跑计划，车驾北赴澶州，惧于辽朝的军威，被迫与辽朝签订"澶渊之盟"。按照盟约规定，宋朝每年要向辽朝贡献绢 20 万匹，银 10 万两，并"差人搬送至雄州交割"，这是一笔数额不小的军事赔款。宋真宗用高昂的赔偿，得以保住了他的皇位，却加重了民众的负担，被时人讥为"城下之盟"。

南宋国势更弱，宋徽宗、宋钦宗被金国所俘虏，死在异国他乡。宋高宗为了躲避金兵追捕，被迫逃到大海上游荡。为了保住帝位，宋高宗"屈己就和"，与金朝签订"绍兴和议"，规定南宋称臣于金，"世世子孙谨守臣节"，每年"岁贡银、绢二十五万两、匹"，宋高宗赵构信誓旦旦宣称："有渝此盟……坠命亡氏，蹐其国家。"不难看出，南宋比北宋更加虚弱，称臣于金，就是金国的附庸。

北宋、南宋卑躬屈膝向辽、金纳贡称臣，史籍有明文记载。宋朝的大朝地位又在哪里？岂不是白日做梦！

三、"大宋史"是正统观的表现

正统观在史学上的表现，以欧阳修所撰《新五代史》最有代表性。他在此书中，将建立辽朝的契丹列入书末《四夷附录》，加以贬斥，而将梁唐晋汉周五朝列为正统加以详述。实际上五代的更替与契丹有关。李克用向契丹借兵，石敬瑭由于向契丹割让燕云十六州当上"儿皇帝"，刘知远曾称辽太宗耶律德光为父，依靠契丹支持建立后汉。后周柴荣死在征辽途中，赵匡胤得以陈桥兵变，当上皇帝。

欧阳修将契丹列入四夷附录，是因为契丹是夷狄之属。他作为宋朝大臣，这样撰写显然是为了讨取宋朝皇帝的欢心和重视。元朝撰写辽、宋、金三史时，如何撰写辽、金，各种意见相持不下，争斗的中心是以何朝为正统问题，最后确定"各与正统，各系其年号"的办法，撰写辽、宋、金三史。

明朝是继宋朝之后，最弱小的朝代。明英宗为瓦剌也先所俘，成为明朝的奇耻大辱，对北方少数民族的仇恨加深，一些文人竭力否定辽金，用以发泄其不满。安都提出，要仿效《新五代史》的体例，"附辽金于宋史"。王洙的《宋史质》、柯维骐的《宋史新编》二书，都是将辽金附于宋史之后。然而这种倒行逆施，没有得到明朝廷的认可采纳。邓广铭对此评论说："明代的柯维骐，在其所撰《宋史新编》中，虽曾荒诞迂腐地企图把辽金作为两宋的附庸；王洙在其所撰《宋史质》中，则更为悖谬地根本不承认辽金元三朝的存在；但他们的这种谬论既得不到同代人和后代人的赞同，他们的两部著作也就理所当然地得不到后代治史者的重视。"（王若薇《契丹王朝政治军事制度研究》序，中国社会科学出版社 1991 年版）

由此可知，将辽金史作为宋史附庸的"大宋史"，实际上是明朝安都、柯维骐谬说的翻版，没有什么新意可言。

四、"大宋史"用意何在

宋代的欧阳修，明代的安都、柯维骐和王洙，都是封建时代的文人墨客，用正统观念看待辽金，在当时来说是不可避免的。那么，在宋朝灭亡 700 年以后，在实施民族平等的新世纪，为什么会出现"大宋史"的怪说？这倒是值得人们深思的重要问题。

"文化大革命"以后，学术界拨乱反正，纠正了以前轻视少数民族的倾向，辽金西夏的研究走上正确的轨道。特别是进入 21 世纪以来，由于加大了科学研究资助的力度，辽金西夏研究蓬勃发展。据《辽金西夏研究年鉴》论著目录统计，新世纪初年，每年发表的论著多达三四百种，近年增加到每年近千种；研究的范围，也由以前的政治、经济、文化，扩展到音乐、美术、戏剧、工艺、科学、文学、家族、姓氏等许多方面。随着研究的深入，辽金西夏在中国历史上的重要贡献和影响，更加明显地表现出来。这本是一件大好事，然而在坚持正统观念的人看来，却并不是什么好事：提升辽金西夏地位，具有削弱宋朝历史地位的作用。因此，从维护宋朝历史地位的角度出发，他们本能地站出来，制造种种谬论，来干扰辽金西夏研究，企图将辽金西夏研究纳入宋史研究的范畴。

五、贬低丑化辽金西夏不利于民族团结

历史与现实有密切关系，贬低丑化古代少数民族，不利于当今的民族团结。现在的民族是从古代发展来的，达斡尔和云南的"本人"是契丹之后，满族人、锡伯人是女真之后，回族人、维吾尔人是回纥之后，宁夏、甘肃、青海有不少西夏李氏之后。与其相邻的，也大多是少数民族。

长期以来，少数民族在汉族统治下，受尽了剥削压迫，共同的命运使他们同病相怜。20 世纪 80 年代，中央电台天天播放刘兰芳讲的《岳飞传》，渲染金兀术的野蛮落后、抢掠烧杀。此事在蒙古牧民中产生了巨大反响，牧民气得将收音机掷地，大骂刘兰芳不是好人，应当千刀万剐。蒙古与金国有世仇，金国是被蒙古灭亡的。蒙古牧民为什么强烈反对丑化金兀术？这叫物伤其类。

号称知识精英的专家学者，应当以民族团结大局为重，谨言慎行，不可意气用事，要三思而后行。不要以为少数民族是傻子、无知，其实他们心中都有一杆秤，眼睛是雪亮的，有识别能力。蒙古牧民对刘兰芳《岳飞传》的巨大反响，即证明了这一点。谚云：一石激起千层浪，说的就是这个道理。历史与现实有关，要学会正确地讲述历史，避免影响各族人民的大团结，保证社会安宁。这是大家的共同责任，更应是专家学者的神圣责任。

21 世纪辽金史研究中出现的纰漏

　　进入 21 世纪以来，辽金史研究有了很大进展，各种论著频出。不过其中有些论著纰漏很多，产生了不良效果。本文以《中国通史——金史》、《东北历史地理》、北京"古崖居"为阴宅说、天安门前金水河名来自黑龙江省阿什河、齐齐哈尔城起源于金代哈拉古城为例，指出其存在的种种纰漏，提请读者增强识别能力，勿轻信其言。

在 2000 年前后，昔日资深辽金史学者先后作古，不过他们所留下的研究成果，却影响深远。原来的青年学者步入老年，由于历史原因，其学术修养已不如从前。现在的年轻学者甚多，不少具有博士头衔，不过他们缺乏科学研究经验，需要一个成长过程。

就研究成果的数量而言，21 世纪比 20 世纪明显增多，这是经济快速发展、科学研究经费加大投入的必然结果。不过在数量增加的同时质量上并不理想，有不少论著存在明显的纰漏和不足。缺乏应有的深度和力度，有些学者利用前人研究成果，重新组合编纂成书，自然缺乏原创性，未能提出新意，学术性不强，影响面很小，甚至出现了不少错误。反映出有些作者未经深思熟虑，草率成文成书，其负面作用不容忽视。

我在主编《辽金西夏研究年鉴》的过程中，早就发现了这些问题。由于时间不足，却未及撰文。今值《辽金西夏研究年鉴》创办五周年，草拟此文，稍加评论，权作历史之纪念。不当之处，请专家学者不吝批评指正。

一、《中国通史——金史》

《中国通史——金史》，人民出版社 2006 年出版，38 万字。此《中国通史》是一套没有主编、没有统一体例之书。执笔者可以随心所欲，按照自己的理念写书，成就一家之言。其水平参差不齐，在学术界少有影响。与范文澜、蔡美彪主编的《中国通史》，白寿彝主编的《中国通史》不可同日而语。

本书内容简介称："本书作者长期从事辽金史研究，是辽金史研究的名家，撰有专著多种，论文数十篇。本书是他二三十年来金史研究的总结性著作，是金史研究的重要成果。"事实是否如此，不妨翻开看一看再说。

1. "形别"为何意

本书第一编第一章标题为"女真先世"。在记述女真先世时称：

> 挹娄不仅依然保持肃慎使用楛矢石砮射猎野兽的传统，而且其形别与肃慎相同（第 3 页第 8—9 行）。

何谓"形别"？着实让人看不懂。有人找到我，问我"形别"为何意？我茫然不知如何回答。囿于闻见，我从未见过"形别"一语，不敢贸然评论。按字面来说，"形"指形体，"别"指区别。若此，"形别"似指形体不同。

书中的这段文字，旨在介绍挹娄人的楛矢石砮与肃慎相同，而"形别"二字意为形体有别，前后岂不是自相矛盾，自我否定。看书的人读到此处，如堕五里雾中，不知这是什么典故，百思不得其解。看来"名家"成文不要太"深奥"了，若是"深奥"到大家谁也看不懂的地步，这样的书恐怕就很少有人看了。

2. 粟沫江不是今日松花江

本书第一编第一章第二节题为"辽代女真"，文称：

> 熟女真又称合苏款、曷苏馆、合苏充、合素等，分布在今辽阳以南；而生女真则分布在今松花江（粟沫江）以北、以东的地区里（第 7 页）。

"今松花江"是指嫩江与第二松花江相汇合以后，自西南向东北流向的松花江。"粟沫江"是今第二松花江的古称。在本书作者看来，今日的松花江便是古代的粟沫江（第二松花江），二者可以画等号。这种说法是不会有人相信的。

中国古代有用河流上游的名字称呼下游的习惯。嫩江是松花江的上游，唐代的那河（嫩江）兼指今日的松花江。石勒喀河是黑龙江上游，明末清初的达斡尔人、俄国人有时将黑龙江称作石勒喀河。不过今日的松花江，从来就没有称过粟沫江。

粟沫江之名最早见于《魏书》，记载勿吉"国有大水，阔三里余，名速末水"。《新唐书》称，粟沫部"依粟沫水以居"。《契丹国志》也有"粟沫江"之记载。粟沫江是以粟沫部得名。粟沫江为今日第二松花江，这是当代学者共同的结论，谭其骧主编的《中国历史地图集》第6册（宋辽金时期）第8—9页辽东京道，明确标注疎木河为第二松花江，疎木河即粟沫江的异写。李健才撰写的《松花江名称的渲变》（见《东北史地考略》），也是持此说法。

本书提出的"今松花江（粟沫江）"之说，不知以何为据？应把相关出处注明，以供大家参考。

3. 图片是装潢，还是证史补史？

作者自序称："本书在文化、社会生活部分，除了使用研究者所共同关注的文献以外，还注重利用诗文和新的考古资料，这是正史和其他史书所无法替代的。"看来本书作者很重视考古资料。然而细读此书，考古图片很多，并不限于文化、社会生活，包括序言在内正文每页都有图片。

采用考古图片的目的是为了证史补史，图片的选用应当与正文的记述有关，起相互佐证的功用，不是为了装潢门面。然而本书图片不是用于证史补史，而是用作装潢。何以见得？请见以下诸例证。

本书第一编金朝的兴亡采用了十一幅图片，均为辽代的绘画。其中有东丹王耶律倍的《射骑图》《人骑图》、胡瓌的《回猎图》，以及辽墓壁画中的《引马图》《出行图》和契丹人物像。如果契丹绘画内容有助于证明金代历史，固然无可厚非，即使多一些也无妨。然而上述绘画所表现的是契丹日常生活，与金朝人的兴亡毫无关联。如果有女真伐辽的征战图，倒是可以采用，然而本书却没有此类图片。

本书第二十一章为金代史学，按理说应当选用与史学有关的图片，或与史家有关的图片，如刘祁的《归潜志》、元好问的《中州集》早期的书影。然而本章的图片竟然采用了九种经幢的图片，不知经幢与史学有何种关系。明眼人一看便知道，这是用经幢图片作秀，用经幢图片作装潢，对于学术著作来说，恐怕无此必要。若是《图说金史》尚可，然而书名无"图说"字样。有人说大量采用图片，可以增加页码，使书体变得厚重，给人以"大部头"的印象，或许有一定道理，道出了作者的本意。

还有不少不准确的行文和图片配置不当的章节，限于篇幅，不再赘述了。由此看来，那位自称为辽金史"名家"的人，可能由于不慎重的原因，也会留下种种纰漏。兵家说，骄兵必败，在学术研究上也是如此。慎矣哉。

二、《东北历史地理》

《东北历史地理》，黑龙江人民出版社 2013 年出版，封面冠以"黑龙江历史文化研究工程出版资助项目"字样。精装上、下两册，封面用金字，堪称堂皇。其下册第八编为辽代东北民族和建置的分布，编者自称："本编是全书中最有创新的一编。"读过以后，却发现是全书中错误最多的一编。兹列举以下三事稍做说明。

1. 将乌古、于厥视为二部是错误的

《辽史》中关于乌古、于厥的记载甚多。乌古的复数形式为乌古里、乌虎里；于厥又作羽厥、尉厥，属同音异字。于厥的复数形式为于厥里、于谐里、妪厥律、于骨里，亦属于同音异字。尉、蔚属于多音字，既读 wèi，又读 yù。今河北张家口市有蔚县，读 yù xiàn，不能读 wèi xiàn。按古代音韵学，"乌"与"于"的读音是相同的。古代文献常见的感叹词（语气词）"於戏"，其实是读作"呜呼"的。由于现代汉语与古代汉语不同，"於戏"现代不使用了，改用"呜呼"。古今语音有变化，现代许多不从事音韵学研究的人多不清楚，常常出错，将乌古与于厥视为二族即是如此。

本书在"辽代室韦分布"的一节中，将乌古、于厥里分别置于两个不同的小节中叙述，一称"乌古诸部的分布"，一称"辽代于厥里部的分布"，显然是把乌古与于厥里视为不同的二部。关于乌古即于厥（里）的论述，此前多有考证。例如孟广耀的《辽代乌古敌烈部再探》（1979）、景爱的《关于呼伦贝尔古边壕的时代》（1982），都指出乌古就是于厥。本书编者大概是未能阅读前人的论文，或是不愿意采纳别人的研究成果，坚持自己的一家之言，结果铸成了大错，令人看了哑然失笑，笑其读书不多，知识面太狭窄。

2. 关于皮被河的错误定位

本书称，"皮被河应是鄂嫩河及石勒喀河"（第 20 页），这是指鹿为马，不能成立的。关于皮被河和皮被河城的位置，苏联考古学家吉谢列夫（1957）和蒙古国考古学家佩尔列（1962），通过实地考察，指出皮被河是克鲁伦河左岸唯一的支流，今名木伦河。在木伦河口有辽代古城，称祖赫雷姆城。城内有高大雄伟的建筑物，出土有太平年号铜钱，太平（1021—1030）为辽圣宗年号，证明此城为辽城，应为《辽志》所记的皮被河城。这种论断是可信的，已为

学术界普遍接受采纳。谭其骧主编的《中国历史地图集》第6册第6页上京道图，将皮被河城标定在克鲁伦河左岸，是正确无误的。

本书称："胪朐河旧说多认为是今克鲁伦河，但克鲁伦河并无从西北而来，东南入克鲁伦河之支流。"（第20页）克鲁伦河明明有支流木伦河，河口还有辽代古城，在比例比较大的世界地图上，例如1990年12月出版的《最新世界地图集》第22页左侧蒙古国地图，在克鲁伦河左岸标出了自西北向东南流的支流，虽然没有标注河名，由于克鲁伦河只有一条支流，由此判断此河流显然是木伦河。本书编者手边可能没有合适的地图，在小比例地图上未见到克鲁伦河有支流，便断定克鲁伦河没有从西北来的支流，并以此为据，推断皮被河应是鄂嫩河及石勒喀河。据《辽志》记载，皮被河上有皮被河城，读者会问：鄂嫩河、石勒喀河上有辽城吗？如果没有辽城的话，何以断定其为皮被河？至此，其说法之误昭然若揭。

3. 将氏族与部落相混同

本书称："辽代属于契丹族的部落有：内四部族、遥辇九帐族、皇族三父房族、国舅帐拔里、乙室已族、国舅部族。此外还有五院部、六院部、乙室部、品部、楮特部、乌隗部、涅剌部、突举九部，共计十三部。但实际上，辽代内族还有一个，即所谓御帐或称'官帐'。因此不是内四部族，而是内五部族，加上九部是十四部。"（第5页）

上述文字，说明编者没有读懂《辽史·营卫志》。将氏族和部落（简称"部"）相混同了。《辽史·营卫志》对于族和部，有如下的说明："部落曰部，氏族曰族。契丹故俗，分地而居，合族而处。有族而部者，五院、六院之类是也；有部而族者，奚王、室韦之类是也；有部而不族者，特里特勉、稍瓦、曷术之类是也；有族而不部者，遥辇九帐、皇族三父房是也。"（校点本第376页）

这段文字过于简洁，不少人读不懂，会产生种种误解。氏族由家族发展而来，在此基础上产生了部落。同一氏族的人，可以居住在不同地方，其血缘关系不能改变。"分地而居，合族而处"，即指此而言。同一氏族可以组成部，此即"族而部"。不同氏族的人也可以组成部，此即"部而不族"，例如特里特勉部是由契丹八部"各析二十户"组成。"族而不部"是说只有氏族，没有组成部，遥辇九帐、皇族三父房即属此情形。遥辇九帐是遥辇氏九大氏族，皇族三父房是指阿保机的三位伯父房。他们特别尊贵，不需要置部。

本书将遥辇九帐、皇族三父房以及国舅二族都称作部族，显然是错误的。"古者，巡守于方岳，五服之居各述其职，辽之部族室似之"（校点本第383页）。遥辇九帐、皇族三父房由国家养活他们，是特殊的人群，不需要组成部，只能称作族、氏族。至于皇帝御帐，自然更不能称作部了。本书将皇帝御帐也列为一部，错误尤甚，太天真幼稚了。皇帝为国家之主，不需要建部，何况还有窝鲁朵供养，窝鲁朵只能称官卫，不能称作部。

本书的编者过于天真，将具有族、部字样者一律称作部、部落，完全混淆了氏族与部落的界限，造成了不应有的混乱，是没有认真读懂《辽史·营卫志》的结果。

三、北京"古崖居"为阴宅说无据

20世纪末，北京考古工作者在延庆县（今延庆区）北山中，发现了许多在山岩上开凿的石室，被称作"古崖居"。"居"指居室，"古崖居"之命名，说明学术界已肯定这些石室是古代人居住的场所。2003年召开了古崖居专题研讨会，到会者多为考古学家，我也有幸出席，到会的学者中还有北京大学考古系主任宿白教授。与会的学者实地考察了"古崖居"遗址，北京市考古学家王策报告了他对"古崖居"进行调查测绘的情况。大家一致认为，"古崖居"是古代人居住的场所，"古崖居"的命名是正确的。至于"古崖居"遗址的时代，虽有不同的见解，然而多数学者认为，"古崖居"与奚族人有关，是西奚的居住地，奚王居住于此。

在"古崖居"学术研讨会结束以后，首都博物馆馆长、资深研究员赵其昌撰有《北京延庆县"古崖居"——西奚遗址之探讨》一篇长文发表于《北京文博》2002年第2期，第55—67页，本文指出：

（一）它有灶台火炕等遗迹遗物，是为人类居住址无疑。

（二）《隆庆志》记，五代时，为奚王所据，称可汗州。

（三）《辽史·地理志》记，五代时奚王去诸以数千帐徙此。

其结论是：古崖居即西奚遗址。根据《辽史》和新旧《五代史》的有关记载，赵其昌断定："奚王去诸之西徙妫州，初至洞沟，必在903—906年之间，当以904或903年为接近事实。"辽太宗天显十二年（937），"遣国舅安端发西奚部民各还本土"。（文中所提的"洞沟"，是延庆县当地居民对"古崖居"所在山沟的俗称。）西奚在今延庆区（妫州、可汗州）居住的时间，为 30 多年。

赵其昌对延庆"古崖居"的考证非常严肃认真，援引了大量的史书记载、考古资料和民俗资料，所得出的结论为学术界广为接受和认可。"古崖居"为西奚遗址说，已成为定论。

"由辽金史学会主办，以第四届中国辽金契丹女真史国际学术研讨会年会论文为主"的《辽金史论集》第十辑（中国社会科学院出版社 2007 年 8 月版），被列为教育部"十五""211 工程""辽宁大学""东北边疆与民族"子项目丛书中的一种。该书第 86—90 页发表了一篇署名文章，题为"北京'妫州古崖居'为契丹燕王家族阴宅考"。该文提出，"古崖居"不是奚族人开凿的住所，"我们认为这是阴宅，是契丹人的家族墓地"；"为燕王家族阴宅"。这个结论是不能成立的，因为没有充足的证据。

按照作者的解释，阴宅就是墓地。既然是墓地，又是燕王家族墓地，必然有死者的遗骨和棺椁，这是人所尽知的浅显道理。从行文分析，作者可能到过"古崖居"参观，然而他没有见到死人的遗骨和棺椁，只好灵机一动改换了另一说法："只是象征性的阴宅。""象征性的阴宅"是作者提出的新名词、新术语，"象征性的阴宅"的起源和流传，作者没有告诉读者，辽代有那么多的皇帝和诸王，他们有象征性的阴宅吗？作者见过别地的象征性阴宅吗？为什么不做出说明？显然不是出于一时的疏忽，而是没有前例。很显然，作者可能是出于旁人不知的目的，或在什么人的授意下，特撰此文，开玩笑。

作者提出，从《新唐书》与《新五代史》来看，"既不能证明奚族人有山居的习惯，也更不能证明这就是奚族的遗址"。作者此言差矣，实是对奚族缺乏了解的结果。最初奚与契丹是同族，生活方式相同。唐末契丹强大，役使奚族。为了摆脱契丹的奴役，以去诸为首的一部分奚族，西迁到今北京北部山区，据山凿石室为险，用以防御契丹征讨。奚族有山居的经验，"马逾前蹄坚善走，其登山逐兽，下上如飞"（《新五代史》）。如无山居经验，岂能如此？其实北京的石室不只古崖居一处，在延庆县（今延庆区）佛峪口曾家沟、在密云县（今密云区）不老屯北山，都有人居的石室，均应为奚族山居的遗迹。辽初，有奚胡损据箭笴山对抗契丹，辽末有奚回离保据箭笴山称帝（见《辽史营卫志》和《奚回离保传》）。箭笴山是以山势陡峭得名。不仅西奚山居，仍居留原地的东奚也习惯于山居。在承德市北部隆化县大罗圈山、小罗圈山和围场县北部大光顶山，都发现了山城和耕地遗址，学术界认为与东奚有关（见国家古籍整理规划小组《中国古籍研究》第一卷《清代热河木兰围场研究》）。

现在内蒙古宁城县是辽中京故地，西与河北围场县相比邻，属于山区半山区，小部分为老哈河冲积平原。辽中京是奚人居住的重要地区，苏颂使辽的诗中曾提到奚族，其《奚山道中》称："山路萦回极险难，才经深洞又离原。"《和仲巽奚山部落》："居人处处营耕牧，尽室空车往复还。"诗题中有"奚山"字样，证明奚族居住在山中，"山路萦回极险难"，说明山路难行。难道这不是山居的证明？据说本文作者是从事文学研究，苏颂之诗大概是没有读过，或虽曾读过，却不愿提及，因为与他否定奚族山居的宗旨相反。

可能是学文学出身，作者的想象力丰富，将"古崖居"的石室，想象为祭祀祖先的享殿；将石室楔子形洞口想象为安放棺木脚手架所用。石室内没有棺木，如何会有安放棺木的脚手架？显然是想象，是杜撰，无中生有。想象可用于小说、散文，论文不能用想象。

本文作者称："墓地在东面的山上，而不是北面，正体现了契丹人崇拜东方的习俗。"（第88页）文章所述本是奚族人，不知何故变成了契丹人？显然是文不对题。契丹人尚东，宫殿门、民居门向东，便于接受阳光。"墓地"（其实是民居）在东山向西，与契丹人尚东的习俗恰恰相反。不知是出于笔误，还是不辨方向，竟然出此笑话。

作者特别强调"古崖居"房间低矮，不适于居住。须知这是奚族人在战争之时、危难之际的居所。山西介休县张壁村有唐代地下战道，河北清苑县有冉庄抗日地下战道，都很低矮，不妨碍人们进出，他们从战道内可以打击敌人。延庆"古崖居"也是如此，只要能容人进出栖身即可。

四、天安门前金水河名来自阿什河说的失误

哈尔滨出版社1995年12月出版的《金史研究论丛》，收录有《论金源文化与开发》一篇长文（第1—36页）称：

阿什河的直译即为"金河"或"金水"之意。"今北京市天安门前有金水河，金王朝曾在北京市建都。有人考证此金水河可能是女真人在当年由阿什河畔迁都北京后，地名随之侨置于此，以后又经元、明、清，沿用至今。因为在

金王朝以前的历代王朝的官城之南很少有金水河之称。今北京故宫的金水河当源于金代无疑。"（第3—4页）

上述说法曾被大肆炒作宣传，其实却是严重失误，不能成立的。

在历史上确曾有过地名侨置的例证，多半是在战争之际，原地被敌人占领，其官府被迫外迁，却仍使用原来的州县名，称作"寄治"，是一种临时措施。还有一种情形，是移民者仍保留原地州县名称，例如辽初五代之际，汉族人北迁到辽境内，所置的州县有的仍沿用原住地州县之名。《辽史·地理志》对此有详细记载。州县名可以迁移，山河名却无侨置之说。黄河之名有三，一是源于青海的大黄河；二是源于内蒙古克什克腾旗的西拉木伦河（意为黄河），在辽代称潢河；三是精奇里江，意为黄江。都是以水色得名，不是大黄河侨迁所致。

金迁都于燕称中都，其故址在元大都西南，即过去的宣武区（今并入西城区）和丰台区。明清故宫是在元大都基础上改建的，与金中都保持一定距离，二者并不重合。如果金代迁都将阿什河（金水河）带到北京来，那么金水河应在金中都故址。然而在各种文献中都没有记载金中都城有金水河，金中都城的水源主要来自莲花池（古称西湖），其水经马尾沟进入金中都城。

其实，金水河之名早在北宋时代就出现了。孟元老（孟揆）撰《东京梦华录》，记东京开封城旧事，称开封穿城河道有四，南有蔡河，中有汴河，东北有五丈河，西北有金水河。"金水河自京城西南分京索河水堤，从汴河上用木槽架过，从西北水门入京城，夹墙遮拥，入大内灌后苑池浦矣"（中华书局1982年版，第28页）。金水河两岸有夹墙，居民无法使用，是皇宫后苑的专用水源，属御用之水，珍贵如金，故称金水河。本文称金朝以前无金水河之称，显然是错误的。可能作者没有读过《东京梦华录》一书。

金中都无金水河，却有金口。大定年间，曾计划引卢沟（今永定河）之水以通京师漕运，计划自金口引卢沟之水至通州北入潞河。所谓"金口"，就是人工开河的入水口，即龙首。金口遗址已被发现，在首都钢铁公司北侧。金口是比喻其重要如金之意，也与金上京的阿什河（金水河）无关。

《金史》有："辽以宾铁为号，取其坚也。宾铁虽坚，终亦变坏，惟金不变不坏……于是国号大金"（校点本，第26页）；"国言'金'曰'按出虎'，以按出虎水源于此，故名金源"（校点本，第550页）。金与铁相比耐腐蚀，其性质在金属中最为稳定，女真人明白这个道理，用金对铁，喻指金国比辽国强大，国运长久。其实按出虎水（阿什河）并不产金，从古至今均无采金的记载。阿什河（金水河）不是以产金得名，它与大金国名一样，都是国祚永长的一种比喻和象征。如果认为阿什河真是产金的河流，恐非如此，只是讹传而已。

北京故宫的金水河不限于天安门前，在故宫城内太和殿前也有金水河，金水河上之桥均称金水桥。御用之物冠以"金"字，是有历史传统的，金水之名在北宋即已出现，它不始于金代。北京的金水河与金上京的金水河（按出虎水）无关，故宫内外的金水河之名不是来自黑龙江的阿什河，更不是什么"侨置"的结果。不符实际的夸张之说，只能暴露出作者的无知。恐无积极意义，只会产生负面影响。

五、齐齐哈尔哈拉古城的误断

齐齐哈尔市郊梅里斯有哈拉古城，这个消息我知道得很早。1980 年我从呼伦贝尔考察归来之际，曾到齐齐哈尔市文管站访问，崔福来站长向我介绍了哈拉古城。2011 年我因公赴齐齐哈尔，在陈志贵、杨优臣的陪同下，踏查了哈拉古城。《黑龙江外记》《黑龙江舆图》称之为喀喇屯废城，今称哈拉古城。据实地踏查所见，城垣夯筑，保存尚好，有南北二城，城中有高大台基。北城又有隔墙，分为东城、西城两部分，具有辽城的特点，与辽上京城、饶州城相似，故应为辽代古城。有人称它是金初的庞葛城，出于推测，缺乏证据，未被学术界采纳接受。

哈拉古城在嫩江西岸，与嫩江东岸的齐齐哈尔城隔江斜对。于是有人提出，齐齐哈尔城起源于哈拉古城，并召集会议加以论证。可惜的是，论证会没有充分发扬学术民主，抑制不同意见，引起轩然大波。由于论证会不民主，没有听取不同意见，因而持反对意见的人只好撰文发表，最后结集成书，称《齐齐哈尔建城史研究论集》，由民族出版社出版。其中孟昭星、王延华、李龙、谭彦翘、刘玉河、陈志贵、孙进己、孙文政、杜春鹏、李丕华、刘沛林等人的文章，对哈拉古城为齐齐哈尔市起源之说提出了严肃批评，点名道姓批驳了倡导此说的冯永谦、彭占杰、傅惟光。齐齐哈尔源于哈拉古城之说是不能成立的。

我曾先后应邀出席了长春、沈阳城市起源的科学论证会。大家一致认为沈阳城是在辽代沈州基础上建成的，辽代沈州沿用了燕国辽东群的候城，以候城的设置为起点，在公元前300年。上述结论是以考古资料为根据的，在沈阳故宫北墙外，发现了战国、汉代的建筑构件，在故宫院内十王亭、沈河区公安分局、沈河区热闹路也发现了战国遗址，确凿地证明了战国燕时期这里已有居民活动。皇姑区的辽塔碑文记载这里是沈州北郊，沈州城区应在今沈河区一带（详见拙文《关于沈阳城市纪元的若干问题》，收入《关于沈阳建城始源论文集》，沈阳出版社2000年）。大家一致认为，城市的沿革必须在同一地点才能算数，才能看出其前后发展的连续性，有如考古学上的地层学和树木的年轮。

在长春城市起源论证会上，有人提出长春市郊的小城子为长春市的起源。为此大家实地考察了小城子，发现小城子距市区甚远，现在是农村，住了不少农民。小城子与长春市区的出现与发展，没有任何直接关系。因此，长春市起源于小城子一说，很快就被否定了。最后大家一致认为，长春市始于清代的长春厅（详见拙文《关于长春城市纪元的若干问题》，刊《社会科学探索》1997年增刊）。

哈拉古城与齐齐哈尔市区的关系，和小城子与长春市区的关系极其相似。齐齐哈尔市区是在卜魁驿站的基础上发展起来的，与现在仍处于荒野状态的哈拉古城找不出半点联系，岂能说齐齐哈尔城起源于哈拉古城？这是一种毫无根据的推测，可以蒙蔽不懂学术的行政长官，却蒙唬不了专家学者。

确定城市起源的目的，是增强本城居民的自信心和光荣感，向外人展示文化底蕴。城市起源准确无误，会产生这样的效果；如果草率决定，不听取学术界的正确意见，则会引起人们的耻笑，笑本城本地缺乏高水平有修养的人才、缺乏应有的学术氛围，将适得其反，会产生意想不到的负面影响。慎哉，慎哉！

六、纰漏产生的原因

进入21世纪以来，辽金史研究成绩很多，纰漏也不少。本文所述只是其中一小部分，篇幅所限，无法一一指出，容以后续补。

本文所记论著的作者，均非年轻人，年纪最小的也已过了"知天命"之年，都是小有名气的学者，自称什么"家"或"知名学者"。既然已经"成名成家"，他们笔下的讹误就特别令人关注。究其产生的原因，不外乎以下几方面。

一是与心态有关。有人称：年纪大、经验多，必然治学有经验、水平高。其实恐不尽然。有些人年纪大了，精力今不如昔，丧失了进取精神和责任感，靠老本吃饭，只因为资格老，其论著好坏都能够发表。于是倚老卖老就成为某些老年人常见的心态。在他们的笔下，现在已很难看到佳作，出现这样那样的毛病，并非偶然。

二是与学风不正有关。撰文章，言必有据，用事实说话，有多少事实说多少话。有些人看书不多，知识面狭窄，却热衷于撰文著书，快速成名。于是，用无据的推断、猜想来代替史实，其论断出错自然在所难免了。

三是写作态度不认真。从行文看，一眼就能看出一个人的学术修养和写作态度。有些人低估了读者的水平和识别能力，认为一发表就会有读者相信，特别是有人恶意捧场，或作序或撰书评，成为可怕的风气。其实，成名作都是严肃认真的作品，那些哗众取宠的作品是缺乏生命力的，即使哗众一时，最后也要被历史淘汰。有些作品是"金玉其外，败絮其中"，更是不值得一读。

四是感情用事。学术研究必须公正无私，不能带有感情色彩，这是专家学者最基本的道德修养。只有这样，才能获得社会公信力。读者一眼就能看出作者的心态，是在弘扬学术，还是故弄玄虚。有些心术不正的人，不遵守规范，将学术研究当成儿戏，走向邪路，滥竽充数者横行无阻，已失去学术研究的严肃性；不成熟甚至观点错误，重复前人的文章随处可见，习以为常，干扰了辽金史研究的正确方向。

五是写作理念有问题。言简意赅是古代优良传统，尽量缩小篇幅以便于读者阅读，"洛阳纸贵"说的就是这种道理。现在有些人竟以篇幅大小论英雄，想方设法扩大篇幅，以示其优。篇幅大不等于质量高，缺乏新意会变成懒婆娘的裹脚布又长又臭，是无人理会的。应把精力用在创新上面，这样才能产生优秀的、经得住历史检验的作品。慎哉，慎哉！

一本滥书带来的思考

书是知识的载体，读书是获取知识的最重要途径。一个人从小学、中学到大学，要读无数的书才能成为有用之才；即使工作以后，还要不断读书，增加知识，更新知识，适应工作的需要。书是良师益友，开卷有益。不过书的品质良莠不齐，有些书是滥竽充数，书中错误百出，缺乏经验的人往往被误导上当。

最近我读了一本书，名叫《辽夏金研究年鉴2013》，是中国社会科学出版社2015年出版。年鉴与字典、词典一样，同属工具书，其内容必须准确可靠。工具书读者面宽，读者的文化修养参差不齐，任何不准确的内容都会误导一部分读者，让他们信以为真，以讹传讹，在社会上产生不良影响。

本书错误很多，限于篇幅，只列举若干如下：

1. "篇""编"不分。年鉴所设置的栏目称之为"编"，一编之内包含若干同类文章。《新华字典》对"编"字的注释是："按一定次序或条理来组织或排列"（商务印书馆1957年版，第26页）。本书却把"编"称作"篇"，按照《新华字典》的注释，篇指"首尾完整的文章"（第361页）。很显然，年鉴中的栏目只能称作"编"，而不能称作"篇"。"编""篇"不分，说明编者的文化修养太低，令人无法恭维。

2. 栏目设置混乱。将同类文章合组为一编，是年鉴的通例和共识。本书却打破了此惯例，另有新的"发明"，将不同性质的文章合为一篇（编）。例如目录第一篇（编）题为研究综述，第十一篇（编）题为文献文物考古新发现。然而却把于光建的《2013年西夏文物考古新发现回顾》一文纳入第一篇（编）研究综述栏目中。这是自乱其体例，说明编辑工作具有随意性，无科学性可言，不像是学术著作，犹如大杂烩。

3. 考古发现以假充真。本书第十一篇（编）题为文献文物考古新发现，顾名思义应是2013年的新发现，然而实际上多是以前的旧发现。本栏目发表4篇文章，其中只有董新林、汪盈的《2013年辽上京皇城街道及临街建筑遗址发掘》一文，属于 2013 年考古新发现，其余 3 篇所记均是往年的旧发现。例如《关于萧和家族几块墓志名称》所记墓志 7 种，有一种是 20 世纪 40 年代发现，早已公开发表；其余 6 种是 2000—2002 年出土，已收入 2011 年文物出版社出版的《关山辽墓》一书中，都不是什么新发现。将这些以前出土的旧碑志收入考古新发现栏目，分明是在造假，欺骗读者。

4. 篡改会议日期。本书卷首发表"第 12 届中国辽金契丹女真研讨会预备会全体代表合影"（2013 年 11 月大会）。实际上这次会议是 2014 年 8 月召开的，《中国社会科学报》2014 年 9 月 3 日历史学栏目有报道，《东北史地》双月刊在 2014 年第 6 期也有报道。如此确凿的会议日期，在此书中竟公然篡改为 2013 年 11 月，真是弥天大谎，是名副其实的篡改历史。为什么要改变照片的日期呢？原来照片上有主编的形象，为了展示自己的尊容，满足虚荣心的需要，只好改变会议的日期，便于收入书中去蒙蔽广大读者。这样卑劣的做法，说明主编的人品是何等的低下可耻。他不知道参加会议的人很多，纸是包不住火的，迟早会有人揭露事实的真相。人们常说只有会做人才能会做学问，品质如此低下的人担任主编，书中出现许多这样那样的问题，就不偶然了。

《辽夏金研究年鉴 2013》出现这么多的错误，在读者中产生了不良影响，其学风不端正很值得人们思考，应当引以为戒。

首先是不尊重读者。编书写书都是给读者看的，是向社会提供精神食粮。因此，任何书的写作、编辑在内容上必须健康，对于学术著作来说必须正确无误。许多作者、编者本着对读者负责、对社会负责的态度，字字句句都要斟酌再三才能落笔，还要进行反复的修改，如履薄冰，唯恐出现差错误导读者。这是作者、编者应尽的责任，然而本书却是例外。本书有些错误，例如将 10 年甚至半个世纪以前的陈旧文物当成考古新发现，又如篡改会议日期等，都是编者有意为之，并非出于疏漏。这种做法已丧失了理性和良知，对于本书编者而言，令人无法宽恕。这是对读者的亵渎、对社会的亵渎。习近平总书记最近在哲学社会科学座谈会的讲话中明确指出："我国广大哲学社会科学工作者要坚持人民是历史创造者的观点，树立为人民做学问的理想，尊重人民主体地位。"本书故意造假，错误百出，是对人民主体的大不敬，是对人民主体的故意误导，难道可以容忍吗？

其次，本书的许多错误表明编者不够实事求是，前面提到的以假充真、篡改会议日期是最明显的例证。所谓实事求是，就是承认事实，尊重事实，一切从事实出发，这是马克思主义唯物史观的基本原理。恩格斯说："不论在自然科学或历史科学的领域中，必须从既定的事实出发。"社会科学研究必须坚持实事求是的原则，大量事实证明，只有实事求是才能成功，违背了这一原则迟早要失败。将旧文物出土当作考古新发现，专业研究人员一眼就能看出是在造假；篡改会议日期，不仅参加会议的人都明白，不参加会议的人从报道中也能看出端倪。这种弄巧成拙的办法实在不高明，让人哑然失笑。人们常说，干好事的人都实事求是，干坏事的人都不实事求是，这话是有一定道理的。

最后，本书编辑人员文化修养太低，也是造成疏漏的重要原因。"编""篇"之别，连中学生都明白，本书却把"编"误作"篇"，竟然闹出大笑话。更令人奇怪的是，两位主编都具有高级职称，其中一名主编是资深编审。排在目录上显著位置的某篇某篇，竟也没有发现字误，说明二位主编都没有认真审阅校样，他们都变成徒有虚名的"挂名主编"，何以面对"江东父老"？

《达斡尔族文化研究》读后

《达斡尔族文化研究》，滕绍箴、苏都尔·董瑛著，辽宁民族出版社 2014 年出版。滕绍箴长期研究满族史，是卓有成就的满族史清史学家，对清代东北各民族有深入研究，近年转向达斡尔文化研究，自有其知识结构的优越性。

本书前言对中华民族文化的认同问题，有深刻论述。指出以前学术界常用的民族"同化"是不确切的。所谓"同化"是指少数民族被汉族"同化"了，实际上并非如此简单，汉族被少数民族"同化"的现象在历史上屡见不鲜，辽代有汉族人契丹化，金代有汉族人女真化，清代有汉族人满洲化。因此，"汉化""同化"的说法是很不科学、很不准确的，是汉族正统观念支配下的产物，没有体现民族平等的原则。本书前言指出："民族同化说，给人的感觉似乎被'同化'的少数民族，有被吞噬、被否定之意，听上去很不舒服……今天的少数民族，不愿意听到自己的祖先或本民族被'同化'，他们有自己特有的自主自强的民族意识和力求进取的民族精神。有鉴于此，我们主张在中国民族关系史研究领域使用民族'认同'一词，远比'同化'一词更科学，更通情达理"；"所谓'认同'是指民族文化在交流、交融中，相互认同。譬如，满、汉关系中的'汉化'一词，改用满洲认同汉文化；'满洲化'一词，改用汉族认同满文化。从中国民族历史的文化实际交流轨迹看，'相互认同'的观点，更能体现民族平等，具有较强的科学性。"（第 2—3 页）这种分析无疑是正确的。

本书分为上、下两编，上编记述达斡尔族的历史沿革、迁移、族名、族源、社会组织、民族精神认同、旗籍认同、满洲文化对达斡尔的影响、语言文化与汉族的关系、与邻族的认同等项内容。下编记述独特民族文化认同，包括新疆达斡尔对京旗的认同，黑龙江地区达斡尔旗籍认同，满洲文化对达斡尔的影响，语言文化与汉族的关系，达斡尔与邻近各族文化认同。

达斡尔是我国少数民族中的小民族，不被学术界关注。除本族人研究本族历史以外，其他外族人很少涉足这个领域。在陈述先生以后，滕绍箴先生是比较早关心达斡尔族历史的，1994 年就完成了《达斡尔族文化研究》一书的初稿，进入 21 世纪以来，又加以修改补充。本书是近年出版的达斡尔历史著作中，学术性最强的一部，具有很高的参考价值，是难得的优秀著作。

《黑龙江古代民族史纲》读后

此书由干志耿、孙秀仁合著，1987年1月由黑龙江人民出版社出版。此为黑龙江人民出版社2015年11月重印。精装16开本，519页，63万字。

黑龙江自古以来就是少数民族聚居地区，有东胡鲜卑、濊貊扶余、肃慎女真三大族系建立的政权，在中国历史上具有重要地位。外国学者很早就涉足于黑龙江民族研究，论著很多，不过受时代的限制，所论时有疏漏。干氏、孙氏之论述远胜前贤，充分利用了考古资料，具有很高的学术水平，引起了国内外学术界的重视，黑龙江人民出版社加以重印。

关于黑龙江古代民族，史书记载简单，相关的原始文献不多，给研究工作造成许多困难，前人的失误即与此有关。本书作者身为考古学家，巧妙地将考古发现与文献记载结合起来，相互补充，相互印证，增强了科学依据，论断可信性强，易于被学术界采纳接受。这是本书的显著特点和优点，体现了历史研究的二重论证方法。

本书的重印本，上编为原来的旧稿，由于干志耿先生已过世，未作修改补充，只对个别文字略有改动。另外，增加了下编，收入了二氏的10篇著作，多与辽金有关。例如干志耿为《黑龙江百科全书》撰写民族史词目，有肃慎、挹娄、勿吉、靺鞨、女真、完颜部、五国部、契丹、黑车子室失、乌古敌烈、羽厥里、阻卜等，都与辽金史有关。其另撰文《三江平原汉魏城址和聚落址的若干问题》，记述了这里的历史主人与挹娄、勿吉关系最大，也不排除与北扶余、豆莫娄的关系。

孙秀仁的《渤海国二十四块石之谜解析》一文，根据二十四块石遗址的分布和文献记载，认为它是渤海驿站之说最为可信，增加了论证，指出二十四块石应建于渤海初中期，不早于文王大钦茂时期。孙氏另撰文《生女真文化的渊源与构成》，根据黑龙江地区考古资料，认为靺鞨物质文化是生女真人文化的主要渊源之一，"绥滨三号"文化类型应属于北部生女真文化，阿什河流域是生女真南支文化。孙秀仁的《关于金界壕边堡（长城）的研究与相关问题》一文，指出呼伦贝尔北方边壕"应属于辽代，而非金、元"，这一点"得出了一致的结论，即北方边墙是辽代的，排除了属于金代或元代的可能性"。

河北香河揣氏为辽代奚族后裔

辽代的奚族和契丹族，都源自宇文鲜卑，他们属于兄弟民族，辽朝人称："契丹与奚言语相通，实一国也。"① 奚原称库莫奚，最初其势力比契丹强大，故北齐人魏收所撰的《魏书》，将《库莫奚传》列于《契丹传》之前。到了隋代，库莫奚改称为奚。这从史书记载可以看出来。唐朝人撰的《北史》②和《隋书》③，都有《奚传》，不称库莫奚，可以证明这一点。简化族名有利于记忆和行文，犹今日将蒙古族称作蒙族。

唐咸通年间（860—873），"契丹方强，奚不敢亢，而举部役属"④，奚与契丹的势力对比有了变化。此后奚族分裂为东、西二部，势力更加弱小。辽朝初年，耶律阿保机彻底征服了奚族，在箭笴山消灭了不肯降服的胡损。奚初为五部，此后改为六部。辽代的奚族有一部分归奚王管理，另一部分与契丹人合编为部，由北面官管理。奚王和奚族成为辽朝统治的重要支柱，辽末奚王回离保在南京（今北京）与耶律大石等人拥立耶律淳为皇帝，改元建福，史称北辽。耶律淳死后，北辽结束，回离保在"箭笴山自立，号奚国皇帝，改元天复"⑤。后来，回离保为部下所杀，奚国只存在了八个月即告结束。

辽朝灭亡后，奚族部众接受了金朝的统治，四处离散，有的融入女真人中，有的融入蒙古人中，其后裔十分罕见。河北省青龙县萧氏居民甚多，自称是奚族之后，曾撰文加以论证。⑥由于缺乏直接的证据（如家谱、族谱、碑志），这种说法在疑似之间，尚需深入研究论证。

不过令人关注的是，在河北香河县发现了揣氏居民，他们是辽代奚族楚

① 《辽史》卷73《耶律曷鲁传》，中华书局校点本，第1220页。
② 《北史》卷94《奚传》，中华书局校点本，第3126页。
③ 《隋书》卷84《奚传》，中华书局校点本，第1880、1881页。
④ 《新五代史》卷219《北狄传》奚，中华书局校点本，第6175页。
⑤ 《辽史》卷114《逆臣下》奚回离保，中华书局校点本，第1516页。
⑥ 萧春江、萧冰：《奚人后裔今何在？》，《承德民族历史与建设文化大市学术论文选》辽宁民族出版社2006年版，第111—117页。又见《奚国之都》，中央民族大学出版社2008年版，第61—65页。

里部的后人，应当是可信无疑的。《汉语词典》称，明代永乐朝举人中有揣本，未注明出处，不知所据为何。

中国社会科学院财贸经济研究所原党委书记（曾任民族学与人类研究所党委书记）称，在香河县有数十户揣氏居民，人口在数百人以上。据揣氏老人讲，揣氏原居黑龙江省，1644年清朝迁都北京之际，揣氏族人"随龙入关"，即扈从顺治皇帝进入北京。据说揣氏先人是御膳，服侍帝后有功，故而在京畿的香河县赐地若干。此后，揣氏即在香河县定居下来，在这里务农为生，直至今日。揣振宇是唯一读过书、到中央机关"当官"的人，揣氏族人为此兴奋不已。

唐朝令狐德芬撰的《周书》，记载库莫奚有五部：辱纥主、莫贺弗、契个、木昆、室得。[①]《北史》《隋书》《通典》所记奚五部的名字，与《周书》相同。说明在隋唐以前，库莫奚确实有五部。唐代以后，奚五部的名字有了变化，王溥的《五代会要》记载奚有五姓：阿会部、啜米部、奥质部、奴皆部、黑讫支部。一部一姓，故五部即五姓。欧阳修的《新五代史》所记奚五部，与《五代会要》相同。脱脱的《辽史》所记奚五部为：伯德部、楚里部、奥里部、遥里部、梅只部。[②]《金史》的五姓与《辽史》的五部是相互对应的，只是用揣氏替代了楚里部。[③]奚族五部名字的改变以及改五部为五姓，与此期间政治变动有关。辽代奚王下属五部，辽朝灭亡以后，奚王已经不存在了，奚王部族人虽存，却不能称部了，于是族人以部为姓。

楚里部在《辽史》中又记作楚里迪、锄骨里、锄勃德、锄德。[④]按：揣（chuǎi）的读音，与楚（chǔ）、锄（chú）相近，故而在金代楚里部可以改为揣氏。这种现象在其他民族中也可以见到。例如女真人徒单改姓杜，徒与杜音相近；完颜改姓王。达斡尔人莫日登氏相对应的汉姓为孟，精奇日氏对应的汉姓为金，郭博勒氏对应的汉姓为郭。蒙古族乌恩氏对应的汉姓为吴，如此等等，屡见不鲜。萧氏不仅在契丹人、奚族人中常见，在汉族人、女真人中也有此姓，没有足够的证据很难区分其民族。揣氏则不同，不仅汉族中无此姓，女

---

① 《周书》卷49《异域上》库莫奚，中华书局校点本，第899页。
② 《辽史》卷33《营卫志下》，中华书局校点本，第387页。
③ 《金史》卷67《奚王回离保》，中华书局校点本，第1589页。
④ 陈述：《金史拾补五种》，科学出版社1960年版，第147页。

真族、满族也无此姓。揣氏是辽代奚楚里部的后裔，应该是没什么疑问的。在辽朝灭亡 800 多年以后，奚族楚里部姓氏仍存，说明这个古老的民族有绵长的生命力。

北京门头沟皇太妃岭道的由来

北京市门头沟区有许多古道，今称京西古道。其中最偏北的古道，被称作西奚古道、皇妃古道、皇太妃古道、皇太妃岭道。其走向是从昌平区西北部的马刨泉进入门头沟境内，经房良、得胜寺、沿河城、天津关、燕京台、张家等20余村出境，进入河北省涞水县，长约40千米。[①]

人们称它为西奚古道是有道理的。奚本作库莫奚，原与契丹是同族。后来与契丹分离，成为二族。唐末，契丹强大，奚族"苦其苛虐，奚王去诸怨叛，以别部西迁妫州，依北山射猎……其族至数千帐，始分为东、西奚"[②]。妫州以妫水得名，即今北京延庆区一带。西奚之王为躲避契丹的征讨，凿山而居，延庆区北部洞沟有洞穴数十，被称作"古崖居"，就是奚王及其部属所居住的地方。[③]

史书所称的"北山射猎"，不限于延庆区北部，今日北京密云区、昌平区、延庆区、门头沟区以及河北省易县、涞水县之山区，应该均在奚族活动范围之内。在密云北部不老屯白沟村，也发现了崖居岩洞，即证明了这一点。[④]

唐朝末年，刘仁恭割据幽州，在大安山筑宫室、储财富。为此他在今门头沟设置玉河县，搜刮民脂民膏，玉和县治即今门头沟区的城子。刘仁恭与奚族来往甚多，每年秋霜季节，派士兵越过摘星岭（今名大寒岭，海拔1239米），去放火烧毁坝上的草原。奚、契丹都是游牧民族，烧毁草原便无法生活，被迫向刘仁恭贡献良马等各种方物。[⑤]刘仁恭住在山南，奚、契丹居住在山北。或许他们长期向刘仁恭贡物，可能会踏出一条山路。民间所称的"西奚古道"，或许与此有关。大安山在西南，西奚在东北，山路可能斜穿今北京门头沟区。

① 安全山编著：《京西古道》（上），团结出版社2013年版，第75页。
② 《新唐书》卷219《北狄传》，中华书局校点本，第6175、6176页。
③ 赵其昌：《北京延庆县古崖居——西奚遗址之探讨》，《京华集》，文物出版社2008年版，第125—147页。
④ 李大儒：《密云崖居仍是谜》，《北京晚报》1990年1月25日。
⑤ 《新五代史》卷72《四夷附录》，中华书局校点本，第886页。

不过还有一条古道见于史书记载。《大金国志》卷三记载，金兵攻打燕京（今北京）时，"虑居庸难取，遂分兵由紫荆口、金坡关攻易州，及出奇取凤山，沿皇太妃岭道以入昌平县。既至昌平，则反顾居庸矣，于是居庸亦溃，金人遂入居庸"①。可知金军是从紫荆口（紫荆关）攻取易州，沿皇太妃岭道进至昌平，自南向北从背面攻打居庸关，出于居庸关守兵之意外，于是轻易突破，攻取了燕京城。

既然有皇太妃岭道的记载，那么，皇太妃究竟是何人？现在人们都说皇太妃是奚王的后妃，并称拓修西奚山道的人是"奚族领导人皇妃，称黄草梁为皇妃子梁"；又称"有一部分随王妃（后称皇太妃）来到了门头沟区的黄草梁上居住并开荒耕地（有人曾在黄草梁看到石臼等石器）"。②这种说法缺乏文献记载，令人质疑。延庆古崖居是奚王所居住的地方，奚王妃岂能到黄草梁开荒种地？显然不可信。石臼古代多见，延续时间很长，难以断定时代，不能以此为据。

就有关记载来看，皇太妃岭道所称的皇妃，应是辽景宗皇后萧绰（萧燕燕，又称萧太后）之长姊齐妃。《契丹国志》记载，萧太后姊妹三人，"后有姐二人，长适齐王，王死，自称齐妃，领兵三万屯西鄙驴驹儿河……使西捍鞑靼，尽降之。因谋帅其众奔骨历扎国，结兵以篡后，后知之，遂夺其兵，命领幽州"③。《续资治通鉴长编》也有此记载，称齐妃"结兵以篡萧氏"，文字稍有不同。④萧太后命齐妃"领幽州"，是因为齐妃有领兵西捍鞑靼的经验，要她领幽州之兵与宋朝打仗。幽州之辽军有许多奚族士兵，统和二十二年（宋景德元年，1004年），萧太后统兵伐宋，抵达瀛洲城下，"驱奚人负板秉烛，乘堙而上"⑤。齐妃所领的军队，既有契丹士兵，又有奚族士兵，均为骑兵。在备战期间，战马在山北草地上喂养，士兵也与战马在一起。为了训练士兵、组织士兵，齐妃率领众军官要不断从燕京城往返于山北草地之间，在辽大军南下之际，会在山间踏出马道。齐妃身为王妃，士兵将行军之路称作王妃道。由于齐妃有篡夺皇后的野心，于是又有皇妃道、皇妃岭的说法，其实是不准确的，属

① 《大金国志》校正本，中华书局1986年版，第45页。
② 安全山编著：《京西古道》（上），团结出版社2013年版，第78页。
③ 《契丹国志》，上海古籍出版社1985年版，第142页。
④ 《续资治通鉴长编》，中华书局1980年版，第1207页。
⑤ 《续资治通鉴长编》，中华书局1980年版，第1279页。

于讹传。到了金朝初年，奚族大王回离保在箭笴山自立为皇帝，前后只有八个月即为部下所杀。[①]箭笴山在河北省青龙县与抚宁县交界处，与燕京相当远，他又不是在燕京称帝，因此皇妃岭、皇妃道不会与回离保皇妃有关。

由此可知，所谓皇妃、皇妃岭、皇妃道之名与西奚王妃关系不大，可能与萧太后之长姊齐妃有关。民间传说不可信，不可以取民间传说为据。

皇太妃之名，三见于《辽史》。统和四年六月，"皇太妃、诸王、公主迎上岭表，设御幄道傍，置景宗御容，率从臣进酒。"同年九月，"皇太妃以上纳后，进衣物、驼马，以助会亲颁赐。"统和十二年八月，"诏皇太妃领西北路乌古部兵及永兴宫分军抚定西边。"[②]此皇太妃即前文提到的齐王妃。齐妃欲篡夺皇后之位未成功以后，可能自称皇太妃，或被赐皇太妃之称号，故《大金国志》有皇太妃岭道之记载。民间的皇太妃古道，或许来自《大金国志》，或许仍是民间传说。齐妃自称皇太妃的可能性比较大，皇帝赐予皇太妃的可能性极小，在《辽史·后妃传》中，没有皇太妃的记载。

民间所称的西奚古道，应是皇太妃古道之误称。皇太妃岭道是从西南走向东北，其走向与传说中的"西奚古道"方向一致。民间传说不尽可信，史书记载比民间传说更为可信一些。故应以《大金国志》的记载为准。京北皇太妃岭道，应与辽代齐妃有关。

---

① 《辽史》卷114《逆臣下》回离保传，中华书局校点本，第1516页。
② 《辽史》中华书局1974年校点本，第123、124、145页。

河北抚宁县板厂峪长城

本文记述河北抚宁县板厂峪的古长城及长城附近的砖窑和作坊遗址。经过比较研究，指出这里的古长城有两种类型，一为明代后期所建，一为前代所建。

一、板厂峪的位置与地理环境

板厂峪（旧作板场峪）村[①]，位于秦皇岛市抚宁县驻操营镇北部山区，南距秦皇岛市区 35 千米。西邻河北省青龙县，南邻秦皇岛市山海关区，东邻辽宁省绥中县。这里属于燕山余脉，海拔高度多为 250—800 米，最高峰熊顶盖海拔 900 米。群山环绕，形成一个窄狭的小盆地，其地势由北向南逐渐低下，由海拔 800 米降为 250 米。山体主要岩石为早奥陶纪石灰岩、二叠纪煤系地层和晚侏罗纪火山岩。在地下溶洞中，发现第四纪古脊椎动物化石群，经中国科学院古脊椎动物研究所发掘鉴定，已发现 47 种古动物化石，最为珍贵的是出土了 58 具较为完整的斑鬣狗头骨化石，3 具完整的斑鬣狗躯体化石，填补了我国相关领域的空白。在此山区，有 6 个小瀑布，20 平方米的古火山口，长达 200 米的地下溶洞。山区泉水甚丰，形成 2 条小河，是石河的重要发源地。石河属独流河，南流经山海关注入渤海。这里山奇水丰，自然景观颇具特色，已被列入秦皇岛柳江地质公园的一部分。地下煤炭储藏丰富，有比较早的煤炭开采史，板厂峪西有长城煤矿，目前仍在开采。

本区属暖温带大陆性季风气候，年平均气温 10.2℃，1 月平均气温 –6.9℃，7 月平均气温 24.9℃。年平均降水量 769 毫米，无霜期 179 天。山区土壤为棕壤和棕壤性粗骨土，生长有松树、山杨、柞树。农作物以玉米、小麦、高粱、谷子为主。这里气候宜人，山景壮观，适于发展旅游业。

---

① 光绪：《永平府志》卷42《关隘》，第6页。

二、古长城遗址的分布

板厂峪的主要人文资源是古长城，这里的古长城有两道，一道在山岭上沿山脊走向，另一道在山谷盆地中东西走向。

（一）山谷中的长城

在板厂峪盆地的中部，有内外两重长城墙体，由西向东走向。其南部墙体长 3500 米，主要分布在海拔 300—500 米的山坡上，为毛石垒筑，残高 2.5—3 米，墙体厚度为 2 米左右，其走向比较顺直，显然是为了缩短里程，节省人工和石料。个别墙体的石缝中，有涂抹石灰的痕迹。在墙体的外侧，有宽约 1.5 米、深 1.5 米的壕沟，当地群众称之为"战壕"。壕沟外侧、距墙体 40 米左右，分布有 300 多个陷马坑，平面呈"品"字形排列，错落有致。每个陷马坑大体呈正方形或长方形，边长约 2 米，坑边用石块围砌，以防止坑壁受风蚀坍塌。陷马坑残留深度约 50 厘米，其当初深度可能不止于此。在陷马坑内，曾多次发现保存完好的铁蒺藜，用以刺伤马足。陷马坑底部发现有平铺的石块，似为了保护坑底而设，况且敌人战马误入陷马坑中，光滑的石面会使战马难以立足而滑倒，将骑士跌落跌伤。

北部墙体长 300 米，分布在自西向东的高山逐渐递减 250 米的山谷。也是由毛石垒筑，然而墙体比前者低矮单薄。残高为 1.5 米，墙体厚 1—1.2 米。当地群众称之为"女儿墙"或"女儿城"。此城墙实是主墙以外的副墙。敌人进攻，首先遇到副墙的阻拦，在此消耗了人和马的体力，使其战斗力大为降低，这样便很难突破主墙的拦截了。

（二）山脊上的长城

在板厂峪盆地东、北、西侧山岭上建筑的长城，将山谷中长城墙体包围在其中间。按其走向，可以分作东部峭壁山险敌台、北部分水岭边墙、西部高山边墙三部分。[①]

东部峭壁山险敌台

板厂峪盆地东部，为海拔 400 —700 米的连续高峰，山势陡峭，绝难攀

[①] 明代讳言长城，在《明实录》《明史》中，均称作边墙。讳言长城的原因，是由于秦始皇修万里长城，累死了许多百姓，遭到人们的唾骂；孟姜女的传说，使秦始皇变成了千古罪人。详见景爱著《长城》一书《释边墙》，学苑出版社2008年版，第170—171页。

登。因此，充分利用了山险为防，不修建墙体，只是在每一山峰顶上，修建一座空心敌台，居高临下，易于监视、攻击来犯的敌人。最南端的一座烽火台，与山谷中古长城甚近，不足100米。这一线共修筑了7座空心敌台，各有其名。

（1）看楼。南数第一座敌台，名叫看楼。此下为悬崖峭壁，与山谷对面的古长城咫尺相望。

（2）穿心楼。第二座敌台，名叫穿心楼。它修建在孤立的锥形山峰之上，居高临下。敌军来此，烽台士兵一齐放箭，让其万箭穿心而死。

（3）背毙楼。穿心楼以北的敌台，名叫背毙楼，也是修建在孤立的锥形山峰之上。传说此山峰极难攀登，修建过程中有许多的士兵背砖累死于此。

（4）兵楼。背毙楼以北的敌台，名叫兵楼，亦修建于孤立的锥形山峰之上，常有士兵驻守，故名兵楼。

（5）儿子楼。兵楼以北的敌台，名叫儿子楼，亦修建于孤立的山峰之上。传说有士兵与其母亲各守一楼，此楼为儿子所守，故名儿子楼。

（6）母亲楼。儿子楼以北的敌台，名叫母亲楼，亦修建于孤立的锥形山峰之上。传说一次迎敌之际，兵员不足，有一母亲来守此楼，故名母亲楼。

（7）中军楼。母亲楼以北的敌台，修建于海拔850米的山峰之上，此山峰是附近的最高峰，该楼最为雄伟宏大，传说中军军官驻此，故得名中军楼。

北部分水岭边墙

板厂峪北部山岭，是岭南石河与岭北青龙河和大凌河发源地的分水岭。至此山脊，由东向西修筑有边墙。边墙始于中军楼，向西到达小尖楼，边墙长约3000米，均修筑在海拔600—850米的山脊上，这段墙体有6座敌台。

（1）小酒楼。中军楼以西的第一座敌台，名叫小酒楼。传说戍守边墙的军官，常常在此以小酒赏士兵，故以此得名。

（2）六眼楼。小酒楼以西的敌台，名叫六眼楼。它位于山脊的鞍部，有6个箭窗，规模比较大。

（3）杨来楼。在六眼楼以西的，名叫杨来楼。在解放战争时期，解放军战士杨来在此被敌人杀害，故而被称作杨来楼。

（4）媳妇楼。杨来楼以西的敌台，名叫媳妇楼。此地海拔高度851米。传说守边墙的士兵战死，其儿子尚未成人，故由其妻子驻守此敌台。

（5）大尖楼。在媳妇楼西南，其地海拔高度为 800 米。由于山峰尖锐而高大，故当地人称之为"大尖"峰。

（6）小尖楼。在大尖楼之南，其地海拔高度为 700 米。此山峰略小于"大尖"峰，故被命名为"小尖"峰。

西部高山边墙

由小尖楼向南，在海拔 600 —850 米、长 3700 米的分水岭的山脊上，修筑有连续不断的墙体，并建有 19 座敌台，平均每 200 米建一座，是敌台最密集的段落。这段墙体在两个不同地方，与山谷中古长城相交会。这 19 座敌台的名称如下：

（1）道楼。在小尖楼之南，这里位于西部高山的低处，是行人越山的通道，故名道楼。东与山谷中的羊马墙相接。

（2）指挥台。在道楼之南，这是一个实心的高台，平时不驻守士兵，战争之际作为指挥所，故名指挥台。

（3）指挥楼。在指挥台之南，为指挥官的住所。

（4）二眼楼。在指挥楼之南，因有两个箭窗而得名。

（5）小悬崖楼。在二眼楼之南，以建筑于悬崖的顶部而得名。

（6）新楼。在小悬崖楼之南，是整体完工以后，新补建的敌台。

（7）龙烟楼。在新楼之南，以同时具有烽火台的功能而得名。

（8）交界楼。在龙烟楼之南，此敌台与北齐长城相交接而得名。

（9）石人楼。在交界楼之南，以附近有石头人像而得名。

（10）碾子楼。在石人楼之南，以附近有加工粮食的碾子得名。

（11）许家楼。在碾子楼之南，以板厂峪姓许村民在此驻守而得名。

（12）兵楼。在许家楼之南，以只有士兵驻守、无军官而得名。

（13）陈家楼。在兵楼之南，以陈姓人曾驻守此楼而得名。此楼曾出土大量明代士兵生活器具，楼下山坡上有陈姓七代先人墓地，陈姓人世代驻守此楼。

（14）旗楼。在陈家楼之南，传说在此曾用旗语发布命令。

（15）窟窿楼。在旗楼之南，由于残破在墙壁上出现了许多大孔洞而得名。

（16）石楼。在窟窿楼之南，以此楼墙壁用石料特别多而得名。

（17）犯人楼。在石楼之南，有说是由犯人修建而得名，又有说是曾关押犯人的场所。

（18）木头楼。在犯人楼之南，以楼内木构件特别多而得名。

（19）婆媳楼。木头楼之南，士兵战死，由其母亲和妻子共同驻守此楼。

在板厂峪北方山岭上，一共修建了32座敌台，当地人称之为敌楼。这些敌楼的名字，不像是明代人所命名，而是后世之人根据其特点而命名，如杨来楼、交界楼、窟窿楼、木头楼等，显然都是晚近出现的名字。不过，像母亲楼、媳妇楼、婆媳楼的传说，又有一定的真实性。明代的军户在男子死后，女子也可以接班戍守敌台，领取军粮。又如陈家楼，其旁有陈家七代先人的墓地，也反映出明代士兵是世代相袭，这正是军户具有的职业兵特点。与《明史》的有关记载是一致的。

三、板厂峪的砖窑和作坊

板厂峪村北有两个大山沟，一个叫板厂峪东沟，一个叫板厂峪西沟。山沟的海拔高度在250米以下。山沟中地势平缓，有小河流淌，成为农民的耕地。

自2002年秋季以来，这里不断发现被埋在地下的古砖窑。从2002年冬到2003年8月11日，在两片面积为200亩的耕地之下，共发现了66座古代砖窑。此后又不断有新的发现，截至2008年10月，共发现古砖窑200余座。考古工作者对板厂峪的部分古砖窑进行了科学的发掘，得知砖窑上部的文化堆积分别是：第一层耕地熟土，第二层黏土，第三层焦土，焦土是经过焚烧以后变色的黏土。砖窑上部的覆盖土层，厚度多为20—30厘米。系长期风蚀、水蚀作用所致。

揭露出来的砖窑，多为马蹄窑和牛角尖窑。窑口直径为3.5—6米，窑室深3.5—4.5米。排烟孔一般为3个，设在窑室的周围。有人认为板厂峪砖窑属于龙窑，是缺乏根据，不能成立的。窑内有的装满了焙烧后的青砖，有的窑内装满了土坯，却未点火焙烧。窑内的烧成砖和未烧成的土坯，都是一层一层交错地码放在一起。马蹄窑一般都是码放20层，一窑可以容纳5000块。已发现的砖窑中，有40座是装满了烧成砖或未烧成的土坯。

砖的规格尺寸是基本相同的，长36厘米、宽17厘米、厚9厘米，每块砖的重量为10.5千克。这种砖不是一般的民用砖，而是专门修筑边墙墙体所用的"长城砖"。板厂峪"长城砖"的规格尺寸和重量，与北京门头沟、慕田峪和甘肃嘉峪关的"长城砖"是一致的，证明明代"长城砖"有统一的规格要求。除了烧制规格统一的标准型砖以外，还发现烧制异型砖。所谓异型砖，是指用在墙体、敌台特殊部位的砖，如瞭望孔、吐水嘴和铺地、铺墙用的特殊砖。

在板厂峪，除了发现古代的砖窑以外，还发现石灰窑6座、炼铁炉10余座、铁作坊3座。砌筑墙体需要石灰抹缝，称作灰口；在开山取石过程中需要铁工具，如铁钎、铁锤；制造武器也离不开铁。石灰窑、炼铁炉、铁作坊的存在，反映出板厂峪是明代修边墙时设置的重要加工中心。

在板厂峪出土了许多军事武器：计有石雷70枚、石炮5枚、铁铳3只、铁佩剑4把，还有铁舀子2把、铁凿子3把、铁剪子4把。从炼铁炉、铁作坊遗址的存在来看，这些铁武器和铁制工具，都应当是在本地加工制造。板厂峪这个村落是在明代出现，其村名可能与加工制造有关，板厂峪的村民自称是当时戍守边墙的士兵、窑工和作坊工匠的后人，这是可能的。

四、山谷中长城与山脊上长城的比较研究

第一，从现场观测来看，板厂峪山谷中长城走向的选择，与山脊上的长城有明显的不同。山谷中长城是在比较平缓的山坡上修筑，只有在万不得已的情况下才跨越山脊，没有发现沿着山脊修筑长城墙体的现象。山脊上长城则不同，多沿着山脊走向，北部分水岭边墙，西部高山边墙，都是沿着山脊筑墙。东部是以悬崖峭壁为险，不筑墙体。

从军事防御角度来看，将墙体和敌台修筑在山脊上，其军事防御效果最佳，古代人也会明白这个道理。不过，在山脊上修筑难度比较大，特别是搬运石头等建筑材料是特别困难的。如果在山坡上修筑墙体，要比在山脊上施工容易得多。由此判断，山谷中的长城比山脊上的长城要早一些，它们是在不同时代修建的。

光绪《永平府志》对板厂峪长城有记载："板厂峪在临榆县北七十五里，山势平缓，边城残坏。由堡东北行二里许，皆涧水碎石，阔约二三十丈，路旁有石城，今废。又东北里许为老边城，东西横亘，设水关二，已圮。由老边城东北行，林木茂密，碧草没径，约二里，始抵新边城。左右山较险峻，两峰低处为岭，城依岭侧，有口可通马，惟口外仅至平顶峪，余别无路。南至义院口

十里。"①

《永平府志》所称的老边城，即山谷中的墙体；所称的新边城，为沿山脊走向的墙体和敌台。有人将板厂峪的长城称作"前后两重"②，很容易使人将两种不同类型的长城误为同时所修。其实，山谷中的长城墙体与山脊上的长城墙体不是同时所修，有前后之别，故《永平府志》称之为老边城和新边城。

第二，山谷中的长城墙体是用石块垒筑，没有层次，墙体中没有使用石灰黏接，石灰用于建筑，是在宋代出现的，宋代《营造法式》中有石灰记载③，即是证明。山谷中长城个别段落石缝中抹有石灰，很少见，并不普遍，应是后人所为。

山脊上的长城墙体多是砖石结构，墙体两侧砌砖，墙体中间垒石，为大小不同的石块，砖墙采用石灰勾缝。空心敌楼的墙体，也是如此。因此，即使墙体坍塌以后，也很容易识别。因为石堆中混合有残断的青砖。板厂峪已发现了许多明代焙烧石灰的窑址，证明当时石灰大量应用于墙体的砌筑。因此，从墙体的是否用砖、用石灰，可以准确地判别长城的时代。山谷中的长城只是长墙而已，墙体上不见有可以驻兵的敌台。山脊上长城则不同，墙体每隔一定距离便修筑一座空心敌台，其平均间隔距离，约在250米。有无敌台，也成为这两种类型长城最明显的区别。

第三，山谷中长城墙体以外，普遍设有陷马坑，陷马坑中布有铁蒺藜。由于长城多修建在山坡上，敌人的骑兵可以接近，故设陷马坑以阻止其前进。山脊上长城，由于山势陡峭，战马难以攀登。因此，墙体以外未设陷马坑，个别地方却修筑了羊马墙，即主墙以外的副墙。在北部分水岭边墙线上的"六眼楼"之外侧，即有保存完好的羊马墙，墙高2米、长8米、厚0.5米，墙体上留有3个内大外小的射击孔，当敌人接近时便可以实施射击。

从以上三点来看，山谷中的长城明显早于山脊上的长城。山脊上的长城应该是明代中期以后所筑，山谷中的长城修筑得比较早。有人认为山谷中的长城

---

① 光绪：《永平府志》卷42《关隘》，第6页。
② 李少文：《图文长城》（河北省及天津、北京卷）第32页，中国旅游出版社2004年版。
③ （宋）李诫：《营造法式》卷25《诸作功限二·泥作》，人民出版社2006年排印本，第64页。

为明朝初年所建，与徐达有关。实际上徐达只是修建了山海关关城和附近一段很短的长城，《四镇三关镇》记载："山海路，关堡八：山海关、南海口关、南水关、北水关、旱门关、角山关、寺儿关、三道关、边城二十里……洪武年建。"[1] 今日有些人盛传徐达修筑了居庸关到山海关的长城，如称"他统率部下修缮了居庸关至山海关一带的长城"[2]，是缺乏根据的，与事实不符。山谷中的长城，应为明代以前所修，有人认为是北齐长城。

五、创修边城碑所记边墙修建

在板厂峪发现创修边城碑若干，对于了解明边墙的修建，提供了重要的信息。今将所见三种碑刻先录其原文，后作说明。

（1）万历十八年秋防，定州营左部头司把总杨□□下，自立界石起，至二司把总黄喜文界止，创修三等边城六丈二尺。

（2）万历十八年秋防，定州营左部二司把总黄喜文下，自立界石起，至三司把总缪世元工界止，创修三等边城二十二丈四尺。

（3）真定标下车营秋防兵马，蒙派修石大断虏墩八十九号台起，至九十号台西空止（下缺）。

明代边墙线上有春、秋二防，届时有许多内地的士兵轮流到北部边墙上，进行实地训练，修造边墙。所谓"边城"就是边墙，在《四镇三关志》中，一律将边墙称作边城，这是明代人常用的说法。古代"城""墙"义同，故而今日城墙二字往往连用。创修边城，即修建边墙。碑文中的定州营左部头司、二司、三司和真定标下车营，属于部队番号。把总属于下级军官。墩为墩台，空为口子。

从上述碑文记事可知，当时的边城（即长城墙体）分为一、二、三等，应是根据其险要程度划分等级，有极冲、次冲、缓冲之别，不同等级的城墙在高度、宽度上应有所不同。根据各部派来士兵人数的多少，安排修建墙体任务，将下级军官的名字刻写在石碑中永存，以示对其修建的工程质量承担责任。这种分段施工、各负其责的办法，犹如今日的承包制，是强化管理的一种手段。碑中有万历十八年字样，说明板厂峪的边墙主要是在万历年间（1573—1619）

---

① 刘应节撰：《四镇三关志》卷2《形胜考》，明万历四年（1576）刻本，第25页下。
② 林岩、李益然主编：《长城辞典》，文汇出版社1999年板，第313页。

修建的。

　　此文是根据 2007 年 3 月实地考察而撰写，承板厂峪农民企业家许国华先生提供了种种方便和相关资料，在此表示感谢。

北京外三海研究

　　北京外三海发源于燕山的诸多河流，在进入北京平原以后形成了许多湖泊沼泽。元代修建大都城以后，有些湖泊沼泽被圈入城内，有的留在城外。蒙古人习惯称湖泊沼泽为"海子"，这种说法一直沿用到今日。现在北京城内（确切地说是北京内城）有什刹海、西海、北海、中南海等地名，便是起源于元代。

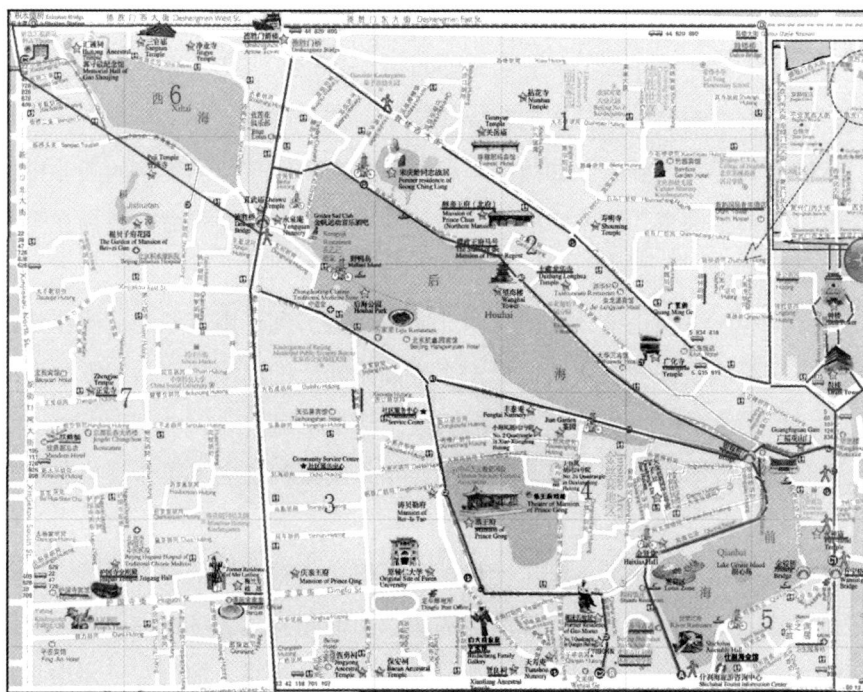

外三海图示

　　北京城内的著名海子有六处，即积水潭（西海）、什刹后海、什刹前海、北海、中海、南海（南海是明代挖掘的人工湖）。北海、中海、南海又称太液池，在皇家大内之西侧，属于皇城的一部分，故而今日人们称之为"内三海"；积水潭（西海）、什刹后海、什刹前海在皇城之外，属于平民居住区，故称之为"外三海"。内三海中的北海是旧日皇帝后妃专用的御园，辛亥革命以后，民国年间始改为对平民开放的公园。中南海在民国初年是大总统的驻地，现在是党中央国务院的驻地，不对外开放。

由于这种原因，北京市民对外三海接触多，成为外地旅游者光顾频繁的地方。故本文拟先记述外三海，关于内三海容以后补记。

一、外三海之积水潭

积水潭是北京城内著录最早的湖泊，后来又出现了很多别称，其中有些别称属于误称、讹称。

1. 积水潭之水源

积水潭之水来自高粱河（又称高良河），高粱河之名出现很早，可以追溯到辽代。辽景宗乾亨元年（宋太平兴国四年，979 年），宋太宗北伐，将辽南京城（在今北京市西城区南部，旧称宣武区）包围，南京城内士兵很少，岌岌可危。然而辽朝援军的到来，却改变了战局。在南京城东北高粱河的战斗中，宋军被打败，狼狈逃窜，宋太宗股中两箭，后来由于箭伤而殒命。战场在今紫竹院、国家图书馆、北京体育馆、北京动物园一带。

高粱河源于玉泉山下，先是从西北向东南流，到辽南京城北，改作从西向东流，辽军可能是据守高粱河抗拒宋军，高粱河上的高粱桥，是双方争夺的重点。高粱桥至今犹存，经过多次维修拓宽，已非原貌了。

由于这次辽宋之战发生在高粱河上，于是高粱河之名见于《辽史》《宋史》等许多文献记载，为世人所熟知。

高粱河最初水量不大。到了元代，为了解决南粮北调的种种困难，由郭守敬主持修建人工运河通惠河，使漕运的船只由通州直达大都城内。为了保证通惠河的水量水位，郭守敬引昌平白浮村神山泉、一亩泉、榆河、玉泉山泉之水合而为一，"自西北门入都"①。

于是，积水潭的规模空前扩大，形成了现在的积水潭、什刹后海和什刹前海。当时，由通州来的漕船，由今什刹前海东岸的澄清闸（又称海子闸）入积水潭卸粮入库。② 当时，尚无后海、前海之名称，它们与积水潭是连成一片的，

---

① 《元一统志》，赵万里辑本，中华书局1966年版，第15页。
② 《元史》卷164《郭守敬传》，中华书局校点本，第3852页。

通称积水潭。

《元一统志》记载："大都之中，旧有积水潭，聚西北诸泉之水，流行入都城，而汇于此。"[①] 从"旧有"二字可知，积水潭之名是前代出现的，不过前代其名不显，到了元代，积水潭之名由于漕运的原因，才广为人知。积水潭之名可能是在金代或辽代出现的。

2. 积水潭之别称

积水潭的别称很多，《帝京景物略》对积水潭的不同名称，有如下的解释说明：曰积水潭，曰海子，盖《志》名，而游人不之名。游人诗有之，曰北湖，盖诗人名，而土人不之名。土人曰净业（湖）[②]，曰德胜桥（湖），水一方耳。土人曰莲花池，水一时耳。盖不该不备，不可以其名者。[③]

所谓《志名》，指的是一统志和地方志所记载的名称，是正规的、官方认可的名称。游人见景生情、赋诗作词所用的湖名，土人（即平民百姓）并不知晓。土人所称的净业湖、德胜桥湖，只是根据湖泊的所在方位命名，是很不完备的，不能成为通名。不过土人所命的湖名，流传的范围有时比正规湖名要广泛，因为他们缺乏文化修养，无法阅读《志》书，口头的传播有时要比文献和诗词的记载更加广泛。诗词中的湖名，只在文人中流传，其传播的范围也不如土名。土名有的属于望文生义的讹称。

积水潭北岸有净业寺，初名净光寺，是明代嘉靖年间太监袁亨、妙福等人捐资所建。其故址在今德胜门内西顺城街46号，锦胜华安写字楼院内。其寺南临积水潭，树木很多，明清时代有很多文人学士到此休闲，歌咏湖水风光，诗中常常把积水潭称作净业湖。净业湖是以净业寺得名，属于积水潭的别名，即《帝京景物略》一书所称的诗名。[④] 积水潭在京城的最北端，湖之北就是京城北城垣，故明代诗人又称之为北湖。袁中道有《北湖观莲》诗，倪嘉善有《饮北湖亭子》诗，郑友玄有《北湖歌》，文震孟有《登北湖壶天阁》诗。北湖这种称谓在清代仍存，清代学者孙承泽在《天府广记》一书中称："元般若庵在北湖之南。万历中，始增宏丽，改名金刚寺。"[⑤]《帝京景物略》称："金刚寺，

① 《元一统志》，赵万里辑本，中华书局1966年版，第15页。
② 括号中的"湖"字，是本文作者所加，原文无此湖字。
③ （明）刘侗、于奕正：《帝京景物略》，北京古籍出版社1984年版，第18、19页。
④ （明）《帝京景物略》，北京古籍出版社1983年版，第22、24、25、38页。
⑤ （清）《天府广记》，北京古籍出版社1984年版，第583页。

即般若庵也，背湖水，面曲巷。"①

积水潭的荷花（又称莲花）相当有名，每当盛夏荷花绽开之时，都会有不少文人学士到此观花，作诗以记之。周光祚有《过德胜桥净业寺看花》诗，方拱乾有《雨夕过净业寺看荷候月》诗，马非霖、吴惟荣均作有《莲花庵》诗，诗中的莲花庵应指般若庵，是以莲花即荷花得名。

此外，积水潭在民间又有鸡狮潭、鸡石潭之称，此为积水潭之误称。又将积水潭称作积水滩，是对积水潭的误读，更不足为训了。

二、什刹海

外三海除积水潭以外，还有什刹后海、什刹前海，合称什刹海。什刹海本作十刹海，是以濒临海子的十刹海寺得名。长期以来，许多人都认为什刹海是以十个寺庙得名，仔细考于史籍，发现上述这种说法未得其实，是附会十刹海寺的结果。

为了深入研究什刹海名的由来，必须从十刹海寺说起。

1. 十刹海寺的由来

十刹海寺，首见于明末成书的《帝京景物略》，该书卷之一有"十刹海"条目，称：京师梵宇，莫十刹海若者。其供佛，不以金像广博、丹碧宇嶒嶒也……方五十亩，室三十余间，比如号舍，木扉砖牖，佛殿亦分一僧舍，不更广也。②

通常佛殿都要修建高大宏伟的殿堂，以容纳庞大的泥塑像或铜铸像。佛像要涂金，铜像要镀金，称作金身，使其金碧辉煌，用以显示佛法伟大、威力无穷，以达到佛教信徒钦服佛法的目的。然而十刹海寺（按：原文省略了"寺"字）却有很大的不同，殿堂低矮，与僧侣们居住的号室（编号的僧舍）相同。本书的作者认为，简陋的殿堂有利于弘扬佛法，返璞归真，艰苦的生活有助于信徒的修行。

本文之后，附有吴县释僧修懿的一首《十刹海》诗，诗句有："僧不骄恩帑，佛宁藉像工。平平数椽屋，密密六时功。"③据此可知，供佛的殿堂（号室）

---

① （明）《帝京景物略》，北京古籍出版社1983年版，第18、19页。
② （明）《帝京景物略》，北京古籍出版社1983年版，第39、40页。
③ （明）《帝京景物略》，北京古籍出版社1983年版，第40页。

是不起脊的平顶房屋；佛像不是塑像、铸像，而是绘于墙壁上的画像。如此简陋的佛教寺庙，是十分罕见的。故而作者的文章开头便开宗明义地指出："京师梵宇，莫十刹海若者。"意思是说，像十刹海寺这样的寺庙，在京师没有第二家可以寻到了。

释僧修懿题诗称："十刹海非刹，凝然古德风。"意思是说，十刹海不像是寺庙，有如普通的民居，凝结了上古的简朴遗风。他的诗句表达了对十刹海寺的高度赞扬。

由于殿堂狭小，每一号室大概只能容纳一幅佛像。寺庙供养的佛像很多，不可能是一幅，共计有十处号室绘佛像，每一号室即为一刹，十刹是指十处供有佛像的号室（殿堂）而言。十刹海寺即以此得名，不是指十处寺院。

十刹海寺的简陋是有原因的。《帝京景物略》称："其创作者，三藏师。师陕人也，幼事遍融大师，终身一衲，终身未尝寝，多立少坐，危坐即其休卧时。主十刹海二十年，终未饭长住一颗，日出乞食，归立钟板侧。"

这是一位名副其实的苦行和尚，当时人们对他就有此称谓。他是从陕西只身来京师，化缘所得有限。创建寺庙时大概没有得到宫廷、官府、权贵的资助，其困境可想而知，寺庙之简陋，是由于建庙经费的不足所决定的。

《帝京景物略》的作者刘侗、于奕正是从与常人不同的角度观察分析三藏法师之所为："以课诵礼拜号称，以钟磬无远声，香灯无远烟光，必肃必忧，警人见闻，发人佛心。"他们认为简肃的敬佛活动有助于警示僧侣和信徒，激发他们对佛祖的敬畏，从而达到弘扬佛法的目的。

本书两位作者的上述认识，与他们的际遇不顺有关。刘侗一生坎坷，先被礼部参奏，在家乡难以立足，到北平捐馆，好不容易成为进士，派往江苏吴县当知县，却于途中病死扬州。于奕正没有取得功名，没有做官，病死于南京旅馆。二人命运如此，一生贫困潦倒，与三藏法师相似，故而赞扬三藏法师的人品和作为。

十刹海寺名的由来，与佛教中的"刹海"有关。《华严经·世主妙严品》有："一依内现依，如尘中刹海。""尘"即红尘，指土地而言；"海"指海洋。佛家所称的"尘海"犹言水陆，是泛指尘世、世界而言。佛法无边可以普照世界，十、百、千在汉语中是用以表示数量很多的意思。"十刹海"极言世界之广大，极言佛法无处不在、无时不在，在冥冥中保护信徒乃至全人类的安全，以期达到脱离尘俗之痛苦烦恼，进入清净极乐之境界，佛教的宗旨便在于此。佛教的一切仪式（包括佛像、佛殿、佛塔）和讲经、法会、浴佛等各种佛事活动，都是以此为宗旨，概莫能外。

十刹海寺位于什刹后海西岸，簪儿胡同西南，今糖房大院 27 号①，现存山门、中殿及配殿，经后人改建维修，已非明代原貌了。旧文献称十刹海寺"门向水田东"，其附近有水稻田，距后海很近。现在这里民居很多，环境有很大的变化。

十刹海寺是明朝万历年间建的一座寺庙，规模不算大，其寺名与佛教有关，并非由海子得名。那么，《帝京景物略》为什么将十刹海寺省称为什刹海呢？该书《略例》有一段文字透露了重要信息，这段文字称："山之名、水之名、寺院家园之名，书土人所习呼，便游者询问也。"②明代时，在什刹海附近的土人（平民百姓）出于简洁的考虑，将十刹海寺的"寺"字省略了，直呼其为"十刹海"以代之。于是，《帝京景物略》的作者采用了土人的说法，也将十刹海寺简称为十刹海。后人没有进行仔细深入的考察，将十刹海误认为是指海子而言，遂将附近的海子改称为十刹海了。这是一种望文生义，误把佛寺之名当成了海子之名。由于该寺之旁有海子，即今所称的后海，故而将后海称作十刹海，犹如积水潭附近有净业寺，称积水潭为净业湖，属于同一道理。后来，人们对十刹海的范围又加以扩大，将积水潭的最南部，即现在前海的水面，也称之为十刹海了。只有积水潭的北部以及接近北京城北城墙附近的水面，至今仍称作积水潭，这是因为十刹海寺据此比较远的缘故。

将积水潭的中部、南部水面误称为十刹海，是从明代后期开始的。由于积水潭的中部、南部建有很多寺庙，加深了人们对此的误认，逐步变成了人们惯用的说法。

2. 什刹海名称之异说

文献记载表明，十刹海寺之名在前，什刹海之名于后。什刹海是从十刹海寺得名。然而有些人对此缺乏研究，提出了各种不同的异说，流传甚广，需要进一步加以辩证，澄清一些模糊的说法。

红学家周汝昌曾撰写《什刹海之谜》一文，初刊于《燕郊》杂志，期数不

① 李路珂：《北京古建筑地图》，清华大学出版社2009年版，上册，第325页。
② （明）《帝京景物略》，北京古籍出版社1983年版，第6页。

详，后收入《京华古迹寻踪》一书中。[①] 周氏之文汇集了不少关于什刹海名由来的异说，今以此为据，试作分析，以明其不可信。

周氏之文称："一般的或公认的说法是，什刹海之得名，是由于明代在海子岸边建了一处寺庙，名叫什刹海寺（按：应作十刹海寺），因此这里的海子就随之而称为什刹海了。"然而，周氏话锋一转，对上述传说提出了种种质疑。

周氏提出，对"刹"字有不同的理解，谢锡勋的诗，称为"汉海"，注曰"十汉海"。如按此说，什刹海应作"十汉海"。此说无据，稍作说明。

《汉语大词典》对"汉"字的注释为："水流岔出的地方；分支的小河。"[②] 据此注释，什刹海应是具有十条岔流或十条分支的海子。然而包括积水潭、后海、前海在内，岔流只有三四条。

一是元代的通惠河（人工河），积水潭之水近后海、前海，在前海东岸澄清闸流出，经海子桥流向通州，入潮白河，与北运河相通，是元代南粮北调的漕运水道，到明代已经废弃。

二是积水潭（西海）之水，被引入城北护城河，先向东流，后转南流，入大通河，最后注入潮白河。

三是什刹后海之水南流，经过李广桥，进入什刹前海，再入北海（太液池）。

四是从积水潭（西海）流出一股水，明代称清溪水，前流不远即积为沼泽，又被称作小积水潭，其旁后来建有积水潭医院。此清溪水属于沼泽，说它是河流是很勉强的、不准确的。

除上述四条岔流以外，别无其他岔流。因此，十汉海之说与事实不符，是不能成立的。

周氏之文又称，张之洞诗有"石牐（闸）海"。牐即闸，石牐是指前海西内（按：应为东口）建有响闸（按：澄清闸）。可见"汉""闸""刹"三音，还在那里混搅，到底谁是谁非？看来还待研究。"汉"指岔流，"闸"指水闸门，这是很清楚的。"刹"属多音字，有 chà、shā 两种不同读音，字义也不相同。"刹"读 chà 时，指佛教寺院而言；"刹"读 shā 时，指止住而言。[③] 什刹

① 周汝昌：《什刹海之谜》，见《京华古迹寻踪》，北京燕山出版社1996年版，第423—426页。以下所引周氏之文均见于此，不复注出处。
② 《汉语大词典》第五卷，第940页左栏。
③ 《现代汉语词典》修订本，商务印书馆1997年版，第133页左栏、第1095页右栏。

海之"刹"只能读作 chà。这些本来不同的字，其字义本来是很清楚的，各不相同。周氏硬把它们混作一起，称这些字在一起"混搅"，很不客观、很不公正，其实是作者在那里"混搅"，达到他否定什刹海的目的。

周氏之文又称，什刹海之"刹"字，在老北京那里，说作"十 jǐ"或"十 jiè"海的，那音又像"界"，又像"籍"。前面已言及，"刹海"二字源于佛教经典，是梵语的译音。如果用北京的方言土语去订正佛教经典的术语，岂非是在开玩笑，太不知深浅了。况且《帝京景物略》作者之一的于奕正是北京人士，难道他不会讲北京话，不知道北京的方言土语？另一个作者刘侗是进士出身，难道不明白如何遣词造句？何须今日北京人士来纠正其误？

周氏之文又以民间传说为依据，提出"什刹海"应为"十窖海"。大意是说，明代富豪沈万三致富以后，挖地窖保存白银。事发被"整"以后，他的银窖被掘发了，形成了大片的土坑，十坑积水变成了海子。"这原叫十窖海，不是什么什刹海！"这可能是从马路边上听到的传说，或者是酒宴桌上听到的传闻，是无聊文人编造的新天方夜谭，岂能用之证史？称它为妄说，是不为过的。

周氏之文又称，"十刹海"本无定名可知。什刹海云云，显然是这种情形之下"应运而生"的硬安上去的东西。作者缺乏历史知识，不明白地名有演变的过程，不同身份的人对同一地名有不同的称谓。《帝京景物略》一书对海子的称谓，分为《志名》、诗名、土人之名三种，并举例加以说明。周氏所列举的十刹海异名，多数为土人提出的土名，它与《志名》、诗名有所不同，是很自然的。然而不能用民间的土名去否定《志名》、诗名。作者搞不明白的湖名（即海子名），硬说是这些名称在"混搅"，倒不如说周氏自己在"混搅"，以达到否定什刹海名的目的。民谚云：会说的不如会听的。读过周氏宏文大作的人，都会看出其用意之所在。

周氏还把小说《红楼梦》与什刹海也拉扯在一起，称"多方面的资料（口头、书面、诗文）都不谋而合，归于一致。这就不同于一二人的附会与揣测之谈"。如果什刹海果真与小说《红楼梦》有关联，为什么不赶快写出来与读者见面呢？这种设局给人的印象是：周氏乘机欲把清水搅浑，用以误导读者的视线，提高他自己在什刹海问题上的发言权。如此而已，何须细说？

通过分析，人们可以看到，关于什刹海名的异说，都是不能成立的。不过它可以扩大读者的眼界，增强分辨是非的能力，不妨将它视作一件好事。

三、西海、后海、前海

现在北京市民称积水潭为西海，西海以东有后海，后海之南称前海，合称外三海。上述西海、后海、前海之名是什么时候出现的？此前不见有人考证，今补其缺，试作说明。

1. 西海

西海初称西海子，指的是积水潭，是以地理方位得名。积水潭是外三海中最西端的一处，地处北京城的西北隅，故而元代称作西海子，后来省称为西海。

关于西海之名的出现，诸书记载不尽相同。清代于敏中等人，在编纂《日下旧闻考》时，曾阅览了大量文献，以按语的形式表述如下：元时以积水潭为西海子，明季相沿亦名海子，亦名积水潭，亦名净业湖。《涌幢小品》《青楼集》《燕都游览志》诸书所载名殊。今则并无西海子之名。[1]

据此，元代积水潭已有西海子之别名，明代相沿不改。到了清代中期，西海子之名不使用了。降至清末民国初年，西海子之名省为西海，又再次恢复了，一直沿用到现代。

地名的反复改易是很常见的。例如北平与北京，曾改复多次。明代称北平，清代称北京，沿用到民国初年，蒋介石改北京为北平，新中国成立之后，又改北平为北京。又如沈阳与奉天，由于政权的变动，也数易其名，改而后复。北京的积水潭与西海子（西海）也是如此。

2. 后海

后海原名积水潭，最初是整个积水潭的一部分。自明万历年间修建十刹海寺以后，以其寺位于积水潭之滨，于是这部分湖面被称作什刹海。最初的什刹海仅指后海而言，后来将与它相连的前海也称作什刹海。

后海又有鸡头池之称。《析津日记》记载：广化寺在日中坊鸡头池上，元时有僧居之。[2] 广化寺至今犹存，在后海以北鸦儿胡同 31 号。可知鸡头池是指

---

[1] （清）于敏中编著：《日下旧闻考》，北京古籍出版社1983年版，第880页。本文纠正了原文断句不确处。

[2] 《日下旧闻考》，北京古籍出版社1983年版，第879页。

今日的后海而言。鸡不是水禽，不会在湖中游泳。可能当时的后海，在平面分布上有如鸡形，鸡头的形状特别明显，故而被称作鸡头池。

明代著名文人李梦阳，幼年时曾住在海子岸边的西涯，作有《西涯十二咏》《宿海子西涯旧邻诗》《再游西涯诗》《重游西涯次韵方石诗》等。《日下旧闻考》谓："西涯为李东阳幼时故居……今考《东海集诰命碑阴记》云：其曾祖则移于慈恩寺之东海子之北……又迁居海子之西涯，坐贾为养。然则西涯者即海子之北、慈恩寺之东也。"① 据此，西涯在后海北岸，则明代时后海又有海子之称。

后海之名，是清末民国初年出现的，是对前海而言，也是以地理方位命名。

3. 前海

前海也是元代积水潭的一部分，是积水潭的东南端。元代通惠河，始于前海东岸的澄清闸，闸门处流水声很大，故民间又称之为"响闸"。澄清闸以东水道上有澄清桥，又名海子桥、万宁桥。漕船由澄清闸门和澄清桥下出入积水潭。澄清桥非常重要，今称金锭桥，北与银锭桥相对应，银锭桥是后海与前海的分界处。

前海在元代时又称玄武池。《析津志》称："万宁桥在玄武池东，名澄清闸。"② 万宁桥即澄清桥、海子桥的别称，玄武池指的是现在的前海。《析津志》引文中将澄清闸视为万宁桥，非也。

前海又称莲花泡子。《大清一统志》称："近德胜桥者为积水潭，稍东南为十刹海，东南者为莲花泡子，其始实皆从积水潭引导成池也。"③ 明人诗中，有将积水潭称莲池者。这里的引文，先积水潭，次什刹海，东南为莲花泡子，以地理方位而言，莲花泡子即今前海。民国年间，前海的荷花（莲花）特别有名，形成了荷花市场，商业十分兴盛，远近有名。

前海之名与后海之名，都是晚近出现的。后人将后海、前海都视为什刹海，故有什刹后海、什刹前海之称。侯仁之主编的《北京历史地图集》，就采用了什刹后海、什刹前海这种说法。于是什刹海的范围有了扩大，从后海扩到了前海，什刹海变成了统称、泛称。不过什刹海不包括积水潭，积水潭别称西

① 《日下旧闻考》，北京古籍出版社1983年版，第878、879页。
② 《日下旧闻考》，北京古籍出版社1983年版，第872页。
③ 《日下旧闻考》，北京古籍出版社1983年版，第852页。

海。民间多将西海、后海、前海并列，以节省文字，简洁故也。

四、外三海之园林府邸

外三海岸边多林木、稻田，海内生长有荷花菱芡，既有湖沼之美，又有江南水乡风光，故吸引了许多文人到此游览观光。有些达官贵人到此营建园林府邸，又增加了新的景物。饮酒唱和，留下许多诗篇，形成了外三海之胜境，不可不知也，故撰此篇。

1. 临锦堂

已知最早的园林是元初的临锦堂。金末元初的文人元好问曾撰《临锦堂记》记述其胜境，然而其具体位置缺略。《日下旧闻考》称："临锦堂遗址无可踪迹，据元好问记云，御园之西有地，裁其西北隅为小圃，引金沟之水渠而沼之，是兹堂南背城而北邻海。以其地考之，当在今积水潭之南岸以西云。"[1] 这里所记的积水潭，指今日西海。

2. 万春园

纳兰成德《渌水亭杂识》称："元时海子岸有万春园。进士登第恩荣宴后，会同年于此。宋显夫诗所云邻水亭台似曲江也。今失所在。"《日下旧闻考》称："万春园久废，以其考之，当近火神庙后亭云。"[2] 火神庙在后海东岸，万春园当在后海之滨，与火神庙相近。

3. 定国公园

定国公园，据《帝京景物略》："园在德胜桥右。入门，古屋三楹，榜曰'太师圃'……万历中，有筑于园侧者，掘得元寺额，曰'石湖寺'焉。"[3] 则定国公园，是石湖寺旧址。定国公园，别称太师圃。定国公为明朝开国元勋徐达。

4. 英国公新园

"崇祯癸酉岁深冬，英国公乘冰床，渡北湖，过银锭桥之观音庵，立地一望而大惊，急买庵地之半，园之。"[4] 则英国公新园建于崇祯六年，在后海北岸，

① 《日下旧闻考》，北京古籍出版社1983年版，第856页。
② 《日下旧闻考》，北京古籍出版社1983年版，第873页。
③ （明）《帝京景物略》，北京古籍出版社1983年版，第29页。
④ （明）《帝京景物略》，北京古籍出版社1983年版，第31页。

与观音庵相近。

5. 英国公园

《帝京景物略》载，为英国公赐地之堂，亭北临水，桥南，水从西南入。据此，英国公园应在海子之南，故《帝京景物略》将此园列入城北。城北即北城。

6. 漫园

漫园在德胜门积水潭之东，米万钟所建。《日下旧闻考》称漫园今无考。明代积水潭指西海，积水潭之东即积水潭东岸，具体位置不可考。

7. 镜园

镜园为孝廉刘百世别业，眺湖光如镜，下有路，委蛇临湖。门作一台，望山色遥青可鉴。台下地最卑，眺湖较远。[①] 据此，则镜园距海子稍远，具体地址不知。

8. 相国方公园

《燕郊游览志》称相同方公园在城北水关西。《春明梦余录》称："元石湖寺在德胜门内北湖旁，后为方阁老园。"《日下旧闻考》记："方园据太平庵崇祯七年碑末记云，本庵东有园地八丈九尺，东至方家园南，西并至湖边，北至城路。前海旧有长堤，疑此园在前海长堤上。"[②] 可知相国方公园在太平庵之东。

9. 刘茂才园

《燕郊游览志》载："南有小沼种莲……此地居湖中，乃南北最修处，所以独胜。"南海中有长堤，"南北最修处"指此而言。故刘茂才园应在前海中。

10. 湜园

太守苗公居颍别业，"西面望湖"。

11. 杨园

杨园在湜园稍南，杨侍郎新创。

湜园、杨园，《日下旧闻考》称：今俱无考。

12. 醇亲王府（北府）

醇亲王府（北府）原是康熙朝大学士明珠府邸，其长子纳兰性德生于此。乾隆年间改为成亲王府，光绪十六年醇亲王载沣（末帝溥仪之父）居于此，溥

① 《日下旧闻考》，北京古籍出版社1983年版，第858页。
② 《日下旧闻考》，北京古籍出版社1983年版，第858页。

仪即生于此。溥仪即位以后，载沣封为摄政王，故又称摄政王府。东部为府邸，西部为花园。

花园的营建年代有人认为是康熙年间明珠所建，有人认为是乾隆年间成亲王所建。该园在后海北岸，后海北沿 46 号。引后海之水入园，形成南湖、北湖、东湖、西湖，主体建筑为湖水环绕的岛屿上面，亭台楼榭散布在四周土山之上。南湖之南，有纳兰性德亲手种植的七株夜合欢树，并作诗云："阶前双夜合，枝叶敷华荣。疏密共晴雨，卷舒因晦明。影随筠箔乱，香杂水沉生。对此能消忿，旋移近小楹。"南湖北岸有两进院落，南为正厅，北为戏台。1963—1981 年，宋庆龄居此。现在改称为"中华人民共和国名誉主席宋庆龄同志故居"，对外开放。

醇亲王府东部，现编为后海北河沿 44、45 号。1924 年溥仪退出故宫以后，曾一度居住于此。1945 年由国民党军事机关占用，1949 年改为高级工业学校，后由卫生部占用，2000 年改由国家宗教局占用。该王府由大宫门、银安殿、小宫门、神殿、遗念殿组成，东墙外为王府马厩及其家庙，称小龙华寺。

13. 恭王府

恭王府是原乾隆朝重臣和珅的府邸，咸丰朝成为恭亲王奕䜣的府邸。位于后海之南、前海之西，从积水潭引出的水渠（月牙河）在南墙外流入前海。20世纪 50 年代初，月牙河被填平，出现了柳荫街、前海西街。

恭王府前为府邸，后为花园。府邸分中路、东路、西路，东路多福轩前有 200 多年的藤萝。西路庆颐堂，是乾隆帝"庆颐良辅"匾额的改写。西路建筑仿故宫宁寿宫，十分豪华。中路焚于 1921 年大火，现已复建，已非原貌。

中、东、西三路以北为后花园，称翠锦园。分中、东、西三路，由假山、水池、建筑物组成，共有 20 景之多，东路的大戏楼极为华丽，有前厅、观众厅、舞台、扮戏房。

在恭王府东北濒临后海南岸处，另有恭亲王的别邸，称鉴园，民国年间改成止园。坐北朝南，西部为花园。有假山、亭台、花厅。新中国成立以后，叶剑英曾居此，现为中央警卫局占用。其地址为西城区小翔凤胡同 5 号。

14. 庄静公主府

庄静公主府又称四公主府，后称棍贝子府。在积水潭（西海）南岸，引积水潭之水入公主府，成为池沼，称小积水潭，至今犹存。《清宫词》称："德胜门外蒋家坊，庄静当年有赐庄。一样恩波通太液，汉阳公主汝阳王。"其原有建筑物大部分被拆毁，仅存的有歇山卷棚花厅三间、硬山小楼两座、土山一座。其地址在蒋养房（即蒋家坊）之北，即新街口东街之北。

15. 盛园

盛园是清朝末年邮传部大臣盛宣怀的府邸，在西城区小石桥胡同 24 号。是一处比较大的四合院，西部为花园，东部为住宅。民国年间外交部部长王荫泰居此。新中国成立以后，董必武居于此。现改为竹园宾馆。

16. 庆亲王府

庆亲王府原为清道光朝大学士琦善旧府邸，后为庆亲王奕劻府邸。在西城区定阜街 3 号。在定阜街与延年胡同之间。分东、中、西三部分，东部、中部被拆除、改建，西部为王府生活区，保存有花园、梳妆楼（绣楼）、大戏楼（"文革"时被焚毁）。现为北京卫戍区占用。

17. 涛贝勒府花园

涛贝勒府花园在西城区定阜街 1 号。民国年间改为辅仁大学，现为北京师范大学使用，辅仁大学校友会亦驻此。辅仁大学对涛贝勒花园加以改建，不过保留了部分建筑物，具有中西合璧的特点。

18. 和珅花园

和珅花园在西城区前海西街 18 号。原为和珅府之花园，后来改为恭王府的草料场和马厩。1949 年为蒙古国驻华大使馆。1960—1963 年宋庆龄居此。1963—1978 年郭沫若居此。1994 年改为郭沫若纪念馆。系大四合院，坐北朝南，大门向东，门前有影壁。

19. 长顺故居

长顺故居在东城区帽儿胡同 35—37 号。为清吉林将军郭布罗·长顺所建，西近前海。后来成为溥仪皇后婉容的住所。分东、西两路，为三进四合院。东路有假山、穿山洞。树木间有正房三间，明间有巨镜一面，据说是婉容婚前梳妆演礼处。现在改为民居，其建筑结构依旧。

20. 可园

可园建于清咸丰十一年，是文煜的私家园林。文煜在光绪年间任协办大学士、武英殿大学士。据志和撰的碑记："但可供游钓，备栖迟，足矣。名之曰'可'，亦窃比卫大夫'苟合苟完'之意云尔。"可园之名，即来源于此。又称：

"拓地十方，筑室百堵，疏泉成沼，垒石为山，凡一花一木之栽培，一亭一榭之位置，皆着意经营，非复寻常。"

可园不大，南北约 97 米，东西约 26 米。分为前后两院，前院以池沼为主，后院以假山为主。水池有石桥，假山有亭，山石与松竹相间，山顶有轩，轩前有槐树，轩下有沟壑，雨多即成小河。其规划很科学、很完美，成为北京私家园林的代表作品。位于东城区帽儿胡同 9 号，现为国务院机关事务管理局使用。

21. 清庆亲王次子宅

清庆亲王次子宅在东城区后圆恩胡同 7—9 号。由西部四合院和东部花园组成，内有池沼、假山、亭台、游廊。建筑物中西合璧，颇称中西合璧的杰作。

22. 那王府

那王府在东城区宝钞胡同 19 号（旧称国祥胡同 2 号）。那王即蒙古喀尔喀赛图诺颜部扎萨克和硕亲王那彦图，同治十三年袭亲王。辛亥革命以后，此王府一度抵押给西什库天主教堂，其后又转给金城银行、精神病院、北京市人民银行。原有东西两路，东院有两座太湖石，高 1.85 米，底座上刻有"海水江岸"。西院正堂称"退洗斋"，西间有名人字画，成亲王手书《湘灵古瑟》诗一首。院中有两座太湖石。现在由鼓楼中学和某幼儿园占用。

23. 循王府

循王府在东城区方家胡同 13—15 号。循王府为乾隆第三子永璋的府邸，清末洪均居此。分中、东、西三路，破坏甚烈。西路保存较好，垂花门和主院保存较好，果木甚多。

24. 奎俊旧宅（一）

奎俊为晚清刑部尚书。奎俊旧宅在民国年间为外交总长顾梦余所居。东部为花园，西部为住宅。花园原有假山、月牙河、树木、亭榭，今破坏殆尽。

25. 奎俊旧宅（二）

奎俊旧宅在东城区沙井胡同 15 号，是清末刑部尚书奎俊旧宅三路中的一部分，现在成为一处独立的院落，系三进四合院。大门内有影壁，过垂花门为三进院，院中有北房、东西耳房、东西厢房，由游廊连接各房，四进院有后罩房。其整体布局是北京典型的四合院。新中国成立之初，曾被北京市群众艺术馆占用。现为北京画院。

26. 绮园

绮园在东城区秦老胡同 35 号。原是清末内务府总管大臣索氏府邸。园内有假山、水池、小桥、亭台，外有仿江南园林建筑画舫形敞轩。索氏后人将此园卖给他人，重新改建，不过绮园的石匾额至今犹存。现为某单位占用。

27. 僧王府

僧王府在东城区南锣鼓巷炒豆胡同 73—77 号。僧王府即科尔沁僧格林沁王府，为王府的东、中、西三个院落。原先的建筑格局和建筑物，大部分保存下来。僧格林沁因镇压捻军有功，故被赏赐王邸，居住于此。

28. 志和故宅

志和故宅在东城区府学胡同 36 号。系清末兵部尚书志和的住处，是规模庞大的院落，有东宅（府学胡同 36 号）、西宅（交道口南大街 136 号）。东院为花园，有游廊、小山、轩室、假山，西院为居住生活区，坐北朝南，四进院落，建筑物比较多。现为北京市文物局占用。

29. 和敬公主府

和敬公主府在东城区张自忠路 7 号。和敬公主为乾隆帝第三女，为地位最高的固伦公主，其府邸为亲王级，故其府邸范围很大，为四进院落。大门三间，二进院十字形甬路高于地表。第三进为寝殿，第四进有后罩房。清末为其后人那图苏所居，又称那公府。现在和敬公主府南部为中信证券公司占用，北部为和敬宾馆。

30. 孙中山行馆

孙中山行馆在东城区张自忠路 23 号。为清代修建的四合院，坐北朝南，分为三路。东路为花园，西路为住宅。花园内有假山、亭轩。1924 年孙中山至北京讨论国事，即下榻于此、病逝于此。

五、外三海之寺观祠堂

（一）明清寺庙

有不少人认为，什刹海是以周围十座寺庙得名。例如红学家周汝昌提出："什刹亦作十刹之解，并不一致。因为只有九庙一庵，共为十刹之说。"[①] 有人提出，为什么叫"十刹"呢，据说它的周围有过十个庙宇。[②] 什刹海以十座庙

---

① 《京华古迹寻踪》，北京燕山出版社1996年版，第423页。
② 《京华古迹寻踪》，北京燕山出版社1996年版，第427页。

宇得名的说法，在北京市流传甚广，几乎人人皆知。实际上这种说法是不准确的，据仔细搜索研究，什刹海周围的寺庙，仅明代所建者即多达二三十处。今一一记述于后。

1. 镇水观音庵。《长安可行记》载，此庵在德胜门西明代城墙上，城墙之下有水关，是明永乐年间姚广孝修建。清乾隆二十六年改建，赐名汇通祠。有御制《积水潭汇通祠诗碑》，"纪吟权当留碑记"，是以诗碑代替纪事碑。又有一说，称镇水观音庵建在水关以内的小岛上，初称法华寺；供奉的是龙王，用以镇伏水关喷水带来的水患。民国初年，汇通祠卖给长寿堂药店，1976 年修建环城地铁时被毁，夷为平地。1988 年 9 月，在积水潭地铁站东南口，重新堆积石山，在山上重建汇通祠，已非其原址。

2. 净业寺。初名智光寺，嘉靖三十七年太监袁亨、妙福捐建。据《明水轩日记》："净业寺门临水岸，去水只尺许。其东有轩，坐荫高柳，荷香袭人，江南云水之胜无以过此。"其故址在德胜门内西顺城街 46 号，尚保留有山门、前殿和西配殿。明代孙如作、刘荣嗣、戴九元有游净业寺诗，见《帝京景物略》。

3. 太玉庵。又称太平院，在净业寺北。有崇祯七年杨方盛撰《重修太平庵碑记》，称："德胜门西不半里，有一道场，为王聚洲在工垣时建，称滇省香火院云。相传草创经始，直堑回塘，掘土片石，勒太平庵三字，用以名庵。庵背城临湖，可数顷许。"（见《五城寺院册》）《日下旧闻考》称，太平庵在净业寺西。其旧址无存。

4. 千佛寺。又称拈花寺，在德胜门北，旧称八步口之地，今大石桥路 61 号。万历九年，太监冯保奉神宗之母孝定皇太后之命修建。佛殿底座"绕千莲，莲生千佛，分面合依，金光千朵"，故称千佛寺。千佛寺之南一里，有小千佛寺。雍正十二年，奉敕重修，赐名拈花寺。其故址犹存，今为中国人民大学占用。

5. 广济寺。又名双寺，在旧鼓楼大街双寺胡同 11 号。明成化元年，太监刘嘉林舍宅建，赐额广济寺。成化十六年，太监刘洋、高通改建，分为东、西两寺，故称双寺。东寺称嘉慈寺，西寺称广济寺。寺内有明代碑四通。东寺无存，西寺尚存若干殿堂。现为阳光老宅院酒店占用。

6. 石湖寺。《天府广记》卷 38 载："元石湖寺，在德胜门内北湖之旁。水从玉泉入城，聚为一湖，水色花香，最称胜景。寺后为方阁老园。"《日下旧闻考》称："石湖寺无考。方园，据太平庵崇祯七年碑末记云，本庵东有园地八丈九尺，东至方家园南，西并至湖边，北至城路。"据此，石湖寺当在太平庵之东。

7. 广化寺。《析津日记》载："广化寺在日中坊鸡头池上，元时有僧居之。日诵佛号，每诵一声，以米一粒记数。凡二十年，积至四十八石，因以建寺。"广化寺在今鸦儿胡同路北 31 号，保存完好，香火不断，为北京市佛教协会驻地。民国初年，教育部拟在此设立京师图书馆，鲁迅曾参与此事。

8. 寿明寺。在广化寺西北，鼓楼西大街 79 号，明天顺六年，太监夏时等人捐建。弘治四年、正德八年两次重修，正德八年重修寿明寺碑记仍保存于寺内。山门、前殿、中殿、后殿尚存。今为北京西城区国土资源与房产管理局占用。

9. 龙华寺。在后海北河沿 23 号。后海北河沿，旧称簪儿胡同。成化三年，锦衣卫指挥签事万贵自建，宪宗赐额龙华寺。康熙五十二年，改称瑞应寺，道光年间改称心华寺，为拈花寺下院。清末为醇亲王载沣（溥仪之父）家庙。

10. 佑圣寺。《渌水亭杂识》载："佑圣寺在龙华寺之后，有嘉禾张文宪碑，称寺系唐咸通年建，嘉靖三十九年重建。"《日下旧闻考》称："佑圣寺在德胜门大街路北……稍东为寿明寺。"（卷 54）则佑圣寺应在鼓楼西大街路北。

11. 大隆善护国寺。初名崇国寺，始建于元代至元年间。崇国寺有二：一在金中都城内，二在元大都城内。明宣德四年，改大都城内崇国寺为隆善寺，成化八年改称大隆善护国寺。寺址为托克托丞相故宅，殿前有托克托夫妇像，寺中有姚广孝木主和影堂。清代称此寺为西护国寺，另有东护国寺。在今西城区护国寺七街 8 号，前海西岸。

12. 金刚寺。《帝京景物略》："金刚寺即般若庵也。背湖水，面百巷。"该寺是以西庑有石刻《金刚经》得名。《燕郊游览志》："金刚寺在积水潭之上，兴德寺东。"《日下旧闻考》称在积水潭东南。

13. 三圣庵。《帝京景物略》："德胜门东，水田数百亩……三圣庵，背水田庵焉。门前古木四，为近水也。"《燕郊游览志》："三圣庵在德胜街左，巷后筑观稻亭。"袁中道《三圣庵纪游略》："德胜门内东有公田若干顷……池边一庵，曰三圣，面市背田。"三圣庵前近水，水即湖水，三圣庵在今后海北岸。

14. 普济寺。普济寺在今西海南沿 48 号。始建年代失考。寺内有正统十四年重建碑记，证明其始建于正统十四年以前。普济寺坐西朝东，所在地势比较高，故称高庙。《都门杂咏》描写其景况是："古佛依稀万历镌，侨居三载总油然。门前一曲清溪水，闻道今年胜往年。"清溪水，今称小积水潭，其旁有积水潭医院。

15. 海印寺。《长安客话》："海子桥北旧有海印寺，宣德年重建，改名慈恩。今废为厂。"《日下旧闻考》："海印寺久废，今海潮寺中有嘉靖五年碑云，海印寺东为广福观，西为海潮寺。"则海印寺在广福观与海潮寺之间。广福观至今犹在，在烟袋斜街 37—51 号，以此观之，海印寺应在银锭桥以北的后海沿岸。

16. 正觉寺。成化三年御马监太监韩谅捐宅，由郑道明创建，敕赐正觉禅寺。清嘉庆年间、1949 年重建。有成化四年陈鉴撰碑、嘉靖元年顾经撰碑。在新街口正觉胡同 9 号，今为北京市电信工具厂占用。

17. 兴德古刹。在金刚寺之西，"左旁地俱售之般若寺，逼仄不能容步，右旁多精舍"。据此，兴德古刹比般若寺（金刚寺）要早一些，亦为明代寺庙。故万历年间创建金刚寺时，曾向兴德古刹购地。

18. 弘善寺。《明天顺府志》载，弘善寺有敕建碑。《日下旧闻考》："弘善寺在德胜桥东，其地即名弘善寺街。明成化七年建，敕赐寺碑今存。"德胜桥东为后海，弘善寺应在后海北岸。

19. 海潮寺。《日下旧闻考》称海印寺在海潮寺东，海潮寺在今银锭桥胡同 9 号，后海东岸。

20. 大天寿万宁寺。元成宗大德七年，成宗皇后布尔罕建。泰定四年五月，做成宗神御殿。寺内有欧阳元功撰碑，还有明冯梦桢撰碑、焦竑撰碑。故址在鼓楼东。今鼓楼东大街草厂胡同 12 号有万灵寺（已毁），疑万灵寺为万宁寺之讹。

21. 慈隆寺。《寄园寄所寄录》："慈隆寺在金台坊酒醋局外厂东，万历二十二年御马监太监高勋修建。"《日下旧闻考》："慈隆寺在高公庵胡同，寺有万历二十三年洗马朱日祚撰碑。"明代金台坊在旧鼓楼以东，民国初年称高公庵胡同。慈隆寺在此胡同内。

22. 十刹海寺。从略。除上述 22 处寺庙外，还有若干明代寺庙。今只列其名和地址：

23. 东明胡同观音寺，在东明胡同 16 号。

24. 广仁寺，在鼓楼西大街 192 号。

25. 五门庙，在护国寺东巷 10 —20 号。

26. 前海观音庵，在南钱串胡同 13、15 号。

27. 隆兴寺，在赏花胡同 6—8 号。

28. 德胜庵，在铁影壁胡同 19 号。

29. 通明庵，在小新开胡同 10 —14 号。

30. 祝寿寺，在新街口南大街 11—17 号。

清代沿用了明代寺庙，新建的寺庙规模小、数量少，计有：

1. 万善寺，在大兴胡同 28 号。

2. 玉河庵，在地安门东大街 99 号。

3. 白衣观音庵，在方家胡同 41 号。

4. 通明寺，在方砖胡同 11 号。

5. 延寿寺，在方砖胡同 67 号。

6. 伏魔庵，在官书院胡同 15 号。

7. 灵鹫庵，在国旺胡同 55 号。

8. 宏德禅林，在菊儿胡同 41 号。

9. 琉璃寺，在琉璃寺胡同 10 号。

10. 永寿寺，在王佐胡同 25 号。

11. 五道营观音庵，在五道营 103 号。

12. 两颗城绕天仙庵，在西顺城街 18 号。

13. 太平庵，在北线串胡同 1—3 号。

14. 探海寺，在大金丝胡同 33 号。

15. 观音寺，在东明胡同 16 号。

16. 后海观音寺，在东明胡同 8 号。

17. 丰泰庵，在后海南沿 36 号。

18. 毗卢庵，在棉花胡同 53 号。

（二）明清道观与祠堂

1. 火德真君庙（火神庙）。相传始建于唐贞观六年。元至正六年重修。明万历年间由于受到紫禁城失火的危害，于万历三十三年在元代庙址重修火德真君庙，用绿色琉璃瓦以示压火。清乾隆二十四年重修，改玉皇阁为黄瓦。坐北朝南，中轴线上依次为隆恩殿、火祖殿、关帝殿、万寿景命宝阁，东配楼为玉皇阁，西配殿为斗姆宫。

山门向东，山门内外各有牌楼一座。现在门内牌楼尚存，门外牌楼已毁。大殿之后原有水亭，濒临后海，现已不存。后来在火神庙两侧（临后海）建游廊亭台。

2. 广福观。在西城区烟袋斜街 37 号、51 号，石碑胡同 6—8 号。明天顺三年彭太监修建。清代改成孚佑宫。民国年间复号广福观。坐北朝南，山门石额上书"广福观"，园内有明天顺四年重修广福观碑。广福观为三进院，有前殿、中殿、后殿。后殿西跨院为白云仙院，有山门、前殿、后殿和配殿。

3. 三官庙。在西城区积水潭北岸，西海北河沿 29、30 号。清代始修。三官指天官、地官、水官，道家认为天官赐福、地官赦罪、水官解厄。这是一座只有一进的小庙，规模很小，不太引人注意。现成为民居。

4. 关岳庙。在西城区鼓楼西大街 149 号，原为道光帝第七子醇亲王的祠堂，光绪年间修建。民国年间再次内塑关羽、岳飞像，改称关岳庙。坐北朝南，三进院落，中院东西有跨院，东跨院有神厨、神库、宰牲亭。现为西藏驻京办事处占用。

5. 贤良祠。在西城区地安门西大街 103 号。建于清雍正八年，用以祭祀对国家有功劳的王公大臣。其中共祭祀 178 人，内有范文程、张玉书、施琅、于成龙、阿桂、刘墉等人。坐北朝南，有大门、碑亭、仪门、正殿、后殿。怡亲王允祥位正殿正中，其余分列左右及东西配殿中。现为同仁堂占用，少部分改为民居。

6. 旌勇祠。在西城区地安门西大街旌勇里。建于清代。系为纪念云贵总督明瑞而特设。明瑞，富察氏，满洲镶黄旗人。初随乾隆帝征伊犁有战功，其后征讨缅甸入侵，获大胜，赐一等诚嘉毅勇公，后不幸战败自缢。乾隆帝建此旌勇祠，以纪其勇。被旌表的还有阿桂、兆惠。20 世纪 30 年代，改为东北抗日阵亡将士的昭忠祠。现在改为民居。

六、外三海商业之繁荣

外三海，即积水潭、什刹后海、什刹前海，有广阔的湖面，湖中生长有荷花，成为北京城内最吸引人的风光胜地。

早在元代，齐正楼西南之斜街，即出现了商市。《析津志》记载："钟楼，此楼正居都城之中……楼之东南转角街市，俱是针铺。西斜街临海子，率多歌台酒馆。有望湖亭，昔日皆贵官游赏之地。楼之左右，俱有果木、饼面、柴炭、器用之属。"[①] 齐正楼即钟楼，齐正楼西南之斜街，清代改成鼓楼斜街，又称烟袋斜街，今仍其名。鼓楼斜街濒临什刹后海左岸，其走向与什刹后海相平行，不在鼓楼之正位，而在其西南斜行，故有鼓楼斜街之称。朱彝尊的《日下旧闻》仍称鼓楼斜街。《日下旧闻》成书于乾隆三十九年，说明朱彝尊在撰写此书时，仍称鼓楼斜街，改鼓楼斜街为烟袋斜街，是在此后，这是没有什么疑问的。烟袋斜街之名的出现，可能与在此斜街上经营烟袋的店铺很多得名。鼓楼斜街之名可能与烟袋斜街并行一段时间以后才逐渐消失的。从新旧并行到以新代旧，这类现象很常见，例如北京市宣武区合并入西城以后，人们仍称西城区南部为宣武，即证明了这一点。

烟袋斜街的商业活动，在清朝就已经很闻名，与前门大栅栏齐名。不过其发展的高峰却是在民国初年。当时的店铺很多，有卖烟袋的，据说有的烟袋铺为慈禧太后通洗过水烟袋。街上经营古玩的店铺比较多，有宝文斋、敏文斋、太古斋。饮食店比较多，计有震阳春烧饼铺、丁巴烧饼铺、何记扠花烧、温家烧饼铺、义和轩酒馆、东顺子包子铺、王金波早点铺、李二炸虾店、杨记酒楼等20余家。此外，还有潘步昆西服店、同合假发店、双龙弹棉花店、振兴理发店、温记小染作、中和当铺、鑫源澡堂等。[②]

什刹海沿岸的商业活动很多，不限于烟袋斜街。在什刹前海左岸有著名的会贤堂，是北京八大堂之一。原是清代光绪年间礼部侍郎斌儒的宅第，光绪十六年山东济南人在此开会贤堂饭庄，成为文人墨客聚会的场所。除餐饮以外，还有戏台，可以唱堂会。大门上书"群贤毕至"四字。曾兴隆一时，日本侵华期间停业。1948年被辅仁大学购买，现为中国音乐学院校址。在什刹后海北河沿有庆云楼，经营山东菜，门脸在烟袋斜街，后楼在北河沿。民国年间，庆云楼后面有栏杆的平台台下席棚为"季傻子"开的烤肉铺，后来发展为现在的"烤肉季"。什刹后海北河沿还有会贤堂，原是大官僚张之洞的房子，后来

① 《析津志辑佚》古迹条，北京古籍出版社1983年版，第108页。
② 徐文玉：《忆烟袋斜街》，《京华古迹寻踪》，北京燕山出版社1996年版，第409、410页。

兑换给会贤堂，会贤堂还建立了戏台，食客可以在这里听戏看戏。[①]

外三海中荷花很多，欣赏荷花的人更多。最初赏荷花的人多集中在积水潭（西海），清代著名的文人朱彝尊、高士奇都作有《净业寺看荷花诗》。当时，海子中有虾菜亭，海子北岸有定香楼，是文人饮宴之所。到了晚清，什刹前海看荷花的游客增多。什刹海前海中，有南北走向的长堤，是观赏荷花的最近处、最佳处，大量游人多聚集于此。于是，饭馆、茶座纷纷在此出现，商贩云集。到了民国初年，形成了大市场，称"荷花市场"。

到了20世纪30年代，"荷花市场"达到了鼎盛时期。有些商贩在湖水中搭起木台，上铺木板，木板之上架席棚，摆上竹桌、竹凳、藤椅，便可以营业。多半是出售冷饮、冷食，产自湖中的莲蓬、雪藕、菱角、鲜核桃、鸡头米。还有冰碗儿、八宝莲子粥、酸梅汤、果子干、玫瑰枣、豌豆黄、艾窝窝、酸酪、扒糕、锅贴、蒸饺子、炸丸子、炸灌肠、馄饨等，均属于风味小吃。除此以外，一些手工艺人用芦苇叶、蒲叶编织小青蛙、小铺扇、小帆船、小花篮、小鱼篓叫卖，还有卖蝈蝈的。[②]"荷花市场"聚集了大量的市民游客，成为夏季重要的旅游场所。

外三海商业的兴盛，有多重原因。一是海子周围寺观很多，有定期的庙会，吸引了很多信徒进香，增加了人气。二是湖水明净，微波荡漾，风景可观，许多文人到此参观，作诗赋词，扩大了海子的品位和影响。三是夏季荷花（又称莲花）盛开，吸引了许多市民到此消夏休闲。这种种原因，推动了商业活动的产生、扩大。

这种社会风气一直延续到现在。什刹后海与琉璃厂（旧称厂甸）是外地游人必到之地，从中体验首都人的风俗人情，了解北京人的精神世界。在客观上加强了北京人与外地人的沟通交流。现在一些外国游人也常常到此旅游，从中认识北京、认识中国，不失为中外交流的重要渠道。因此，加强什刹海地区的城市规划和商业网点的布置，加强环境保护，创造良好的社会氛围，应是值得重视的问题。

---

① 朱家溍：《什刹海梦忆录》，《京华古迹寻踪》，北京燕山出版社1996年版，第419—422页。
② 汪元澂：《什刹海畔忆童年》，《京华古迹寻踪》，北京燕山出版社1996年版，第431—434页。

七、外三海水面的萎缩

外三海是自然形成的湖泊，由于地处平原地区，其湖岸系由疏松的土质构成，在湖水风浪和雨水的冲刷下，很容易出现水蚀破坏，河岸的坍塌是经常发生的。

元代疏浚通惠河的时候，已经注意到了这个问题。因此，在积水潭（西海）采取了加固措施，在容易坍塌的湖岸上用砌石的办法加固。《元史》记载说："海子岸，上受龙王堂，以石甃其四周。海子一名积水潭，聚西北诸泉之水，流行入都城而汇于此，汪洋如海，都人因名焉。"①

到了元仁宗时代，积水潭的石岸出现了损坏。因此，延佑六年二月，都水监进行了修补，"与元修旧石岸相接。凡用石三百五，各长四尺，阔二尺五寸，厚一尺，石灰三千斤，该三百五工，丁夫五十，石工十，九月五日兴工，十一日工毕"②。

到了元英宗时代，积水潭岸又出现了破坏。至治三年三月，大都河道提举司提出："海子南岸东西道路，当两城要冲，金水河浸润于其上，海子风浪冲啮于其下，且道狭，不时溃陷泥泞，车马艰于往来，如以石砌之，实永久之计也。"泰定元年四月，由工部主持整修，"七月兴工，八月工毕，凡用夫匠二百八十七人"③。

元代对积水潭湖岸的加固，是出于通惠河漕运的需要。元朝灭亡以后，通惠河的漕运随即停止。明代积水潭沿岸出现了许多寺庙、道观、权贵的府邸，游人不断增多，各种生活垃圾进入海子之中。明代宫廷、官府和民间，普遍采用木柴、煤炭为防寒取暖和餐饮所用的燃料，其灰烬大量倒入海子之中，沉积于湖底，使湖床抬高，减少了蓄水能力，海子的岸边不断向内收缩，湖面不断缩小。

明代废弃了元大都的北部，将北城墙南移到现在的位置，即从德胜门到安定门一线。其结果是将元代的积水潭一分为二，一部分圈进城内，一部分留之城外。留在城外的积水潭，后来改称太平湖，著名作家老舍就是在太平湖

① 《元史》卷64《河渠一》海子岸，中华书局校点本，第1592页。
② 《元史》卷64《河渠一》海子岸，中华书局校点本，第1592页。
③ 《元史》卷64《河渠一》海子岸，中华书局校点本，第1592页。

投水身亡。现在的太平湖大部分已被填平，在此修建了地铁车辆段，还修建了一些民宅。镇水观音庵本在积水潭中一座岛屿上，后来移到北城墙上面。修建环城地铁（今称 2 号线）时，北城墙被拆毁，镇水观音庵不存。后来在积水潭地铁站东南口重建一座土石山，重建镇水观音庵（称汇通祠，系乾隆二十六年赐名）。

元代积水潭是泛称，包含了现在的西海、什刹后海、什刹前海。这些海子本来是连成一片的，只是其连接处比较狭窄而已。明代出于城内交通的需要，在西海与后海之间修建了德胜桥，在后海与前海之间修建了银锭桥。桥梁的修建必要积土成为引桥，积土必须占用水面，引起水面的缩小。德胜桥最初并不算大，然而到了清代民国年间以及现代，德胜桥不断加宽加长，所占用的范围不断扩大。现在德胜桥下的水几乎断流，西海变成了独立的湖泊，人们很难看出它与后海的渊源关系。西海、后海、前海名字的出现，与德胜桥、银锭桥的修建有直接的关系，现在人们将银锭桥视为前海与后海的分界线，将德胜桥视为后海与西海的分界线。

随着湖水的减少变浅，时间久了湖底凸起的地方就会露出水面，变成沙洲、岛屿。例如什刹前海在清初是统一的湖泊，可是到了清后期，其中间出现了一道南北走向的沙堤，[①] 这沙堤就是由沙洲演变而来的。

到了晚近时期，外三海的萎缩更加明显。什刹前海的西南部，即沙堤的西部，竟然被填埋为平地，在此修建了什刹海体育运动学校。清代的会贤堂饭庄本在前海西岸，由于前海不断缩小，湖岸不断变化，2011 年出版的《北京手册》卷首所附的北京城区地图上，会贤堂标注在前海的西北岸（见第 49 页）。如非会贤堂属于新建的话，那么这种变化可能与前海萎缩有关。

湖水的变浅，有利于荷花（又称莲花）的生长繁衍，因此，民国年间前海的荷花最为有名，游人增多，形成了著名的"荷花市场"。对于民国年间"荷花市场"的繁荣情形，有不少老北京人士撰文详细记述。

新中国成立以后，出于交通的考虑，德胜桥加宽加长予以扩建，使积水潭（西海）与后海之间的距离越来越大，与此同时，积水潭和后海的水域面积则相应地又减少了许多。二海之间陆地扩大以后，增建了许多居民住宅，将以前

---

① 侯仁之主编：《北京历史地图集》，北京出版社1988年版，第41、42、47、48页。

的不少寺庙拆毁了。

从积水潭（西海）到前海，原有一条小河流，河上有李广桥，又名李公桥。清代、民国年间，此小河尚存，到了 20 世纪 50 年代以后，这条小河被填平，改称柳荫街。

前海的西部，即湖堤以西的水面，在 20 世纪后期被填埋成平地，在此修建了什刹海体育运动学校。

北京外三海的萎缩，虽然有自然原因，如降水量的不断减少；不过主要原因是人类活动所造成的。填海造地就是典型例证。外三海水域范围的萎缩，对于城区空气的湿润度有明显的负面影响，不利于控制 PM2.5，这是人所共知的科学道理，无须赘说。

新书出版简记

1.《白城永平辽金遗址 2009、2010 年度发掘报告》。吉林省文物考古研究所编著，科学出版社 2015 年 12 月出版。主编李丹，副主编解峰、刘玉成。精装 16 开本，文字 272 页，彩色图片 142 幅。永平在吉林省白城市洮北区平安镇洮儿河左岸，永平遗址海拔 194.55 米。发掘面积 2200 平方米，入选"2009 年中国重要考古发现"。遗址为辽金时代村落，发现了砖铺地面，火坑、灶、烟囱；出土物多为砖瓦、陶器、瓷器、铁器。还发现了植物种子。永平遗址为研究辽金时代村落社会生活提供了丰富的实物资料，引起了学术界高度重视，成为近年来的重要考古发现。

2.《俄罗斯滨海边疆区女真文物集萃》。宋玉彬、阿尔杰米耶娃主编，文物出版社 2013 年 3 月出版。精装 16 开本，全部彩印。按文物出土地排序，分为村落址、城址。同一遗址出土的文物，按不同质料（陶、铜、铁、石）排序。文物种类繁多，有墨书题记"尚食局"瓷碗、铁覆面、刻有"合同""清河"的石印、谋克印、"谨封"铜印、"国之信"银牌、女真文石印、石带銙、陶坩埚、"张"字铜印、铁犁铧等。照片印制清晰，每件文物都有中文、俄文说明，阅读十分方便。

3.《全金石刻文辑校》。王新英编，吉林文史出版社 2013 年出版。此前王新英编有《金代石刻辑校》，吉林人民出版社 2009 年出版。此后作者将清代张金吾的《金文最》与《金代石刻校辑》二书合编在一起，改为《全金石刻文辑校》。此书为辽金史研究提供了丰富的原始资料，学术价值比较高，作者是吉林大学毕业的博士生，其导师为赵永春教授。

4.《中国古代东北民族的"中国"认同》。赵永春主编，黑龙江人民出版社 2015 年 12 月出版，系国家社科基金重大项目前期研究成果。本书详述了慕容鲜卑、契丹、女真、蒙古、满族对"中国"的认同，以契丹、女真、蒙古、满族对"中国"的认同篇幅最大、论证最有力度。在绪论中，对"中国"认同概念有科学的界定，指出古代的"中国"具有中心、中原、华夏、文化中心、政权五种含义。明乎此，才能正确认识"中国"的认同。

5.《辽朝政治中心研究》。肖爱民著，人民出版社2014年11月出版。辽朝的政治中心，杨宽、李逸友认为在上京，顾祖禹、谭其骧认为前期在上京，辽圣宗以后迁至中京。傅乐焕认为在四时捺钵斡鲁朵。今人多从傅氏之说。本书从古代北方游牧民族的生活方式出发，提出捺钵之意为行营、行在、行宫，捺钵不是固定的地名和一级行政机构，不是辽朝的政治中心。只有行朝，即迁徙移动的中央政府才是政治中心。所谓行朝，"是以契丹皇帝的牙帐为中心的中央政府，即迁徙移动的朝廷，为辽朝对全国行政权力的中心"。这种说法很新颖，值得重视。

6.《金代图书出版研究》。李西亚著，中国社会科学出版社2015年9月出版。作者为吉林大学博士毕业，其导师为赵永春教授。本书是在博士学位论文的基础上，补充修改而成。关于金代图书，前人多侧重于对山西平水（平阳）印刷机构和《赵城藏》研究，对印刷方法、印刷技术论著比较多，存在许多空白。本书对金代图书进行了全面系统研究，利用前人忽视的资料，充分利用了地下出土的考古资料，弥补了前人留下的空白。例如家宅刻书一事，前人很少提及，本书则详细介绍。从书中的论述可以发现，金朝的印刷水平，远超宋朝，对中华文化宝库做出了杰出的贡献。

7.《辽金经幢研究》。张明悟著，中国科学技术出版社2013年出版。作者是中国科学院自然科学史研究所研究人员。他从研究北京朝阳区金盏村发现的汉白玉经幢入手，自学了梵文，进而研究北京地区辽金经幢，对唐代以来的密宗、燕京经幢、佛顶尊胜陀罗尼版本流变等相关问题都进行了深入研究。中国社会科学院世界宗教研究所罗炤研究员，在序言中对本书的成就给予高度评价。辽金时代佛教盛行，本书对于研究辽金佛教，具有很高参考价值。

8.《金源文化辞典》。郭长海主编，黑龙江人民出版社2015年出版。郭长海是哈尔滨阿城乡贤，长期搜集金上京资料，后扩及全国，付出了极大努力。金源初指金上京地区，金亡后，泛指金朝而言。该《辞典》收入词目6800余条，图片500余帧，240余万言。是目前所见金史著作中篇幅最大的一部。被列为黑龙江经典图书，属于哈尔滨市社会科学院重点科研项目。

—— 伍 ——

社 会 活 动

除学术著述以外，我还参与了许多社会活动，主要有以下各事。

一、撰写《行动起来　拯救黄河》呼吁书（1998 年 1 月）

1997 年黄河断流日趋严重，举国上下震惊不已。黄河是中华民族主要发源地。《黄河大合唱》对动员全国人民反抗日本侵略，产生了重要作用和影响。因此黄河断流的消息一经发布，许多中华儿女为之惊慌失措。

为了了解黄河断流的真实情况，我决定自费考察黄河。1997 年 6 月 5 日至 15 日，我从郑州花园口开始顺流而下。经开封、济南，直到东营黄河入海口。《中国环境报》记者丁品随行，采访了我的考察结果。发表了长篇采访报道，题为"沙漠考古学家发出警告：黄河断流沙即起，后果堪逾史可鉴"，为许多报纸转载。随后我应约发表两篇文章，一是黄河考察纪实《从郑州到东营》，二是《黄河在呻吟　大地在哭泣》。上述报道和我的两篇文章在社会上产生了广泛的影响，一时使我成为许多新闻媒体的采访对象。

当时《中国林业报》已决定在 1998 年元旦改名为《中国绿色时报》，由江泽民总书记题签了报名。如何使《中国绿色时报》一炮打响，该报社长兼总编辑黎祖交找到了我，请我撰写拯救黄河呼吁书，请两院（中国科学院、中国工程院）院士亲笔签名发表。

我在考察黄河之前已撰写了《拯救黄河呼吁书》，在途中散发。我出示给黎祖交以后，他认为写得很好，不过应当补充营林造林的内容。于是我做了一定的修改补充。该报社将此呼吁书用传真发给两院院士亲笔签名，于是《中国绿色时报》在 1998 年 1 月 1 日第一版全文发表了《行动起来　拯救黄河》呼吁书，在第二版刊出了我撰写的《黄河与黄河断流》一文。在呼吁书上签名的两院院士最初为 135 人，后来增加到 163 人。

《中国绿色时报》果然如事前所料，一炮打响。其发行量由原来的 1 万份猛增到 10 万份。新华社 1 月 4 日发出专稿，题为"百位院士呼吁拯救黄河"。许多报纸（含地方报纸）全文转载了《行动起来　拯救黄河》呼吁书和《黄河与黄河断流》。

受此影响我接受了许多记者采访。《中国文化报》记者刘彦生撰写了《一位考古学家对黄河断流的考察》长篇报道。上海辞书出版社社长李维国（后任上海人民出版社社长）马上派赵荔红（女）来京采访，我应约撰写了《黄河走向内陆河》一文，刊发于《辞海新知》第五辑，2000 年 6 月出版。

黄河断流加快了南水北调的步伐，除中线、东线调水以外，有人又提出"大西线调水"，即从怒江、澜沧江向北方调水。我应邀参加了在首都大酒店举行的"大西线调水论证会"，支持这一主张。然而"大西线调水方案"后来被搁置下来，因为怒江、澜沧江流入中南半岛，称萨尔温江、湄公河，属于国际性河流，如果实施"大西线调水"，必须取得相关域外国家的同意，涉及复杂的外交问题，短期内很难处理。此事只好停顿下来。

附（一）《行动起来 拯救黄河》原文

黄河，伟大的母亲河！

她哺育了勤劳勇敢的中华民族；

她孕育了辉煌灿烂的中华文明。

她是中华民族的象征；

她是中华文明的摇篮。

每一位炎黄子孙无不为自己是黄河儿女而引以为自豪和骄傲。

一百万年以前，蓝田人曾生在黄河之滨；著名的仰韶文化、龙山文化、大汶口文化等，都在黄河两岸蓬勃发展；夏、商、周、秦、汉、唐等朝都城，均选建在黄河流域。正如毛泽东同志所言："没有黄河，就没有我们这个民族啊！"

黄河，具有强大的民族凝聚力，为了中华民族的生存，为了中华文明的昌盛，为了保卫黄河，无数先烈抛头颅、洒热血。在那民族最危险的时刻，黄河发出愤怒的"咆哮"，一曲《黄河大合唱》，唱出了亿万炎黄子孙的心声，激励着成千上万的黄河儿女奔赴抗日前线。

共和国成立后，黄河为社会主义建设事业做出了巨大的贡献。

然而，令人震惊的是，今日之黄河正面临着另一种威胁——断流。自1972 年以来，几乎连年断流，且一年比一年严重。黄河，由滔天之水变成涓涓细流，继而只留下龟裂的河床。黄河已成为一条季节河。照此下去，不久将变为内陆河。

黄河断流，意味着整个黄河流域生态环境正在继续恶化。

黄河断流，严重造成下游土地荒漠化、生物多样性丧失。

黄河断流，正直接威胁着下游经济的发展、民众的生存。

黄河断流，还将对中华文化、民族心理产生不可估量的影响。

面对这严峻的现实，所有的炎黄子孙都应进行深刻反思。毛泽东同志站在历史的高度曾明确指出："你们可以藐视一切，但是不能藐视黄河。藐视黄河，就是藐视我们这个民族。"

黄河断流不是偶然的。解决黄河断流一定要综合治理，首先要加强对黄河水资源的统一管理，加强保护和恢复黄河全流域的植被，特别是中上游的植被。

我们认为，全社会高度关注黄河，迅速解决断流问题，对整个黄河流域乃至我国的全面可持续发展，有极其重大的战略意义。

我们认为，运用现代科学技术，经过一代人或几代人的艰苦努力，一定能解决黄河的断流问题，解决水土流失问题，扭转黄河流域生态环境恶化的局面。

江泽民总书记在中共十五大政治报告中号召"植树种草，搞好水土保持，防治荒漠化，改善生态环境"；还在一个重要批示中提出"再造一个山川秀美的西北地区"。这是非常鼓舞人心的。为此，我们作为科技工作者，出于对中华民族的无比热爱，出于对中华文明的一往情深，在此事关国计民生的大事面前，有责任向海内外所有炎黄子孙，郑重发出呼吁：行动起来，拯救黄河！

如果您是炎黄子孙，那么，请您投入到这场拯救黄河的运动中来，从自己做起，从一点一滴做起。

如果您是一位领导干部，那么，请您加强全局观念，发动所管辖人员积极参与拯救黄河的行动，节约用水，植树种草，表扬奖励那些模范单位和个人，制止那些由于局部利益和眼前利益做出不利于可持续发展的一切行动。

如果您是一位编辑、记者、作家、教师、艺术家，那么，请您发挥各自特长，告诉广大公众拯救黄河的伟大意义，告诉广大公众植树种草的极端重要性，及时报道在拯救黄河中所涌现出来的先进事迹和英雄人物。

如果您是一位实业家，那么，请您在拯救黄河时尽可能提供财力、物力，以便尽快使黄河复流。

如果您是一位科技工作者，那么，请用您的智慧去研究如何解决黄河断流问题，尽快提出解决黄河断流和水土流失的建议或方案。

我们相信，只要每一位炎黄子孙行动起来，那么，赤地变青山之时，便是黄河流碧水之日，伟大的母亲河——黄河一定能重焕昔日光彩；那么，今天的炎黄子孙，将无愧于时代，将无愧于后人！

附（二）《中国绿色时报》原件

附（三）两院院士亲笔签名原件

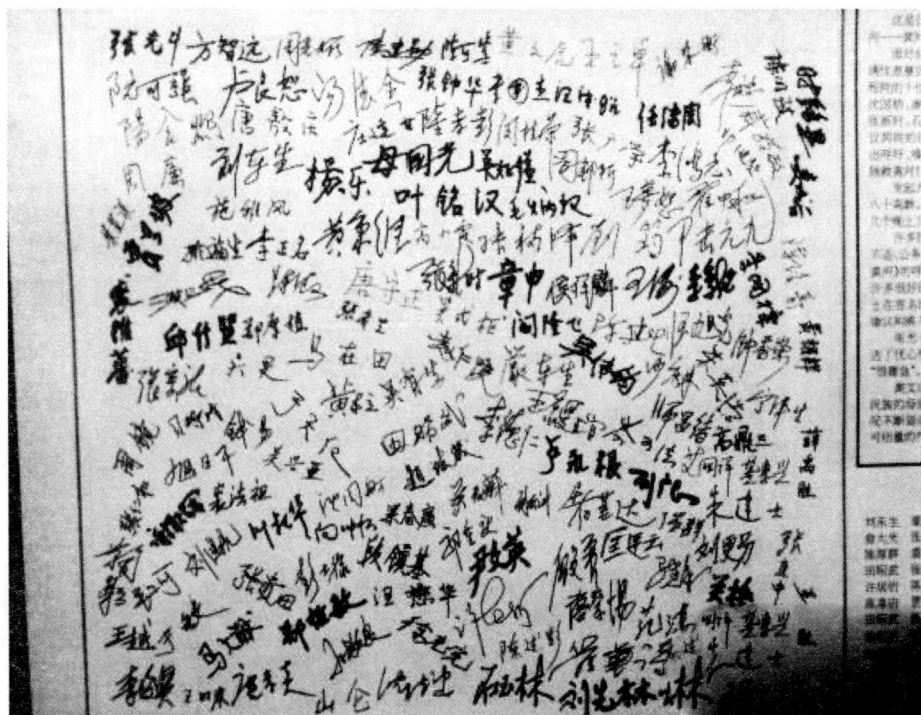

二、陪同北京团市委实地考察坝上沙害（2000 年 6 月）

在黄河断流的同时，北京城区的沙尘暴日趋严重，能见度很低。街道上的汽车，白天有时也需要开灯行驶，严重影响了居民的生活。当时人们普遍认为，北京的沙尘暴来自河北丰宁和内蒙古多伦（其实并非完全如此）。因此，朱镕基总理受江泽民总书记的委派，到丰宁和多伦进行实地考察，各大新闻媒体均进行了详细报道，在全国上下引起巨大反响。

当时，北京团市委书记是张孝廉（现在改名为张效廉，是中共黑龙江省委常委、宣传部部长），他是北京林业大学林学系毕业生，其攻读的专业与防沙治沙有关，因此聘请我为团市委的科学顾问，陪同团市委的工作人员，重踏朱镕基走过的道路，进行实地考察。在丰宁县小坝子乡榔头沟，许多民房被流沙湮没，朱镕基的汽车深陷流沙之中，用牵引车拖出。事实证明丰宁的沙害非常严重。小坝子乡是多山地区，奇峰林立，令人惊叹。据村民说，朱镕基对丰宁陪同人员讲，这里山清水秀，何必到南方游山观水？当时天色已晚，我们连夜乘北京吉普前往内蒙古多伦。多伦旧称多伦诺尔，地处滦河之滨，北有浑善达克沙漠，植被稀少，风沙大。清代建有汇宗寺，规模很大。当时改为一粮库占用。县城不远处有流沙，沙丘上有积石堆，居民说朱总理站在此沙包上向大家讲话，事后居民在此处积石纪念。按当地风俗，游人至此都要添加石块，将来会变成大敖包。

北京团市委组织去丰宁、多伦实地考察，是为了增强团干部的环境保护意识，引领青年人热爱环境、保护环境，防止沙漠的扩大。当时闻讯而来的新闻记者很多，他们都是自驾车而来，很重视我在现场所做的解说。其中有中央电视台记者陈运（女），北京电视台记者高斌。北京电视台的采访，在 6 月 3 日、6 月 5 日新闻节目中两次播出，是高斌告诉我的。中央电视台播出的时间稍晚一些，记者陈运曾到我家里借用相关的文字资料，所制作的节目篇幅比较长，不是当日播出的。后来我到外地出差，陈运无法通知我播出的日期。还有报纸的采访报道发表日期，我也不甚清楚，因为记者未及时告诉我。

2000 年 11 月 4 日，《北京晚报》和"知本讲座工作室"在北京市西城区文化馆举办环保论坛，是以北京沙尘暴为中心内容，邀请我参加。有许多志愿者在会上发言，讲述他们的见解。我听了他们的发言以后，发现有些人缺乏基础科学知识，所提出的治沙防沙方案是行不通的，应当予以纠正。例如有人提出，应在燕山上修建一道高大的长墙，用于阻挡流沙和沙尘侵入北京，减少北京的沙尘暴。其实，沙尘是在强风推动下，在空中移动，地面高墙是拦不住的。沙粒在地面滚动，在大风作用下能够飞扬起来，高墙也是拦不住的。敦煌莫高窟沙害很严重，最初曾采用阻沙坝，并未成功，都证明了这一点。我在发言中，明确指出不能修建长墙防沙，只能采用植树造林，才是防治风沙的主要途径。10 月 5 日，绿色北京网公布了我的讲话。会间，我还接受北京电视台记者刘恕（女）和湖南卫视的记者采访，是否制作了节目，我就不清楚了。

三、应"绿色北京"之邀考察东乌珠穆沁草场污染问题
（2002 年 7—8 月）

东乌珠穆沁旗属于内蒙古锡林郭勒盟（今已改盟为市），是典型的草甸草原。地处大兴安岭以西、宝格达山以南，北与蒙古人民共和国苏赫巴托省接壤，年降水量 300 毫米至 400 毫米，是锡林郭勒草原降水量最多的地方。古代的东胡、鲜卑、乌桓、契丹、突厥都曾以此为家园，是突厥马的原产地。成吉思汗统一蒙古的战争，曾多次在此休养生息，由这里去讨伐敌人。

然而，自改革开放以来，有许多内地人到此开荒耕田，开采地下的银矿、铅矿和铁矿，建立技术落后的造纸厂。工业污水不经净化处理，随便排放，造成草场严重污染，废水使居民和牲畜中毒，甚至死亡。这种情况使牧民困苦不已，诉之地方政府，地方政府置之不理。这种情况反映到国家环保局，国家环保局批示污染企业必须关闭，然而地方政府为了保护地方经济利益，听之任之，毫无作为。

在"文化大革命"期间，东乌珠穆沁旗和相邻的阿巴嘎旗，是北京知识青年下乡插队的重点地区之一，著名作家张承志就是其中之一。还有的知识青年在此安家落户，娶妻生子，与蒙古牧民有千丝万缕的关系。草原的污染破坏，使他们心急如焚，千方百计、想方设法保护牧民。在东乌珠穆沁旗插队的北京知识青年陈继群和在阿巴嘎旗插队的郑柏峪联络，找到了北京环保组织"绿色北京"。"绿色北京"从香港募集到一笔资金，发起到东乌珠穆沁草原实地考察活动，了解草场污染破坏的真实情况。

"绿色北京"是北京第一家互联网民间环保组织，与"北京地球村""自然之友"等民间环保组织齐名。其负责人名叫王欣洲，四川人，在大学攻读美术学，熟悉互联网，因此在网上联络了海内外的网友，从事环保的宣传工作，甚有成效，能够从香港募集资金就证明了这一点。

在 2000 年 11 月 4 日举行的环保论坛上，"绿色北京"对我进行采访，事后进行了报道。他们对我的环境研究是有一定了解的，故而邀请我为科学顾

问，共同考察东乌珠穆沁。一同考察的有十余人，包括《光明日报》记者吴力田和律师志愿者。我们租用了一辆金杯牌中巴，由陈继群驾驶。陈继群原是中央美院附中学生，是学习油画的，其作品曾在国外展出，获得好评，其妻子是东乌珠穆沁旗乃林高勒牧民的女儿，因此对东乌珠穆沁草原非常熟悉，又精通蒙语，是向导兼翻译。

关于考察的详细过程，我已经写为《内蒙古草原万里行》一书待出版。事后，"绿色北京"在北京中关村大街友谊宾馆举办了"工业发展与东乌珠穆沁天然草原保护研讨会"，有全国许多从事草原研究的专家学者和牧民参加。在这次研讨会上，我宣读了《内蒙古乌珠穆沁旗草原的今昔》一文，会后被甘肃农业大学草业学院胡自治教授索去，发表于中国草学会主办的《草原与草坪》2004年第3期，被列为首篇，附有地图二幅，一为乌珠穆沁的湖泊，二为格亥俄勒苏沙地的位置（该沙地在锡林郭勒草原中部，是草原破坏所致）。

东乌珠穆沁草原考察结束以后，吴力田撰文在《光明日报》上有长篇报道，配发了在现场拍摄的数幅照片。

东乌珠穆沁旗政府在事后曾经致函给我，诡辩开矿采银采铁和兴建造纸厂，得到了上级政府的批准，是合理合法的。所谓上级政府，系指锡林郭勒盟政府和内蒙古自治区政府。然而，却不提国家的有关政策和规定。经过各方面的共同努力，东乌珠穆沁旗违法的厂矿，最终还是被勒令停产。牧民笑逐颜开，草原上又响起欢乐的笑声和歌声。

四、参与《少年智力开发报》再造西部秀美山川绿色畅想活动（2000—2001 年）

　　《北京晚报》记者王晓阳（女）对我进行采访以后，撰写了《沙漠考古：人类活动是沙漠化的罪魁》长篇报道，刊发于该报 2000 年 2 月 12 日第一版《新知周刊》，足足占了一个版面。此文在社会上产生了广泛的影响。在石家庄出版的《少年智力开发报》外联部主任檀文秀（女）见到此报以后，立刻到北京拜访我。由于《北京晚报》报道第三节专门阐述"开发大西北首先是保护环境"，她认为这个提法非常重要，请我帮助该报举办"再造西部秀美山川绿色畅想"，即组织少年（小学 4 至 6 年级学生）以此为题进行作文比赛。要求我以学术顾问的身份，亲自帮助该报开展此项活动。出于需要，请我撰写两篇文章在该报发表。一篇是致小读者，题为《自古英雄出少年》，另一篇题为《我的少年时代》，其目的是激励少年的上进心，增强其爱国情操。其中《自古英雄出少年》一文主题鲜明，感召力强，刊于 2000 年 5 月 29 日第一版。全文如下：

　　　　今年是新千年的第一年。党中央国务院在这新世纪将开始之际，做出了开发建设西部地区的重要决定。

　　　　西北有丰富的石油、天然气、煤炭，是我国重要的能源基地。西南有广大的天然林，是大熊猫、藏羚羊的故乡。长江三峡、雅鲁藏布江大峡谷，有巨大的水力资源。然而这些资源过去没有充分开发利用。西北干旱缺水，沙漠广布；西南多高山峡谷，交通不便。这些都妨碍了资源的开发。因此，改善西部地区的环境，建设山川秀美的家园，是开发建设西部地区的首要问题。

　　　　开发建设西部地区，任务非常艰苦，需要几代人的共同努力才能完成。你们从小就应当关心西部地区，了解西部地区，为将来开发建设西部地区做好准备。

　　　　我过去考察过西北，今年还要考察西北。我会把考察所见刊登在《少年智力开发报》上，供你们参考。希望你们充分发挥自己的想象力，去勾画开发建设西部地区的蓝图，说不定你的意见就会被采纳。

自古英雄出少年，我相信你们当中有许多人，将来会成为科学家，为开发建设西部地区做出杰出的贡献，成为举世闻名的英雄。到那时我愿意为你佩戴花环和奖章。

在大家的共同努力下，"绿色畅想"活动很顺利很成功，共收到10万件来稿，覆盖全国各地。从中评选出特等稿20件，优秀稿8000件。最后挑选最有典型性代表性的533篇，编为"再造西部秀美山川征文优秀作品集"。题为"绿色畅想"，由中国少年儿童出版社2001年5月出版，32开本，406页，15个印章，约46万字。

我翻阅了《绿色畅想》的大部分文章，发现通过这个活动，许多少年对西部向往之情跃然纸上。石家庄草场街小学周清扬的《用科技神斧劈开喜马拉雅山》一文提出："用一把神斧把喜马拉雅山劈开一条大缝，让印度洋暖湿气流深入到大西北上空，使那里的气候变得温暖湿润，经常下雨。"（第5页）湖南怀化铁路三小张西弦的《输水工程造绿洲》一文提出，建一输水工程，将西南高山涧水输送到西部，解决干旱缺水的问题（第5页），这与我参与过的"大西线南水北调"不谋而合。石家庄草场街小学左乃彻之文提出，要治理好西部，首先要退耕还林还草，在高山上不要再耕地了，要种草、植树，可以防止水土流失，还可以阻挡风沙的侵蚀（第7页）。石家庄裕华路小学张希思的《沙漠新城》一文提出，在2100年，会出现沙漠新城，用太阳能风能发电，水由长江、黄河引入。城中草木茂盛，绿树成荫，基因作物园培育出像西瓜大的巨型葡萄（第10、11页）。由此不难看出，通过这个活动，增进了少年对西部地区的认识和了解，他们提出的劈开喜马拉雅山，将西南高山河水北输，引长江、黄河之水灌溉西北干旱区，创建基因作物园，已不完全是科学构想，而是具有一定的操作性和实用性。

当时参加这项活动的多是4—6年级小学生，其年龄在10—12岁，现在其年龄应在30岁左右。如果连续读书，应是博士毕业生了。正是各条战线、各个行业的骨干力量。如果他们在西部地区工作，按照他们当年的理想，应当做出巨大贡献了。他们成为劳动模范或英雄，是不足为怪的。

事后，在北京中国科技馆举行了隆重的"绿色畅想颁奖大会"，近百名小作者和工作人员参加，我也应邀与会，共同庆祝"再造西部秀美山川绿色畅想"圆满成功，大家合影留念，留下了宝贵的瞬间。

在这个活动中，我和日本友人远山正瑛都是科学顾问，有机会在朝阳区幸福一村西里联宝公寓见面，这里是其驻京办事处，办事处主任名叫谷小兰，是日文翻译。其实，远山正瑛汉语水平很高，可以直接用汉语交谈，是一名"中国通"。我与他在这里合影，留下了珍贵的照片。现在远山正瑛已病故，他在鄂尔多斯治沙种树多年，他种的树已经成林，成为中日民间友谊的宝贵见证。

五、指导北京林业大学科学探险与野外生存协会（山诺会）到额济纳活动（2003 年）

北京林业大学有一支学生民间组织，称"科学探险与野外生存协会"，简称"山诺会"（SENOL）。林业大学毕业生所从事的工作，主要是野外活动，如树种调查、森林面积调查和植树造林等等，必须到现场实地勘验。这就要求学生在读书阶段要熟悉科学探险和野外生存的有关知识，而这种知识是课堂上学不到的，只能通过野外实践才能获得。学习地质、地理、水文的学生，亦应如此。因此，驻京的许多院校都有"山诺会"组织，其中以北京林业大学"山诺会"最有名。通常入学之初就参加"山诺会"，一直到毕业前为止。

由于每年都要有高年级学生毕业和新生入学，因此，每年的"山诺会"组织都要有调整和变动。2003 年 3 月 25 日，我应北京"自然之友"的邀请，出席了在北京民族文化宫举行的"曾经草原——内蒙古生态旅游文化展"。这个展览是以 2002 年"绿色北京"东乌珠穆沁草原考察资料为基础举办的，我亲自参加了这次调查，故而请我在开幕式从事演讲，并充当义务讲解员。

我演讲的题目是"内蒙古草原沙漠化的反思"，后来收入郝冰主编的《曾经草原》一书中（第 96—99 页）。这是一本论文集，我的讲演稿详细介绍了内蒙古草原的退化、沙漠化，指出锡林郭勒草原的退化尤为明显，已经出现了"格亥额勒苏沙地"，其前景不容乐观，令人担忧。我的讲演结束以后，要求现场听众自由发言，予以批评讨论。举手发言的人就有北京林业大学"山诺会"的成员，新任会长陈箐（jīng）妍、新任办公室主任胡修已。她们告诉我，以前读过我的作品，知道我进过塔克拉玛干沙漠探险、考察过古居延海，对她们有所启示。并表示今年暑期"山诺会"准备到额济纳草原探险，请我出任指导教师。

事后我前往北京林业大学，见到了"山诺会"的主要成员。我告诉他们说，额济纳属于荒漠草原，干旱少雨，植被稀少，遍地戈壁流沙，温差大，到那里考察非常艰苦、危险，必须要有克服困难的思想准备，以防发生意外。他们异口同声地说："我们什么都不怕！"

基于他们的表现，我告诉他们前往的路线和物质准备，以及考察中如何搜集资料，做好观察记录和拍照，要写日记，将所见所闻如实记录下来，便于撰写专题文章。要有人写工作日志，将每天的活动内容，如实记录下来，以备今后查阅。每人至少要写一至两篇文章。体裁不限、字数不限，用以培养写作水平。除科学考察以外，对当地居民的生活也要进行了解，搞清居民活动与生态环境的关系。

参加内蒙古额济纳考察的学生一共 14 人，其中除北京林业大学本校学生以外，还有来自云南、陕西的大学生，他们是通过体能培训选拔出来的。他们是胡修己、陈菁妍、李想、徐晓璇、姚玉西、段永超、罗文、杜剑、郁周、冯炜炜、林波、钱炜、刘芳、何承刚，由胡修己为队长、陈菁妍为副队长。他们于 2003 年 7 月 13 日从北京启程，乘火车到达银川，然后改乘汽车经阿拉善左旗巴彦浩特到达额济纳旗达来呼布；8 月 6 日，经酒泉、嘉峪关乘火车返回北京，一共是 25 天。

在额济纳旗期间，重点考察了黑城（西夏黑水城）的城墙、佛塔、残存的胡杨林、古居延海残迹天鹅湖，并进行了环境保护宣传，入户调查了居民的生活状况。根据实地调查所见，撰写了数篇调查报告，一是胡修己、陈菁妍、姚玉西执笔的《额济纳荒漠化的现状、成因与对策》；二是段永超执笔的《黑城的开发管理对额济纳旗生态旅游发展的影响分析》；三是罗文执笔的《黑城遗址现状的考察和分析》；四是杜剑、郁周执笔的《额济纳地区胡杨现状及保护问题调查报告》；五是冯炜炜执笔的《黑河下游水对额济纳绿洲影响的环境分析报告》；六是李想执笔的《由内蒙古额济纳旗看西北牧区游牧定居化的利弊》，等等。这些试笔之作在前人研究的基础上，又提出了新见解。例如胡修己等人撰写的文章指出，草原退化了，可食牧草减少了，牛和马都不存在了，只剩下山羊和骆驼，对草场的破坏十分严重，以至于十多岁的孩子只在记忆中喝过牛奶，六七岁的孩子没喝过牛奶的比比皆是。牲畜对草场有选择性，牛和马的减少是草场恶化的必然结果，说明额济纳绿洲岌岌可危。段永超之文提出，额济纳的生态旅游应当提到专业化、个性化层面上来，纳入统一规划，防止重复性建设。林剑、郁周之文提出，应当围栏保护胡杨林，落实林业政策，调动牧民保护胡杨林的积极性。上述这些意见和建议都很重要，可供政府决策参考。

　　由大家的文章编辑而成的《曾经绿洲》专辑，共收入各种文章32篇，16开本，正文72页。除文字以外，还有地图、照片60余幅，图文并茂，相当可观，说明编辑工作相当严肃认真，一丝不苟。我应约为此书撰写了序言，签署的时间为2003年10月28日，说明此书是2003年之内印制的。其封面为黄沙的流动沙丘，封底为枯死的胡杨，令人触目惊心。书名为《曾经绿洲》，副题为"2003年内蒙古额济纳旗绿洲荒漠化与游牧文明暑期考察报告"。

　　北京林业大学科学探险与野外生存协会成立于1994年，差不多每年暑期都举行科学考察活动。我指导的内蒙古额济纳考察，只是其中的一次，也是最困难的一次。圆满地完成了此次科学考察，使我感到很欣慰，说明现代的大学生有理想有抱负，必将成为国家的有用人才，承担起在新世纪建设社会主义强国、实现中华民族的长久梦想。历史的责任就落在这一代年轻人的肩上。

六、陪同美国客人考察河北坝上"免耕种植"的可能性 （2001年9月14—15日）

21世纪初北京的风沙活动，有许多人归罪于河北坝上地区的开荒种植。所谓"河北坝上"，指的是燕山以北地区。这里属于农牧交错带，即半干旱地区，是不适宜耕种的。自清末以来，有许多内地的农民为了寻找生活出路，来到这里垦荒种植，引起了水土流失和沙漠化。1949年以来，耕地范围不断扩大，沙尘越过燕山，进入北京地区，成为北京沙尘暴的重要来源。由于这里距北京最近，故而引起人们的广泛关注，认为河北坝上是主要沙尘源，时任国务院总理的朱镕基到河北坝上考察，即受此影响的结果。

基于上述认识，如何处置河北坝上半干旱区的农业种植，一时间成为重要问题。河北坝上农村人口很多，不种植何以为生？于是人们想到了美国实行的"免耕种植"。所谓"免耕种植"就是不起垄、留高茬、机器播种、机器施肥。其好处是，高茬腐烂以后所形成的孔隙，可以吸收水分和空气；机播不打垄，据测算可以减少耕地产生沙尘的70%以上。从防止沙尘的角度来看，似乎很有科学道理。

关注北京沙尘暴的美籍华人曾宪章、谈蜀华（女）二人，应"北京地球村"（著名的民间环保组织）邀请，来河北坝上张北实地考察，了解在河北坝上推广"免耕种植"的可能性。由于我帮助过"北京地球村"拍摄《居延沧海》电视片，所以这一环保组织对我的生态环境研究有一定的了解，故而请我陪同美国客人一同考察、介绍有关情况。

于是，2001年9月14日至15日，我陪同曾宪章、谈蜀华和"北京地球村"的工作人员，从北京出发，经过关沟、八达岭进入河北坝上张北。我向美国客人介绍了关沟和八达岭明长城的由来，介绍了怀来盆地的风沙活动，介绍了燕北长城和上谷郡，介绍了明代怀来盆地出现的风霾，介绍了怀来官厅水库南岸的流动沙丘（民间所称的"天漠"），介绍了燕山的走向和张家口的由来。

我告诉美国客人说，"免耕种植"只能在降水量特别高的地区推行。由于降水量高，农作物收获以后留下的高茬才能很快腐烂，在土壤中形成孔隙。河北张家口坝上，属于年均降水量在 400 毫米以下的半干旱地区，庄稼留下的高茬在一年之内是不能腐烂的，达不到预期的效果。

河北张家口坝上本来是草原，后来草原垦荒变成了耕地。从这里的自然条件来看，为了避免沙漠化，减少沙尘对北京的危害，应当大力推行退耕还草，要设置围栏，飞播种草，在两三年内即可恢复草原景观。不过退耕还草，原来农民的生计如何解决，却是一个大难题。生态移民，需要一笔巨大的安置费，谁来买账？不搞生态移民的话，要怎样将这么多的农民改变成牧民？内蒙古已经遇到了这类难题。

我的解释说明，美国客人似乎接受了，此后没有再提"免耕种植"一事。

事后我撰写了一篇文章，记述了此次活动，题为《坝上纪行》，刊发于《森林与人类》2001 年第 12 期。

七、主办纪念陈述先生逝世三周年国际辽金西夏学术研讨会（1995 年 8 月）

陈述字玉书，河北唐山乐亭人。是陈垣的高足，受陈寅恪影响至深，是中国当代著名的历史学家，系公认的中国辽金史研究的一代宗师。生于 1911 年 10 月 20 日，于 1992 年 1 月 5 日在北京西苑医院病逝，享年 80 岁。

陈述在民国年间用社会进化论的观点研究契丹社会，所著《契丹史论稿》是划时代的著作。燕京大学教授鸟居龙藏在《燕京学报》上发表了书评，给予高度评价。1949 年新中国成立以后，他学习了马克思主义，用唯物主义思想研究大契丹国的经济制度，出版了《契丹社会经济史稿》，开创了契丹历史研究的新局面。他用毕生精力撰述的《辽史补著》，是当代补注二十四史的典范，已由中华书局 2018 年出版。故而国内外学术界尊称其为辽金一代宗师，是名副其实的。

海内外许多学者提出，应当在陈述逝世三周年之际，举办国际学术研讨会以资纪念。为了不辜负学者的期待，我用了很长时间筹备此会，终于在 1995 年 8 月于京西大觉寺召开了这次国际学术研讨会，会后出版了论文集。

为了开好此会，我在会前会后忙了很长时间，比较顺利，没有出现什么问题。

一是编辑出版《陈述先生纪念集》。我向海内外约稿，征集到大量稿件，其中有徐特立致陈述先生信函手稿，周谷城致陈述先生信函手稿。徐特立为中共中央宣传部负责人，周谷城是全国人大常务委员会副委员长。卷首有张正烺、金启孮题词，正文有朱子方、吴富恒、罗继祖、陶晋生、傅振伦、佟柱臣、徐苹芳、王民信、金在满、金渭显等人的回忆或悼念文章。卷首有史金波所做的序言，封面为张正烺题签的书名《陈述先生纪念集》。由内蒙古教育出版社 1995 年 7 月出版，内蒙古博物馆提供资助，由黄雪寅（后任首都博物馆副馆长）亲自将样书送到研讨会，分赠给参会的专家学者。

二是征集会议稿件，编辑《纪念陈述先生逝世三周年论文集》，又称《辽金西夏史研究》。陈述先生生前多次提出辽金与西夏处于同一时代，彼此关系密切。因此辽金与西夏要"一并研究"，实现横向联系。为了实现陈述先生的夙愿，特意组织 5 篇西夏文章，作者分别为史金波、白滨、聂鸿音、李蔚、刘建丽等人。陈述提出，辽金碑志是研究辽金史最重要的资料，他生前曾编辑《辽文汇》《全辽文》。为了贯彻陈述先生的学术理念，特意组织北京、天津、宁城、巴林右旗一组考证辽代碑志文章，其中天津的辽碑多为初次公布于世，学术价值很高。

三是筹集开会用的经费。当时国家尚不富裕，经费紧张，开会很不容易。我跑了许多单位筹措经费，由于陈述先生在社会上有很高的声望，许多单位都表示给予大力支持。实际赞助这次会议的有：国家古籍规划领导小组办公室、中国社会科学院民族研究所、中国社会科学院研究生院、北京师范大学历史系、北京市社会科学院、北京市石刻艺术博物馆、首都博物馆，这些捐助之款，一用于开会，二用于出版补贴。

四是最终确定在大觉寺开会。1992 年 4 月 4 日，陈述骨灰被安葬于大觉寺时，我就提出，三年以后在此召开纪念陈述先生逝世三周年学术研讨会。原因是陈述高度重视此寺内保存的咸雍四年（1068）志延撰作的《阳台山清水院创造藏经记》，据该碑记载，辽代印造《大藏经》579 帙（zhì），所谓《大藏经》即契丹藏，其残卷已在山西应县木塔中发现。陈述整理《辽文存》所录清水苑院藏经记，发现缪氏《辽文存》缺漏了许多文字，当是所据拓本字迹不清所致。《昌平外志》录文 351 字，可补《辽文存》之缺。陈述又考证撰文的志延俗姓高，涞水县水东里人，通大小乘，善书法，卒于乾统八年（1108）。由于陈述与清水辽碑关系甚深，史树青提出将其骨灰安葬于大觉寺最为合适。当时北京市文物局局长王金鲁采纳了史氏之建议，将陈述骨灰安葬于清代住持加陵和尚塔之北，与加陵塔隔清水相对。1994 年在大觉寺后殿"最上法门"二层，设立了陈述先生纪念室，供游人景仰。由于上述原因，各方面一致赞成 1995 年纪念陈述先生逝世三周年国际辽金史学术研讨会在大觉寺召开。大觉寺（清水院）坐西朝东，体现了契丹崇尚东方的习俗，是典型的辽代寺院。山门以内有蓄水池，水源来自山泉，池上有石桥，称功德桥。寺内环境清幽、古柏参天，实为良好的修行之地。韩国学者金渭显对此地赞不绝口，曾表示能在此地多居住数日。

开会的学者下榻于以前的僧房，即寺之北侧，开会地点在南侧会议厅。参加会议的人，多是海内外知名学者，有韩国成均大学教授金在满，韩国明知大学教授金渭显，台湾大学教授王民信，中国社会科学院民族研究所副所长史金波，以及西夏专家白斌、聂鸿音，湖北大学教授舒焚及其研究生郭康松（今为湖北大学文学院院长），中华书局崔文印，人民教育出版社副总编辑王宏志，北京师范大学教授吴怀祺，等等。大家对陈述先生开创辽金史研究之功，给予高度评价，一致认为他是辽代史研究的一代宗师。

会间参观了设在"最上法门殿"的陈述先生纪念室。这里陈列有陈述用过的文房四宝、墨迹、手稿、样书、生活照片、书信，还有罗继祖所赠绘的山水画。大家仔细审视每一件遗物，久久驻足不肯离去，在此拍照留念。学术研究有传承，前人的研究成果是后人研究的起点，大家景仰陈述先生，是因为他开创了辽金史研究的新方向，从校勘《辽史》走向研究契丹（辽）的起源和发展，具有划时代的意义。

五是会后编辑《纪念陈述先生逝世三周年文集》，又称《辽金西夏史研究》，送出版社出版。除史金波序言外，正文共30篇，计25万字。陈述提出辽金与西夏"一并研究"，为实现其夙愿，编入5篇与西夏有关的论文。陈述特别重视辽碑志，故而组织了4篇辽碑考证文章，还收入了陈述遗稿《辽代的民间文学和散文骈体赋》。此外还发表了数篇对陈述著作评论的文章，由舒焚、王宏志、郭康松、崔文印执笔。外有陈述长女陈重的《陈述先生遗稿举要》。此书由中央民族学院吴肃民教授联系，交天津古籍出版社出版，中国社会科学院民族研究所聂鸿音校对了书稿。

八、主办地域性辽金史学术研讨会（2013 年 7 月 7—9 日）

10—13 世纪，白沟、淮河以北的中国，受辽金的统治。在此范围内，辽金建五京路府州县，留下了许多城池、陵墓、寺观、桥梁、佛塔、行宫等建筑物，见证了辽金经济文化之昌盛，是留给后世的重要文化遗产。虽经风雨和战争之破坏，然而其故迹犹存，成为后人研究之对象。

最先保护研究这些遗址遗迹的人，是当地的人民群众。他们很早就记录了这些古迹，写入地方志中。爱护、研究本地古迹，就是爱国的具体表现。清朝末期以来，有不少外国的传教士、科学家用科学考察的名义，盗窃地方文物，更激起了人们保护古迹的爱国意识。这些都属于个人的自发性活动，在旧社会旧中国，各级政府都缺乏爱护古迹保护古迹的意识，有些军阀利用武力掠夺文物，却无人过问。辽庆陵、清东陵，都在民国年间遭到军阀的毁坏。

新中国成立以后，各地都建立了文管所，保护本地的古迹名胜。自改革开放以来，出于旅游的需要，各地方政府组织当地的文物文化人士，对本地古迹名胜进行记录和研究，其中辽金古迹最受关注，一是辽金古迹在北方特别多，二是其保存比前代要好一些。辽上京、辽中京、辽庆陵、金上京、金中都、房山金代皇陵、金代永定河桥最受重视，由此产生了地域性辽金史研究。

然而，地域性辽金史研究的发展很不平衡，研究成果的多寡有很大差异，彼此很少有横向的往来和交流。有鉴于此，根据大家的愿望，2013 年 7 月初，在吉林西部白城市，由辽金西夏年鉴编辑部与白城市政府共同召开了首届地域性辽金史学术研讨会。白城市地处洮儿河与嫩江汇合处，是辽代皇帝春捺钵活动的主要地区，设有长春州，金代改称泰州，泰州古城保存完好，被列入国家重点文物保护单位。

关于此事，我把想法告诉了白城市博物馆馆长宋德辉，他非常赞成，并提出应当与白城师范学院历史系取得联系，两家共同操办此会议。宋馆长与白城师范学院历史学院院长汪澎澜沟通的结果，两家意见完全相同，确定 7 月 7—9 日在白城师院召开此会。

参加会议的学者共 60 余人,有 50 人是事先已约好的学者,其余为闻讯自发而来的学者,说明关注此会的人很多。大家都很珍惜此次研讨会,无故"旷会"现象没有发生,实属罕见。会上大家纷纷发言,畅谈本地区辽金史研究的成绩和不足,大家感到很满意。

会间参观了白城市博物馆,其展出的文物多半与辽代春捺钵有关。当时,吉林省文物考古研究所正在城四家子古城(即辽长春州,金泰州)进行考古发掘,参会人员前往看视,其领队梁会丽(女,今在黑龙江大学任副教授)详细介绍了考古挖掘中所见到的城门、城墙和其他遗迹,使大家大开眼界,增加了许多知识。又参观了大安市辽代烧酒作坊遗址,当场用辽代的烧酒器具演示了烧酒的工艺流程,真的酿出了烧酒让大家品尝,果然有白酒的香味,令人称奇。还有学者在大安电视台讲述了大安古代的历史地位。

在会议期间,还举行了近年新出版的辽金史著作展览,一共展出 30 余种,其中景爱的《金代官印》、王新英的《全金石刻文校辑》、肖爱民的《中国古代北方游牧民族两翼制度研究》、王德鹏的《金代商业经济研究》、北京辽金城垣博物馆的《北京辽金拓片集》最受重视,《金代官印》(线装本,2 函 10 册)会前已被评为全国优秀美术图书。凡是参展图书,在扉页上均钤(qián)有"参展图书纪念"之图章。参展图书,用过还给作者。

此次首届地域性辽金史学术研讨会,颇受社会各界的重视。《中国社会科学报》在 7 月 10 日(即会议结束次日)A02 版刊出会讯,题为"地域性微观研究填补辽金史学空白"。吉林电视台、《白城日报》在第一时间进行了报道,《吉林画报》事后以图片和文字进行了报道。

提交会议的论文,由中国社会科学出版社 2014 年 9 月出版,白城市文化局主动提供了出版资助,共收入论文 30 篇,34.5 万字。其中重要论文有:景爱的《论地域性辽金史研究》,宋德辉、宋美娟的《城四家子古城的兴衰》,汪澎澜的《契丹捺钵文化研究》,肖爱民的《论辽朝的政治中心》,孔令海的《吉林省大安市酿酒总厂出土的辽代烧酒器具考述》,梁姝丹的《辽宁彰武出土的辽代双陆棋》,等等。转载了赵永春的《金史研究资料简介》,此文对初涉金史的学者,具有一定指导作用。

九、主办首届辽金史论坛（2013年8月4—6日）

中国的汉族朝代，以汉、唐最为强大，其实力达到了西域即今新疆、中亚一带。宋、明则是最为弱小的朝代，仅据守半壁江山。宋徽、钦二帝被金国所掠俘，死于五国头城（今黑龙江依兰县），明英宗为瓦剌也先所俘，称土木堡（在今河北怀来县）之变。辽、金与北宋、南宋对峙，成为中国历史上的第二次南北朝。

元朝根据上述史实，分别纂修辽、宋、金史，承认其对等的地位。清乾隆帝降旨，将纪传体的《二十四史》定为国之正史，正史即合法的正统朝代，这已成为人们的共识，因为它符合中国的历史事实。

明代有些文人觉得将辽、金二史列为正史，是汉族的奇耻大辱。从维护汉族正统观念出发，他们认为应推翻辽、金二史的正史地位，将辽、金的历史列为宋朝的附传。持这种意见的人，有柯维骐、王洙、王惟俭。

到了民国年间，金毓黻（fú）秉承蒋介石狭隘民族主义主张，极力宣传明代柯维骐、王洙、王惟俭的观点，提出要"专修《宋史》，列辽、金于外国传"；"以宋为主，辽、金为从"。（见《宋辽金史》）

到了21世纪，有人著文称辽、金二史在清朝的正史地位被推翻了，在金毓黻（fú）误说的基础上，有人公开提出了"大宋史"的主张，并将"大宋史"归罪于邓广铭，然而查无实据，无出处可依。实际上有些人是借邓广铭之名，推销自己的错误观点。

新中国成立以后，根据毛泽东的建议，校点《二十四史》，由中华书局出版，其中就有《辽史》《金史》。否定了辽、金二史，中国历史就会中断。辽金二朝的存在，已成为历史事实，岂能由后人推翻？

这种现象表明，虽然已进入了21世纪，有些人仍站在宋朝立场上，去维护宋朝的利益，其基础便是正统观念。据正统观念，中国是汉族人的中国，不能允许少数民族建立朝代，少数民族只能是附庸，列入外国列传。按照这种认识，中国56个民族中有55个应当驱逐出去，只保留一个民族，那就是汉族。

由此可知，这种思想理念是多么错误，是在有意破坏民族团结，为国外敌对势力瓦解中国制造根据。少数民族聚集的西藏、新疆、内蒙古变成了域外之地，其错误性、危害性是十分清楚的。

有鉴于此，《辽金西夏研究年鉴》编辑部与河北平泉县（今已改县为市）共同举办了首届辽金史论坛，在平泉镇泽州大酒店举行。出席会议的有：景爱（北京）、陈育宁（宁夏）、赵永春（长春）、何天明（内蒙古）、郭康松（湖北）、魏国忠（黑龙江）、肖爱民（河北）、王卓、张树卿、汪澎澜（吉林）、高凯军（北京），以及平泉当地学者王恩山、王翠琴、张秀夫等许多人。

论坛由中国文化遗产研究院研究员、《辽金西夏研究年鉴》主编景爱主持，平泉县县长曹佐金及县委宣传部领导听取了与会专家学者的发言。其中景爱、赵永春、何天明、魏国忠、陈育宁的发言最重要，分析了正统观念的产生、发展以及对辽金史研究的影响，必须清除正统观念的影响，才能保证辽金史研究的健康发展。在这一点上，与会学者达成了共识。厘清了史学界正统观的由来及其表现，对中国当代正统观念研究进行了梳理，明确了中国历史是各族人民共同创造的历史，哪一个民族也不能少。只有实现了中华民族的大团结，才能顺利实现国家的繁荣富强，实现从大国走向强国的百年梦想。

这次论坛的召开，受到新闻媒介的广泛关注。《中国社会科学报》、《河北经济日报》、《燕赵都市报》、《承德日报》、新华网、长城网、《东北史地》等16家新闻单位都予以了报道。《中国社会科学报》在2013年8月7日A02版资讯，详细报道了此次学术研讨会情况，标题为"史学界深入研讨辽金史的历史地位"。文章指出：辽金少数民族政权的出现，改变了中原地区传统的政治格局，辽金在历史上起到了承前启后的作用，研究辽金史离不开宋史，研究宋史也离不开辽金史。对辽金史的深入研究，不但会推进这段历史相关研究的深度和广度，也将对拓展学界对古代民族关系与民族史的研究大有裨益。

论坛结束以后，有3篇论文在《学习与探索》（国家核心期刊）2014年第一期编为一组发表，这3篇论文是：

1. 景爱的《辽金史研究中的正统观》；

2. 何天明的《坚持多民族大一统观，摒弃偏颇的"正统观"》；

3. 赵永春的《今人自称"正统"的理论诉求及其影响》。

在这一组文章之前，加了编者按语："2013年8月5日，在河北平泉县举办了全国首届辽金史高级论坛。中心议题是：正统观念对中国当地史学的影响——以辽金为例。与会专家学者从不同的角度对辽金史研究中的正统观念进行了剖析，指出正统观念贬低、丑化辽金的历史贡献，不利于民族团结，不利于学科发展。本期刊发这一组文章即为论坛之论文，对辽金在中国统一多民族国家建构中的历史地位及其正统地位给予充分肯定。"

魏国忠在论坛上提交的论文，发表于《辽金西夏研究 2014—2015》，题目为"入主中原或君临全国的少数民族与汉族同样有资格代表中国"。该书由中国文史出版社 2018 年 2 月出版，排在第 385—390 页。

后　记

　　我从事学术研究已五十余年，从社会科学走向自然科学，多次改变研究课题。有些朋友对此困惑不解，因为通常研究人员都是一条路走下去，轻车熟路，最容易出成果。我的思想理念有所不同。任何科学研究都是为社会服务的，要根据社会需要确定选题，要回答社会发展中提出来的问题。

　　研究沙漠变迁的几乎都是自然科学家，由于知识结构的原因，他们认为是气候干旱所致，没有考虑到社会因素。我从人类活动角度研究，发现土地沙漠化是人类活动与自然界互相作用的结果。沙漠化既是自然现象，又是社会现象，要想避免沙漠化，人类必须约束自己的行为，与自然界和谐相处。因为破坏自然环境是造成沙漠化的主要原因。这个观点被国内外有关人士普遍采纳接受，认为是我的杰出贡献，我因此而被列入英国剑桥世界名人录。

　　黄河断流举国惊骇，自然科学家仍然认为是气候干旱所致。我自费考察黄河，从郑州到东营黄河入海口，我都仔细观察，发现引黄灌溉的龙首布满了河岸，自然会将河水汲干。因此黄河断流既是天灾，又是人祸，是不科学利用水资源的结果。青海湖的萎缩也是如此，流入青海湖的130多条河流上修建了数不清的大小水坝、水库，拦水入田，青海湖自然要萎缩。

　　探索自然界现象背后的人类活动，成为我研究的重点。人定胜天的说法是错误的，利用、改造自然界要留有分寸，不能肆意妄为，否则就会遭到自然界的报复和惩罚。用民间话说是自作自受。不善待自然界，就会引起许多自然灾害，河水断流、泥石流的发生，都证明了这一点。国家领导人提出的科学发展观，非常英明正确。

　　有记者问我：你不觉得累吗？我的回答是，任何一项科学研究都要付出极大的努力，要夜以继日的工作，岂能不累？然而苦中有乐，乐中有苦。我给他背诵了一段《钢铁是怎样炼成的》小说中的一段话：

人最宝贵的是生命。生命属于人只有一次。人的一生应当这样度过：当回忆往事的时候，他不会因为虚度年华而悔恨，也不会因为碌碌无为而羞愧；在临死时候，他能够说："我的整个生命和全部精力，都已经献给了世界最壮丽的事业——为人类的解放而斗争。"

这是多么崇高的豪言壮语，大家都应以它为座右铭，用以鼓励、鞭策自己。

每个人都有种种美好的梦想，若使梦想成真，必须努力奋斗，不能畏惧艰难困苦，天上不会掉馅饼。有志者事竟成，必须勤奋地学习、工作，对社会贡献越大，得到社会的回报就会越多，人人都应当明白这个道理。

本书名为《求索录》，意即通过事实来记录人生追梦之路、科学探索之路。愿与广大读者共勉之，如此而已。

景爱　友之

2019 年 5 月 10 日

于京东朝阳书房